IN-NO-KINSHIN（院近臣）

——Adherent of INSEI（院政，Administration
of an Emperor after his Abdication）——

1086 — 1221

院近臣の研究

平成十三年十一月十五日 発行

定価 本体八、〇〇〇円

著者 槇道雄

発行者 太田史

発行所 続群書類従完成会
東京都豊島区北大塚一—一四—六
電話 (〇三)三九一五—五六二一
振替口座 〇〇一二〇-三-六二六〇七

製版所 続群書類従完成会製版部
印刷所 株式会社 平文社

ISBN4-7971-0735-9

索 引

事項索引

あ 行

悪 僧 75,111
預 所 131,132,144,145,163,171～173,175,180,232,265,285,286
預所職 132～134,136～138,142～145,156,157,159,160,163,179,180,231,260～262
預所得分 171,173
飛鳥(藤原京)の四大寺 218
天つ神の系譜 200
綾小路流(源師賢の弟政長の子孫) 62
現人神 197,201,205～208,210,225,263,271
阿波院の御所 113
阿波国 112,125
阿波国内の仁和寺宮領 75,76,84
阿波の守護代 112
安居講(東寺) 73
安鎮法 99
安和の変 18
安楽寿院新塔領 235,237,238
安楽寿院領 158,159,162,236,237
意見封事 28
伊勢神宮神領 242
伊勢神宮への公卿勅使派遣 25
伊勢神宮への神宝献上 25
伊勢神宮領 242,252
伊勢平氏 259
一条家 93,97,108,109,258
一条実雅将軍擁立未遂事件 114
一条朝 11
一条室町の邸宅(能保の本拠) 93,94
一の谷の戦い 156
一国平均役 235,265
一時の有徳(寛助) 79
位 田 232,233,264,265,279
位田の私領化 232
稲荷祭 52
芋 洗 109,110
伊予簾 164,176,187
院宮分国制 161,179,180,260,264
院 家 107
院号宣下 156,169
院 司 14,44,50,163,179,181,206,207,254,260
院使主典代 134,136
院 政 17,18,20,21,35,36,43,45,51,53,61,78,193～198,206,207,211,220,252,260,263,266,268,274
院政時代の前史(後三条天皇朝) 3
院政政権の基盤(受領出身者) 35
院政の開始 21,43
院政の支持基盤 35
院・摂関家 190
院 奏 51,138,139
院中執事別当 57
院中無二の奉公(顕隆と顕頼) 45
候院之人 53
院近習輩 53
院近臣 7,35,36,43,44,46～49,51～53,61,74,77,97,100,103,114～116,159,161,163,171,180,194,195,197,198,206,218,220,228,232,234,252～255,258～262,264～266
院近臣観 36
院近臣家 257,263
院近臣僧 78,90,95,100,102～104,115,116,253,262,263,285
院近臣層 265
院近臣団 259～264,266,285
院近臣の台頭 36
院御所 166,168,180,190,207,219,285
院御荘 250
院の執行別当 47

院執事　255
院　庁　75,120,137〜139,141,163,188,194,206,240,257,258,265
院庁官　172
院庁下文　75,137〜139,141,206,233
院庁蔵人　40,49
院庁の主典代　188
院庁の庁官　188
院庁年預別当　240
院庁別当　20,27,31,38,41,44,46,47,50,52,53,61,206,259
院庁判官代　36,40,41,49,57
院庁領　234
院別当　47
院別当賞　38,41,42
院判官代　91
院　分　49
院分受領　258
院　領　155,235,267
院領預所　75,171,173,179〜181,231,233,260,264,265,278,286
院領預所層　265
院領下司　179,180,228,229,231,233,278
院領下司層　265
院領荘園　136,145,154,155,163,172,174,179〜181,188,194〜196,226,228,230,239〜241,252,260,261,265,271
院領荘園群　164,179,237
院領本家　173,181,229
宇佐八幡神託事件　225
宇治川　110
宇治川防衛網　110
歌　合　62
宇多源氏　19,61,62,66,67,77
宇多源氏の一族　66
羽林家　93
永久の変　17〜20,24,28
延喜の治政　11
延久の沽価法　11
延久の荘園整理策　10
延久荘園整理令　193
延久の宣旨枡　11
延久の符　178
縁　坐　25,27,135,148
縁坐・連坐人　76
縁　者　163
縁者の沙汰(縁坐)　25,26
円勝寺領　285
延暦寺衆徒蜂起鎮撫　108
延暦寺衆徒らの嗷訴　38,74
延暦寺の堂衆と学生との争い　103
王　家　195,266
王家は国王の家　195
王家や王家領荘園　195
王家領荘園　240,262,267
王　権　197,222,224
王子社の数　221
奥州総奉行　170
奥州藤原氏滅亡　170
王党・王氏　18
王党勢力　35
押　領　140
大江家　4
大御室(入道親王性信)　66,67,69
奥院常灯の点灯　73
御舎利講　166
小槻氏　8
小野宮流　9,21
小野流　81
御　室　67,68,71,138,143,145,231
御室庁　137,138,141,143
園城寺中興の祖(行尊)　74

か　行

開発私領　147
開発田地　144
開発領主　142,143,146,147,159,160,179,279
下級荘官　132
下級領主　145
家　業　3,62,93
学生(延暦寺)　103
家　系　62,97,115,172,195,266,278
花山院家　97
家産制　153
花山朝の治政　11
勧修寺一門　38,39
勧修寺家　39
勧修寺長者　44
勧修寺流藤原氏　36〜38,54
勧修寺流藤原氏の動向　44
家　職　65

家政機関　8, 154, 240
家政機構　242
家　長　266
加　納　138, 139, 194, 228
家父長的権威　202, 203
貨幣経済の進展　154
鎌　倉　93, 96, 109, 113, 116, 127
鎌倉幕府　90, 93, 95～97, 100, 108, 114, 116, 117, 126, 162, 170, 265
鎌倉幕府打倒の祈願寺(最勝四天王院)　100
鎌倉幕府の出先機関(六波羅探題)　90, 117
鎌倉幕府の変革　114
賀茂祭　102
高陽院内親王家領　135
閑院内裏　99
閑院流出身の女御　259
管絃の道　62, 63, 65
官省符荘　226
観心寺(河内国)領　77
官宣旨　8, 212
関　東　101, 113, 116
関東御家人　265
関東御分国　170, 187
関東調伏の堂(最勝四天王院)　100
寛和・延久の聖代　178
寛和の沽価　178
寛和の沽価法(沽買法)　11
官文庫　8
官務家　8
桓武朝　203
官　物　227
勘料(検注免除の代償)　172
管領者　229
官僚制　193, 203, 204
儀式書　43
寄進型荘園　131, 132, 153, 183, 227, 230
寄進地系荘園(寄進型荘園)　153, 183, 226, 228, 230
貴　族　96
貴族政権　153
貴族層　95, 101, 153, 179, 180, 193, 234, 265
貴族層の経済的立場　179
紀伝道　3
京極第　41
共　治　202, 225
共同執政　202
共同統治　202, 203
京　都　111, 113, 124, 127, 153, 175, 176, 181, 185
京都守護　91
記録所問状使　139
記録荘園券契所　10, 194
近　習　21, 52, 53
近習公卿　254
近　臣　6, 135, 149, 156, 161, 253, 254
近臣受領　254, 260, 261
近臣僧　100, 116, 220, 262
近臣的人物　8
近代的皇室観念　267
公卿議定制　197
公卿家領　155
公卿層　233
公家権門　153
公家新制　186
公家領　153, 155
公家領荘園　153, 184, 227, 228
公　験　134, 147, 232
供御人化　9
公　事　180, 181, 265
公事・国役体制　153
孔雀経法　72
孔雀経御修法　71
九条家　97
九条殿　216
薬子の変(平城上皇の変)　203, 204, 269
弘福寺(大和国)領　77
熊　野　89, 112, 113, 125
熊野御幸の先達(長厳)　125
熊野三山検校職(長厳)　125
熊野信仰　220, 221, 223
熊野の悪党　112
熊野の神輿入洛の動き　126
熊野の衆徒ら蜂起　112
熊野の僧徒らの抵抗　125
熊野本宮焼失　125, 221
熊野詣　99, 104, 220～224
熊野詣のルート　221
公物分(くもちのふん)　173
公　文　131, 132
公文所　96
内蔵頭　38, 41, 42, 46～48, 61, 63
蔵人所別当　9

郡郷制の改編　193
郡司職　147
群　盗　111,133
京畿厳重の霊のひとつ(尊長)　116
京畿御家人　126
経済制度としての知行制　230
家　司　38,44,50,61,181,284
華厳宗・真言宗兼学の立場(明恵)　275
華厳宗僧　263
下　司　131,132,181,229
下司職　143
家　人　38,44,107,110,229,230
家人制　230
顕　教　224
検校職　132,137,143
元　寇　154
源氏登用説　19
源氏の皇胤意識　19
源氏の政界進出　19
源氏の太政大臣補任の初例(源雅実)　259
顕　宗　101,102
検　注　170,172,174
現地領主(寄進主)　131
顕密共に欠き戒律備はらず(尊長)　102,115
顕密両宗　102
権　門　190,195,229,230,266
権門体制論　195
後一条朝　62
五位蔵人　4,8,9
五位クラスの中央官人(在地領主)　229
五位の摂政(惟成の弁)　11
後　院　21,207
皇位継承　22,23,27,28
強　縁　12,115,116,193,194,233,264,265
強縁政治　27,193,194
高家権門　193,194
皇嘉門院領　241
皇権の回復　10
光孝源氏　148
公私の概念　271
郷司職　147
皇　室　104,116,193,196,202,208,212,266
皇室と摂関家との二者対立　193
皇室領　154,267
皇室領荘園　240
興善院所領　158
興善院領　159,163
皇　族　95,196,267
後宇多院領　162
皇朝銭(古銭)　178
口　勅　207
公田官物率法　193
皇　統　197
光仁天皇の擁立　197
高野山菩提心院領　236
公領(国衙領)　162,179,180,182,242,264,265
公　領　235
恒例公事の指図書　43
御　恩　229
御恩と奉公　230
黄　金　176,177,189
沽価法　178
沽価法の制定　10,178
御願寺　51,67,70,71,98,100,103,110,162,163,174,213,218～220,232,234,235,239,240,274
御願寺化　174
御願寺社　180,182,212,213,219,234,241,265～267,271
御願寺社領　168,178,180,234,235
御願寺領　232～234,262
国王の氏寺　103,154
国　衙　143,147,183,226
国衙の非法　133,134,147
国衙領　147,162,180,182,227,235,262,264,265
国郡課役　158
国郡課役免除　184
国司クラスの中級貴族層　278
国司重任の成功　44
国使不入権　226
国司免判　194,265
国司免判による立荘　194
国政改革　193
国分寺・国分尼寺の建立　208,218
国　法　230,231,234
国免荘　76
国免不輸荘　251
後嵯峨院政期　163,195,267
後三条院の院司　14
後三条政権　193

後三条政権期　3
後三条治政の目標　10
後三条朝　8～10,62,63,259
後三条朝期　18,20
後三条天皇の往生伝　10
後三条天皇の治政　3,6,10,11,21,193
護持僧　17,24,27,64,68,74
五条高倉宅(藤原顕隆)　50
後白河院政開始の頃　219
後白河院政期　79,163,179,180,219,242,252
後白河院政後期　120
後白河院庁　139,170,188,231,260,262
後白河院近臣　97
後鳥羽院政期　104,108,122,163,179,219～221,253,254,275,285
後鳥羽院庁　232,233
後鳥羽院近臣　97
後鳥羽院の熊野詣　99,104
近衛家所領目録　124
小物成　172
後冷泉朝　6,63
後冷泉朝期　10,20
後冷泉朝後期　5
惟成の弁　11
墾　田　144
墾田地系荘園　226
根本領主　133,134,142,146,278,279

さ　行

斎院禊祭料　284
西院流の祖(信証)　67
西園寺家　258
西園寺家の祖(通季)　39,259
最勝講　99
最勝光院荘園　154
最勝四天王院領　233
妻　帯　102,115,262
在庁官人　206
在地領主　183,227～231,233,234,277
在地領主制　277
在地領主層　228,265,266
在地領主の評価　227
斎藤一族　229
嵯峨朝　203
相摸国大友郷地頭職　113
砂　金　164,176～178,182,189
雑公事　154
里内裏　260
侍　62,107
三会已講　65
三事兼帯　5(匡房),7(匡房),11(惟成・匡房),41(顕隆),50(顕隆)
三条殿西対　214
三条白川の橋　100
三代御起請符地　170,187
三大不如意　7
三宝の奴(聖武上皇)　201
三宮第(輔仁親王)　26
山門派　69,74,95,109,118,218
山門派と寺門派が対立・抗争　69,74
四　至　235,252
四至の牓示　228
寺院領　110
四円寺(円融・円教・円乗・円宗寺)　67
慈円譲状　101
職の体系　226
自給的家産経済論　153
地　子　227
鹿谷の山荘　103
獅子丸(駿牛)　102
寺社領荘園群　161
治承・寿永の内乱　96,170,231
治承・寿永の内乱期　221,229
治承の変　97
賜姓皇族　18
氏族社会　193
四足門　83
四大寺(東大・興福・延暦・園城寺)　99
執　権　45,46,254,255
執権別当(執権)　46,254,257
執行別当　45,254
執　事　45,46,120,254,255
執事と執権の相違　45
実　子　13,258
執事別当(執事)　46～48,52,53,57,205,254,257,258,260,262
寺社領荘園郡の設定　161
執当の院司　45,46
実　父　19,20,22,23,285
執　柄　10,45
地　頭　107,124,131
地頭預所　131

地頭預所職　133, 136, 137, 142～144
地頭下司　231
地頭職　113, 156, 157
地頭領主職　144
私法的な主従制の基盤上に公法的な知行制が成立　231
持明院　93
持明院家　97, 218, 258, 274
持明院家系　97
持明院家系統　98
持明院家の祖(藤原基頼)　93
持明院統　93, 155, 160, 267
下野国足利　125
寺門派　69, 74, 80, 218
沙弥十戒と菩薩戒(鳥羽・後白河両法皇)　225
終身後見　202
修験者(山伏)　113, 125, 127
修験道　223
守　護　112
守護代　112
准三宮宣旨(藤原兼家)　68
主従制度としての家人制　230
呪　咀　28
主典代　158
朱の手印　224
駿牛競争　102, 114
修理宮城使の創設　10
荘　園　131, 141, 233, 234, 236, 261, 284
荘園群編成　155, 163, 180, 182, 237
荘園公領制　241, 264
荘園支配の構造　145
荘園所課　153, 155, 182
荘園所職　116
荘園整理　35, 194, 234
荘園整理運動　226
荘園整理策　194, 240
荘園整理方針　77, 241, 261
荘園整理令　162, 234, 264
荘園的土地所有　153
荘園年貢　154
荘園領主　132, 153, 154, 169, 170, 174, 175, 177, 181～183, 285, 286
荘園領主間の商品流通(交換経済)　153
荘園領主経済の実態　155
荘　官　76, 146, 158, 171, 181, 183, 230, 233
上級貴族　53, 71
上級貴族層　36, 53
承久の乱　89, 100, 107, 108, 111, 113, 114, 116, 127, 146, 154, 162, 196, 197, 221, 223, 257, 266
承久の乱の「張本」(二位法印尊長)　89, 100, 108, 111
承久の乱の張本人(葉室流)　257
上級領主　145
成　功　35, 44, 50, 240
上皇近習者　53
上皇家　154
上皇の親近者　53
勝功徳院御領　138
勝功徳院領　136
荘司(荘官)　76
暲子内親王家領　237
成就院僧正(寛助)　71
浄土教　220
浄土教の聖地(熊野)　222
浄土教信仰　222
定番の女房　261
聖武朝　218
青蓮院門跡　99, 100
承和・延喜の朝　10
初期荘園　226, 228
職権留保付領主権寄進　156, 179, 183, 231
諸権門　53
諸国所課　153～155, 182, 190
諸大夫　107
所務雑掌　171, 181
白河院政　18, 21, 23, 27～29, 44, 50, 52, 193, 196, 207, 259, 274
白河院政開始期　116
白河院政開始当初　46
白河院政開始の頃　91
白河院政期　7, 20, 36, 38, 39, 45～48, 61, 74, 78, 79, 90, 162, 163, 178, 219, 241, 251, 272
白河院政後期　242
白河院政初期　220
白河院政前期　23
白河院政前半期　20
白河院政末期　57
白河院庁　205, 245
白河院庁の別当　38, 46, 260
白河院勅旨田　236
白河院の治政　58

白河泉殿　214
白河北殿　215,285
白河御所　26
白河上皇の院近臣の原型　46
白河上皇の三大不如意　7
白河親政期　251
白河朝　62,68
白河天皇の即位　22
白河殿　180,216
白河・鳥羽・後白河の三代院政期　79
白河法皇の衰日　25
私　領　234,235
新奇特異な別尊法の発達　74
新宮(熊野)炎上　125
真言宗　68,69,71,95,98,99,107,108,218,220,275
真言宗僧　98,99,125
真言宗(密教)の根本道場(東寺)　71,73
真言の念誦法　225
真言密教　66,72,73,81,224
真乗院の開祖(印性)　98
壬申の乱　208
臣籍降下　5,26,28
親王家　83
親王家侍職事　50
親王家勅別当　43
親王御領　245
親王宣下　68,69
親王宣旨　101
親幕派(西園寺公経父子)召籠　108,124
神仏混淆　210
神仏習合　208,275
神仏両全思想　79,194
神　民　247
新立荘園　235,240,264
新立荘園の停止(保元元年の新制)　235
神　領　243～251
輔仁親王の元服の儀式　23.26
輔仁親王の立太子　21,22
輔仁親王派(村上源氏一門)　27
朱雀院　207
数代弁官の家　39
崇徳朝　149
受　領　35,36,44,46,228,254,260,261,264
受領出身者(院政政権の基盤)　35
受領層　228,265
清華家　95
清閑寺と清水寺の境相論　103,108
聖　代　11
聖代への復帰　11
清和源氏　49
清和源氏の嫡流(源義朝)　93
関料米(関米)　172,173
世間雑事　101,102
摂関家　19,20,30,38,44,45,49,50,62,65,66,80,154,193,242,253
摂関家系統　253
摂関家政所　43
摂関家領　123,155,181,242
摂関政治　35,206
摂政の家人　51
摂津源氏の祖(源頼光)　49,61
瀬戸内海　124,173
全一的支配権　147
銭貨自体の使用停止論　190
銭貨停廃の宣下　190
銭貨流通杜絶説　177
千手丸陰謀事件　17
善勝寺流　259
専制政治　196,197
専制的政治　35,36,52,53
専制的天皇政治　206
専制的な最高管領権　194
先　達　125,222,223
遷　都　21
宣陽門院所領　171
宣陽門院庁　173
僧　兵　69,108
僧形の法皇　223
宋銭(私鋳銭)　177,190
相人(源実俊)　85
造仏・経供養　25
雑役免除権　226
雑役免系荘園　226
即位の儀式　7
尊号辞退　212
尊号宣下　203
尊号奉献　203,204,212,269

た　行

第一次寄進　234,265
大威徳調伏法　74

大王的権威　203
大覚寺統　155, 160, 267
大　逆　135
太(大)行天皇(文武天皇)　199
待賢門院庁　232, 263
待賢門院庁別当　91
大極殿の造営　7, 11
醍醐源氏　6, 19, 47
醍醐源氏系統　21
醍醐寺の桜会見物　122
醍醐法師　122
醍醐・朱雀・村上の三代の天皇の侍読(大江匡房)　4
大小国役(国郡課役)　158
大臣家　83
第二次寄進　234, 235, 241
対藤原氏政策　19
大北斗法　74, 99
台　密　74
平頼盛の家領　156
高階氏　263
高野御室(覚法法親王)　69
立川流密教の祖(仁寛)　27
太政官機構　194
太政官政治　206
太政官発給文書の文案作成　8
太政官符　8
太上天皇　198～206, 208～210, 212, 219, 224, 253, 263, 268, 269, 271, 274
太上天皇の歴史的意義　198
太上法皇　205, 207, 210～212, 224, 263, 270, 273
知　行　108, 138, 139, 141, 157, 240, 245
知行国　120, 261
知行国主　161, 186, 228, 240, 241, 261
知行国制　161, 179, 180, 260, 264
知行制　230, 231
知行主　98, 103, 120, 260
治天の君　267
治天の君と治天　195
地方寺社領　227
中央権門　228～230
中央政府　284
中央領主　131
中・下級貴族層　35
中・下級層　53
中華思想　198
中級貴族　146
中級貴族層　146, 278
中世荘園　242
中流以下の官僚的貴族層　253, 260
中流貴族　65
庁　官　138, 188
長久荘園整理令　193
長講堂所領　164, 166～169, 171, 175～177, 180, 181
長講堂領　154, 155, 163, 168, 169, 171, 172, 180, 237
長講堂領荘園群　180
重祚　23, 24, 199, 203, 204, 210, 211, 270
調度文書　134, 135
重　任　42, 44, 91, 186, 258
張　本　89, 100, 108, 112, 266
張本人　257
庁分領　236
勅旨田　236, 237
鎮護国家思想　210
鎮護国家仏教　208
鎮守講(東寺)　73
鎮　西　89, 113
鎮西の奉行(大友親秀)　153
月番の女房　261
出羽国　113
天下第一の僧(覚法)　71
天下の口遊(増円)　102
殿下御領　243
殿上人の作法書　43
伝　奏　46, 197
天台座主　99, 101, 213, 214, 217, 253, 264
天台宗　69, 74, 99, 108, 220, 275
天台宗僧　99, 209
天台の修理　103, 108
天皇家(皇室)　8, 197, 202
天皇・摂関共同執政論　196
天皇大権　203
天皇大帝　200
天皇文書(宣命)　205
天皇の乳母の一族　44
伝法阿闍梨　65, 67
伝法院流の祖(覚鑁)　85
伝法会(東寺)　73
伝法灌頂　66, 67, 70, 85

伝法灌頂の師資相承　66, 67
天武朝　207, 218
伝領派　153
道　教　200
導　師　221
東寺領　77
堂衆(延暦寺)　103
同族結合の連合体の形成(葉室・一条・持明院・西園寺)　258, 259
東大寺再建供養会　169
東大寺領　77
倒　幕　124
討幕派　113
東密(真言密教)　61, 65, 72〜74, 99
東密僧　72, 77
東密の邪流(立川流)　27
東密隆盛の背景　74
道　理　231
唐　令　198, 268
徳大寺家の祖(実能)　39, 48, 259
得　分　135, 143, 154, 181
斗升法　11
十津川　111〜113
鳥羽院政期　6, 20, 39, 45, 79, 162, 163, 178, 188, 194, 219, 240, 241, 251, 252, 262, 267, 272
鳥羽院御代　138
鳥羽院近臣　240
鳥羽院庁　57, 139, 260, 263
鳥羽院勅旨田　236, 237
鳥羽院の御所(葉室顕頼の二条烏丸邸宅)　259
鳥羽泉殿　214
鳥羽上皇領荘園　267
鳥羽田中殿　216
鳥羽朝　50, 94
鳥羽天皇暗殺計画　17, 24, 25, 27, 28
鳥羽殿(鳥羽離宮)　41, 71, 72, 180, 262
鳥羽預　262
鳥羽北殿　215
鳥羽東殿　215
鳥羽南殿　213
鳥羽離宮　21, 180, 219, 223, 237, 262, 285

な　行

内宮御領　250
内供奉十禅師　65
内親王家　184
内部構造派　153
中御室(覚行法親王)　68, 69
中辺路ルート(熊野詣)　221
南　都　110
南都七大寺　218
南都六宗　275
南北朝の動乱　154
二位法印(尊長)　98, 121, 253, 262
贄貢進　8
贄　人　9
二条烏丸の邸宅(葉室顕頼)　259
二宮御領　250
日本令　198
入道親王　68, 115
入道親王叙品の初例(性信)　66
女院司　163, 179
女院庁　163, 188, 240, 265
女院近臣　180
女院庁別当　61
女院領　267
女御家　184
女房別当三位家領　171
忍辱山流の祖(寛遍)　67
仁和寺(御室)　145
仁和寺御室　99, 100
仁和寺宮　68, 70, 75, 76, 78, 84, 229
仁和寺宮庁　75
仁王講　83, 99
年　貢　84, 124, 143〜145, 154, 157, 169, 172〜174, 179〜181, 227, 231, 232, 265, 285
年貢物　154, 173, 181
年貢米　172, 173, 175
年貢米運上費　172
年　預　57
年預別当　257, 258, 260
乃貢(年貢)　169

は　行

幕　府　109
幕府側　109
博聞強記　4(大江維時), 11(大江匡房)
羽觴随波賦　10
八条院御領　158, 163
八条院庁　157〜161
八条院分国　156

八条院領　155,156,159,162,163,184
八条院領荘園群　156,160
八角九重の塔(法勝寺)　103
八宗体制是認の立場(貞慶)　275
八湯経　99,121
葉室家　39,45,46,55,254,258
葉室家の嫡流　255,257
葉室流　55,254,257,259
葉室流の執事・執権　254
反摂関的な王党氏族　19
反藤原氏　19
反頼通派　9,21
日吉祭　103,108
非常赦　25
庇車(廂車)　82
備前僧都(尊長)　95,98,120,121
備前国の知行主(尊長)　103,108
備前国の知行主(能保)　98
人まねの熊野詣　221
秘法修善千万壇(白河法皇)　74
秘密修法の爛熟期　74
百姓層　193,194
平等院僧正(行尊)　74
広沢池　66
広沢一流の元祖(寛助)　72
広沢流　66～68,72,81
広沢流の祖師(寛朝)　73
広沢六流　67,85
富　家　26
富人(数国の受領を歴任)　254
封　戸　161,162,179,246,248,250,272
封戸制の再編　193
藤原氏　3,19,21,27,36,37,44,54
藤原氏主流(御堂嫡流)　20
藤原姓　263
藤原摂関家　35
藤原公定遠流事件　102
藤原公実の一家　39
藤原実政の配流事件　135,148
藤原為房の一家　39
藤原俊家の子孫　6
藤原頼通の執政期　193
藤原頼通政権　10,194
藤原頼通政権期　10
藤原頼通政権末期　4
藤原頼通派　9
不親政の伝統　206
仏教興隆策　115
復古調の政治(後三条朝の治政)　11
不輸租権　226
不輸租田　234
不輸の官符　162,235
不輸の権　162
不輸・不入の特権　159
平　家　104
平家一門の都落ち　104
平家方　229,231
平家没官領　107
平家没官領注文　156
平氏一門　190,265
平治の乱　161,185
平城・嵯峨上皇の頃　207
平城上皇の変　203,269
別尊法　74
別様(新儀)　51
法王(法皇・法皇帝)　224,225,270,277
法　皇　79,225
防鴨河使　7,8,40,41
判官代　260,263
保元元年の新制　162,235
封建制度　230,231,278
保元の記録所　235
保元の乱　149,245
法金剛院御領　231
法金剛院懺法堂領　232
法金剛院領　229,232
法住寺殿　167,216,219,220
北条義時毒殺説　89,114,127
法帝(法皇帝)　212
法の関白(寛助)　61,71,72,78,90,262
坊門亭　272
法門の棟梁(寛助)　71
方略試の様子　12
北斗法　72
菩薩戒　225,226
法華三十講　213
法華八講　166,176,181,189
法師関白(寛助)　61,71,78
法勝寺の初代検校(性信)　68
法勝寺の念仏行事　50
法親王　68,115
法相宗　275

堀河院　40,214
堀川院御宇　236
堀河院の御願　77
堀河朝　62,68,236
本　家　131,142,143,145,173,181,279
本家職　144,157
本　所　131,156
本地垂迹説　221,222,224
本地仏　222
本領主　133,134,140,233

ま　行

牧・中田論争　231,278
末代の法灯(印性)　98
御　厨　9
御厨子所預　9
御　園　9
密儀(白河法皇)　23,225,273
密　教　72,74,223,224
密教信仰　224
密教僧　72,222
密教的秘密修法　220
密　告　17,127
密　宗　101,102
御堂嫡流　20,21,27,260,264
御堂の末葉　6,20
源顕房一族　22
源顕房系　19,20,27
源顕房の系統　18
源俊房・顕房の一族　20
源俊房の一家　17,27
源俊房系　17,19,20
源俊房の系統　18
源政長の子孫　62
源通親の一族　97
源師房一門(村上源氏)　19
源師房の子孫　18
源義仲による襲撃事件　167
美濃源氏の祖(源国房)　49
御封(封戸)　161
宮　庁　140
都の武者(摂津源氏源頼光)　61
陸奥の黄金　176,177
村上源氏　17～21,27,259,262
村上源氏一族の墓所(白河御堂)　20
村上源氏一門　20,27
村上源氏の一族　18,20
村上源氏の祖(師房)　18
無量寿院領　239
名　家　39,46,254
名　儒　4
明誉一双(隆明と増誉)　68
乳　母　35,39,44,46,48,50,93,94,100,101,104,105,170,254,259,263,264
乳母関係者と数国の受領を歴任した富人(院近臣)　254
乳　父　101
乳母子　47
乳母の夫　50
免　田　262
免田・寄人型荘園　226
目　代　106,135,260
没官地　244,245,250
文書主義　203,204
問注所　96
門　流　193

や　行

山　伏　113
山法師　89,103
猶　子　5,20,21,26,28,30,37,46,47,95～97,119,255,257,258,263
猶子・養子関係(葉室家の嫡流)　255,258
有職故実　27,43
養　子　5,6,13,30,47,63,95,106,114,119,127,133,255,257,258
養　女　6,13
遙　任　91
養　父　6,22,23,47,63,285
養　母　170,188
陽明門院の一派　21
陽明門院の院司　14
陽明門院派　23,28
養和の大飢饉　231
吉　野　111,112
淀　110
頼朝の相談役(一条能保)　93
夜の関白(藤原顕隆)　7,36,51,52,78,254

ら・わ行

落　書　17,24,25,28
洛　中　89,90,109,113,217,220,229,278

洛　北　93,218
六勝寺　68,219
立　券　134,145,234,250
立券混合　232
立券荘号　135
立　荘　132,136,156,157,161,162,174,179,183,188,194,227,228,230,233,239～241,252,261,262,279,284
立荘撤回　284
立荘に関する基本史料　132
立太子　22,26,38
立　保　261
律令君主　203
律令国家体制　193
律令制的封禄制度　153
律令制度　200
律令体制　201
律令体制国家　271
律令的官庁　206
領域型荘園の三分類　226～228
両界曼荼羅　71
領　家　131～133,135～137,139,142～145,149,173,230,243,245,279,286
領家職　132,136,137,140～142,144,145
領　主　131,147,154
領主経済　153,155
領主職　160,161
領主制理論をめぐる論争　153
良　臣　45～48,52
両部の秘法伝受(印性)　98
臨時雑役　77,235
冷泉院　75,207
蓮華王院の所領　109
六条家の始祖(藤原顕季)　52
六条殿(六条西洞院殿)　99,166～169,171,180,187,219
六条西洞院殿　219
六波羅　89
六波羅政権　265
六波羅探題　89,90,110,112,117
老子を神格化(太上老君)　199
和市法(交換率)　172
和琴の名手(源師賢)　9,62

人名索引

あ　行

青山幹哉　123
覲子内親王　→宣陽門院
顕仁親王　→崇徳天皇
芥川龍男　126
阿古丸　→藤原宗通
浅香年木　278,279
朝仁親王(西山宮)　→道覚入道親王
敦綱(肥後国司)　138,139
阿部猛　14
天照大神　208,222
網野善彦　13,77,86,150,182,187,240～242,268,281
鮎沢寿(朧谷寿)　79
荒木田氏子　246
有季(糟屋左衛門尉)女(一条高能室、能氏母)　92
有仁王　26,28,74
粟生次郎助方　233
阿波院　→土御門天皇
阿波国司　75
阿波の守護代　112
飯倉晴武　270
伊賀氏(北条義時後室)　114,127　→北条義時妻をも見よ
郁芳門院　23,213,219
池浩三　187
伊佐平次兼元　85
石井進　29,31,127,136,137,142,144,146～150,184,187,197,240,241,268,271,279～281
石井良助　206,270
石尾芳久　202,269,278
石上英一　188
石母田正　35,53

泉谷康夫　227,277
伊勢神宮
外宮一禰宜雅元　247,248
外宮権禰宜貞重　244
外宮権神主貞村　248
外宮権神主為康　249
外宮権神主利弘　250
外宮権神主朝忠　246
外宮権神主故晴康　243
外宮権神主雅遠　247
外宮権神主光親　247,249,250
外宮権神主光倫　249,250
外宮権神主睦元　247
外宮禰宜頼行　247
故権神主成光子息　247
内宮権神主氏良　249
内宮権神主清正　248
内宮権神主俊正　247
内宮権神主俊長　244
内宮権神主利康　243
内宮権神主成仲　247
内宮権神主守長　247
内宮禰宜重章　248,249
内宮禰宜忠満　247
内宮(一)禰宜成長　243,247,248,250
内宮禰宜元雅　246,250
禰宜重章　251
禰宜貞雅　249
本神戸司高正　249
一条(上西門院乳母、源師隆女、藤原通基室)　93,94
一条実雅(尊長弟、西園寺公経養子、北条義時後室伊賀氏婿、将軍候補者)　92,96,97,114,127
一条全子　92,97
故一条大納言家子息　249
一条高能　92,94,96,97
一条天皇　11,14,67,270
一条信能　92,96,97,109
一条保子　92,97,118
一条通重　92～94
一条能氏　92,124
一条能保　91～98,103～105,107～109,119～121
一条能保妻(源頼朝妹)　107
一条能保の室　→藤原信子
一条能保女　→九条良経の北政所・中院通方の室・全子・保子・円助法親王の母
一条頼氏　92,109,124
井上光貞　276,277
井原今朝男　153,154,182,183,196,267
今谷明　268
入間田宣夫　277
印　性　95,98,99
殷富門院　217
上島有　146
上田道男　189
右衛門督局(一条能保女、後嵯峨後宮、円助法親王母)　92,94,119
牛山佳幸　82,85
宇多天皇　3,66～68,70,73,211,212,221
上横手雅敬　123,267
叡子内親王(高陽院内親王)　135,136,143,149,215
益　信　66
円　行　69
円助法親王　92,94,119
円助法親王の母　→右衛門督局
遠藤基郎　190
円融天皇　67,212,218
応仁　→仁操
応仁女　→三条局
近江天皇　→天智天皇
大炊入道(大友親秀)　126
大炊助入道(大友親秀)　113
大炊御門頼実　106
大江朝臣(主典代散位)　158
大江維時(江納言)　4
大江成衡　3
大江匡衡　4,12
大江匡房　3,4,7～12,27,28,46,232,259
大鹿国忠　245
太田静六　167,168,187
大津透　206,269,270
大津東浦の長者丸　103
大友親秀(大炊入道、大炊助入道)　113,126
大友能直　113,126
大中臣氏子　246,247,250
大中臣兼宗　246
大中臣親範　249
大中臣宣実　247
大中臣宗親　249

大宮院女房(藤原顕憲女、能円姉妹)　105
大山喬平　187
小笠原長経　112
岡野浩二　81
岡野友彦　184
小川彰　187
荻野正博　240,280
荻美津夫　80
尾崎保博　189
乙鶴丸(鹿子木荘領家職)　140
小治田恒安子息　247
朧谷寿　29,35,53,56,57,187

か　行

雅縁(興福寺別当)　110,111
覚　意　70,74
覚行法親王　64,68〜71,82
覚暹(鹿子木荘領家)　140,141,144
覚　仙　215
覚　宗　222
加来大忍　81
覚念　→覚行法親王
覚念(藤原朝兼)　109
覚法法親王(行真)　38,64,69〜72,75,82,85
覚　鑁　85,215,225,262
覚猷(鳥羽僧正)　262,285
景山春樹　279
花山院家忠　51,52
花山院兼雅　107,120
花山院忠経　92,97,118,120
花山院忠経の室　→一条保子
花山院忠雅　97,120
花山院忠雅女(源通親室)　97
花山院忠宗　51
花山院忠頼　92
花山天皇　10,11,210,221,270
柏木(源氏物語)　176
春日局(尊長妻、藤原定輔妹)　100,111,113,121,122,124
春日局(尊長妻カ)　124
糟屋有季　92
糟屋有長　124
糟屋有久　124
勝浦令子　277
勝野隆信　273
勝山清次　227,277
兼元(庁官修理属)　138
督局　→藤原時子
亀　菊　123
亀山天皇　221,255,275
高陽院(藤原泰子)　51,136,215,216
高陽院内親王　→叡子内親王
高陽院女房　→大納言局
河内祥輔　31,206,270
川口久雄　12
川端新　227,228,230,277,278
寛　意　70,82
寛　雅　285
寛　空　66
寛　慶　217
観　賢　73
寛　杲　133,137,140〜144
顔師古　212
寛　実　85
寛助(成就院僧正、法関白、法師関白)　61〜67,69〜85,90,115,262
願西　→藤原隆通
寛　朝　66,73
寛　遍　63,67
桓武天皇　3,203
紀伊寺主　115
祇園女御　213,214
菊池紳一　185
岸俊男　202,209,269,273
宜秋門院(九条任子)　98
木曽義仲　167,229,231
北畠顕家　274
吉備姫王　200
行　基　209
行　慶　63,69
行真　→覚法法親王
行　尊　74,78,115,262
覲子内親王　→宣陽門院
空海(弘法大師)　66,79
櫛田良洪　31,72,81,83,121,285
九条院(藤原呈子)　48
九条兼実　97,98,103,177,190,264
故九条女三位家子息　249
九条任子　→宜秋門院
九条道家　92,120,181
九条民部卿　→藤原顕頼
九条良経　92,97

九条良経の北政所(一条能保女)　92,97
九条頼嗣　127
九条頼嗣の室(御台所)　127
九条立子　103
工藤敬一　147,227,228,230,277
久保田和彦　117
熊谷公男　269
熊野太郎　112
黒田俊雄　148,195,266,267
黒太郎(十津川の者)　112
黒太郎弟　112
桑山浩然　122
経　範　64,66,71
解脱(貞慶)　217,275
源　運　217
兼　覚　63
憲覚(実暹)　105
顕　覚　105
玄　顕　105
源氏(源氏物語)　176
賢　俊　75,84
顕　俊　75,84
顕俊子(小僧)　75
建春門院(平滋子)　138,141,167,216
賢勝(鹿子木荘預所職)　133,134,137,144
元正天皇　199,209
元　信　105
源　尊　124
源侍従家　249
故源中将家　244
故源中納言家子息　245,249
憲　範　105
元明天皇　199,200
建礼門院(平徳子)　94,170
後一条天皇　62
弘　円　105
皇　円　209
皇嘉門院　216,241
皇嘉門院女房(藤原顕憲女、能円姉妹)　105
康　業　140
皇極天皇　199,200,268
孝謙天皇　199,201,209～211,272,273
後宇多天皇　162
孝徳天皇　199,268
光仁天皇　197
河野房雄　18,29,56～58,253,282
高弁　→明恵
弘法大師　→空海
後嵯峨天皇　94,163,176,195,221,254,267
後三条天皇　3～12,14,18,20～22,26,30,36,62,63,67,70,193,251,259
後白河天皇(雅仁親王)　39,43,79,94,97,99,119,120,136,139,149,161,163,167～171,179,180,185,188,216,217,219,220,223,225,231,242,250,252,253,255,260,262,263
後朱雀天皇　62,67
後高倉院(守貞親王)　93,94,162
児玉洋一　275,276
五島邦治　187
事代主の神　208
後鳥羽天皇(尊成親王)　94,97,99～104,108,109,111,114,116,120,122,124,125,163,177,179,217,219～221,223,232,233,253～255,257,266,275,285
近衛家実　102,124
近衛兼経　124
近衛天皇　215
後深草天皇　93
後伏見天皇　160
後堀河天皇　255
五味文彦　242,260,281,283,284
小山靖憲　226～228,276,277
後冷泉天皇　3,5,6,10,20,62,63
惟宗孝言　4
近藤潤一　84,285
権中納言家　251

さ　行

最雲法親王　69
西園寺公経　92,96,97,100,108,109,111,114,124
西園寺公経の室　→一条全子
西園寺実氏　92,97,108,109,124
西園寺実宗　97
西園寺淑子(綸子)　120
西園寺通季　37,39,259
西園寺綸子(淑子)　97,120
済　信　66,82
左衛門督局　159,160,185
栄原永遠男　189
嵯峨天皇　203,207,212,271

坂本賞三　17, 19, 29, 268, 277
坂本太郎　12
前皇后宮大夫入道　243
前斎院　245
前左大臣家　248
佐久間家村　127
佐々木銀弥　153, 154, 183
佐々木潤之介　184
左中将家　243
佐藤和彦　184
佐藤亮雄　285
佐藤弘夫　197, 268
佐藤泰弘　234, 280
貞仁親王　→白河天皇
実仁親王　22
左兵衛督家　246, 250, 251
三条天皇　66, 70, 176
三条局(仁操娘、後白河後宮、道法法親王・真禎ら母、後に一条能保室、能性母)　92, 94, 118, 119
慈　円　101, 217, 252, 253, 264
重方(鹿子木荘預所職)　133, 134, 147, 149
重綱(故少納言)　248
重俊(鹿子木荘預所職)　133, 137
重仁親王　285
四条宮女房(寛助妹、源顕房または師賢女)　63, 80
七条院(藤原殖子)　94, 125, 217
実暹(憲覚)　105
実　尊　115
持統天皇　199, 202, 206
司馬遼太郎　126
清水潔　281
清水擴　274
清水正健　186
持明院通基　91～93, 97
持明院通基女(藤原実宗母)　97
持明院基家　92, 93, 97
持明院基家女(藤原実宗室)　97
持明院基家の妻(平頼盛女、後高倉院乳母)　93
持明院基頼　91～94, 117
下郡剛　267, 268
寂信　→藤原惟方
守覚法親王　229
寿　妙　133, 134, 142, 143, 146, 147, 149, 278
修明門院(藤原範子)　106
俊　寛　103, 262, 285
順徳天皇　100, 103, 104, 106, 109, 114, 257, 266
淳仁天皇　201
定胤(鹿子木荘領家)　140
聖恵法親王　69
勝　覚　17, 24, 25, 27
定寛(鹿子木荘領家)　140
定暁(鹿子木荘領家)　140
上宮王家　195
上宮皇太子　263
貞慶　→解脱
静　兼　75
上西門院　93, 94, 216
暲子内親王　→八条院
成　俊　219
静　証　69
清浄　→藤原通子
性信(入道親王、大御室)　64, 66～70, 75, 82, 84
乗　信　105
上東門院(藤原彰子)　5, 61, 67, 176
聖徳太子　224, 225
称徳天皇　211, 225
少納言入道　→藤原通憲
承仁法親王　119
承　念　246
勝満　→聖武天皇
承明門院(藤原、源在子)　105, 106
聖武天皇　199, 201, 208～211, 218, 225, 263, 273
静　誉　105
舒明天皇　268
白河天皇(貞仁親王)　3, 5～7, 12, 17～31, 36, 38, 39, 41, 44～52, 57, 58, 61～65, 68, 69, 71～76, 78, 79, 83, 90, 91, 103, 115, 116, 135, 149, 161～163, 178, 193, 196, 204, 205, 207, 213, 214, 218～221, 223, 225, 235, 236, 241, 242, 245, 251, 253, 255, 259, 260, 262, 263, 270, 272～275, 283～285
白根靖大　195, 267
信　縁　262, 285
神祇少副故公宣等子息　248
神祇権大副為季　250
神祇権少副親広　249
前神祇大副兼友　245, 251

深　賢　138～141
信　証　63,67
真　性　170,171,188
新城常三　275
新中納言家　250
真禎(太秦宮)　89,94,102,113,118,119
尋　範　80
推古天皇　268
菅原正子　182
菅原道真　12
杉本尚雄　150
杉山信三　123,149,187,274,279
輔仁親王(三宮)　17,18,21～29,31,63,65,74,118,270
崇光天皇　45,255
朱雀天皇　4,218
鈴木國弘　183,277
崇徳院兵衛佐　285
崇徳天皇(顕仁親王)　26,39,48,149,215～217,220,285
清少納言　62
清和天皇　211
瀬戸薫　283
善　恵　176
全　玄　99
千手丸　17,24,25
千寿丸(鹿子木荘領家)　140
仙　尊　92
宣陽門院(覲子内親王)　164,169～171,173
増　円　101,102,122
増円妻　102
増円娘　102
宗覚　→宝覚
増　覚　285
宗近弟子　245
聡子内親王　70
宗　性　263,285
増　誉　68,213,220,221
副田秀二　142,146,150,278
曾我良成　13
曾根正人　121
尊円入道親王　99
尊長(二位法印)　89～92,94～104,107～117,119～122,124,127,253,258,262
尊長旧妻(春日局)　124
尊長の義理の姪(大友親秀妻)　113
尊長法印室　122
尊長本妻　→春日局

た　行

待賢門院(藤原璋子)　37,39,44,45,74,91,94,118,174,175,214,215,222,231,232,242,259,263,274
待賢門院美濃局(源仲政女、頼政妹)　279
太皇太后宮職　246
醍醐天皇　4
醍醐座主　245
大将法印　251
大納言局(鹿子木荘領家職、高陽院女房)　137,138,140～143
大弐三位家　246,251
平清澄(藤津荘々司)　76
平清盛　104,260
平定親　4
平重衡　260
平時子　104
平滋子　→建春門院
平辰清　156,157,159,160
平時忠　104
平徳子　→建礼門院
平知信　284
平直澄　76
平雅行　86
平正盛　76
平頼盛　93,156
平頼盛女(持明院基家の妻、後高倉院乳母)　93
高方(鹿子木荘預所職)　133～137,143,144,147,149
高倉天皇　93,94,170,177
高倉範季　106
高階栄子(丹後局)　164,169,187,217
高階経敏　263
尊成親王　→後鳥羽天皇
高橋一樹　240,261,281,284
高橋昌明　85,183,283
滝沢武雄　190
瀧浪貞子　225,277
瀧善成　274
田口勇　189
竹内理三　17,19,29,35,53,153,183
竹島寛　127
武田佐知子　276

橘俊貞　250
棚橋光男　29, 281
為直(左衛門尉)　171, 172
丹後局　→高階栄子
丹波局(仁操女、後白河後宮、承仁法親王母)　119
親貞(鹿子木荘預所職)　133, 137
親直(鹿子木荘預所職)　134, 137
智　順　240
忠　恵　251
中納言典侍　→藤原光子
長　円　220, 275
長　快　22, 275, 276
長　覚　92
長賢　→長厳
長　厳　111, 112, 116, 125, 127, 262
澄　仁　69
長　能　92, 95, 104, 116, 127
月輪理　123
辻善之助　82, 123, 272
土御門天皇　104, 105, 109, 112～114, 257, 266
角田文衞　20, 30, 54, 56, 81, 118, 149, 282, 283, 285
天智天皇　197, 263
天武天皇　197, 199, 200, 207, 218, 272
道　伊　105
道覚入道親王(西山宮、朝仁親王)　100, 101, 107, 108
道　鏡　224, 225
頭中将家　245
道法法親王(後白河皇子、仁和寺御室)　94, 99, 100, 118, 119, 121
藤間生大　228, 278
遠山美都男　268
遠良(散位)　247
戸川点　284
篤子内親王　213, 214
徳大寺公能　92, 258
徳大寺公能室(藤原俊忠女)　258
徳大寺公能女(一条通重室、能保母)　92
徳大寺定能　105
徳大寺定能の妾(藤原顕憲女、能円姉妹)　105
徳大寺実能　37, 39, 48, 259
所　功　38, 54
俊弘(院使主典代)　134
戸田芳実　275, 276
外村直彦　230, 231, 278
鳥羽僧正　→覚猷
鳥羽天皇(宗仁親王)　6, 17, 18, 20, 23～28, 31, 38, 39, 41, 45, 47, 50, 51, 57, 64, 73, 74, 78, 79, 93, 94, 136, 138, 139, 149, 155, 162, 163, 178, 184, 188, 194, 204, 212, 214～216, 218, 219, 222～225, 235～237, 240～242, 251～253, 255, 259, 260, 262, 263, 267, 269, 271, 272, 274, 275
伴瀬明美　236, 266, 267, 280
友業(散位)子息　251
虎尾俊哉　81

な　行

中田薫　131, 146, 147, 150, 183～186, 231, 278, 279
中院通方　92, 97, 106
中院通方の室(一条能保女)　92, 97
中院通成　92
中野幡能　148
中野栄夫　182
中原(弁済使)　172
永原慶二　131, 146, 147, 153, 154, 183, 184, 226, 277, 279
中原親貞　132, 133, 278
中原基広　178
長光(肥後国司)　138, 139, 141
中村直勝　186
仲村研　186
長屋王　195
中山信名　185
西垣晴次　242, 281
西口順子　127
につち　→弁局
仁藤敦史　203, 204, 269, 270
仁　覚　213
仁　寛　17, 19, 24～27
仁　実　214
仁　証　80
仁操(応仁)　92, 118, 119
仁操女　→三条局・丹波局
仁明天皇　3, 218
能　円　104～106
能円妻(後鳥羽乳母カ)　104
能　性　92, 94, 95, 119
能　全　92, 95, 104, 119

は　行

萩谷朴　80
橋本義彦　19, 29, 30, 53, 54, 56, 153, 183, 204, 212, 269, 273, 285
八条院(暲子内親王)　105, 155～163, 184, 216, 217, 236, 237, 243, 261
葉室顕俊　256
葉室顕長　37, 256, 258
葉室資頼　46, 254～256
葉室季頼　257
葉室長顕　255, 257
葉室長隆　254, 255, 257
葉室長光　254
葉室光方　254
葉室光定　254
葉室光親　254, 256, 257, 282
葉室光親女　256
葉室光雅　255, 256
葉室宗顕　254, 255, 257
葉室宗方　256
葉室宗行(行光)　232, 233, 255～257, 263, 285
葉室宗行室(藤原兼光女)　233
葉室宗頼　45, 106, 254～256
葉室頼親　255, 257
葉室頼藤　255, 257
林屋辰三郎　29, 35, 53, 284
速水侑　83, 275
播磨局(大納言局女、藤原氏カ)　134, 137, 138, 141, 150
春名宏昭　203, 204, 269, 271
範　信　248
伴信友　185
範　誉　76
肥後房　113
久木幸男　12
久光重平　189
美福門院(藤原得子)　138, 141, 143, 156, 161, 184, 215, 216, 235, 240, 258
兵衛督局　245
平岡定海　86, 285
広橋経光　116
福田以久生　184, 186
藤井重慶(智順)　240
藤井崇　124
藤木邦彦　29
藤田勝也　13
伏見天皇　85, 255
藤原氏(鹿子木荘領家職)　→播磨局
藤原氏女(鹿子木荘地頭預所職)　144
藤原氏女(丹後国大内郷領主職)　160, 161
藤原顕季　46, 51, 52, 249, 259
藤原顕隆　7, 36～40, 43～45, 47～52, 55, 58, 78, 185, 253～255, 257～259, 274, 282
藤原顕隆女(藤原家政室)　48
藤原顕隆女(徳大寺実能室)　39, 48
藤原顕隆女(藤原伊通室)　48
藤原顕隆女(藤原俊忠室)　258, 282
藤原顕隆女(藤原朝隆妻)　254
藤原顕俊　256
藤原顕長　→葉室顕長
藤原顕憲　105
藤原明衡　232
藤原顕広　→藤原俊成
藤原顕能　37, 50, 256
藤原顕頼　37, 45, 47, 51, 58, 159, 185, 253～259, 261
藤原顕頼女(葉室顕長室)　256
藤原顕頼女(藤原重方室)　256
藤原顕頼女(藤原朝隆室)　257
藤原朝臣(八条院庁、前近江守)　158
藤原朝臣(八条院庁、前権中納言)　158
藤原朝臣(八条院庁、別当権大納言)　158
藤原敦宗　135
藤原有恒　92
藤原有恒女(一条能保家女房)　92
藤原家明　262
藤原家成　240, 261～263
藤原家政　48
藤原家保　51
藤原懿子　136, 149
藤原氏子　243, 244, 249, 251
藤原内麻呂　37
藤原栄子　48
藤原悦子(弁三位)　37, 39, 50, 259
藤原兼家　68
藤原兼光　233
藤原寛子(四条宮)　63, 80
藤原休子　94
藤原宮子　209
藤原清成　105
藤原清成の妻(藤原顕憲女、能円姉妹)　105

藤原清衡　91, 274
藤原清房　105
藤原公定　102
藤原公実　37, 39, 47, 52, 135～137, 139～141, 149, 253, 259
藤原公実女(藤原経実室)　141
藤原公房　9
藤原国明　47
藤原姸子　61, 176
藤原兼子(卿二位)　106, 111
藤原賢子　6, 19, 20, 22～24, 30, 38, 46, 213, 219, 259
藤原光子　37, 39, 50, 259
藤原光明子　209
藤原惟方(寂信)　158, 159, 185, 256, 261
藤原惟方女(藤原光頼室)　256
藤原伊実　48
藤原惟孝　37
藤原惟成　11
藤原惟憲　37
藤原伊房　9
藤原伊通　48, 179
藤原在子　→承明門院
藤原定家　89
藤原定方　37
藤原定輔　37, 100, 109, 111, 122, 125
藤原定嗣　254
藤原実兼　262
藤原実季　9, 46, 259
藤原実資　4
藤原実範　106
藤原実政　133～135, 137, 140, 143, 144, 148, 149
藤原実行　57
藤原重方　256
藤原重方女(葉室光雅室)　256
藤原重隆　37, 43, 255, 257
藤原苡子　24, 31, 39, 50, 213, 259, 271
藤原時子(督局)　105
藤原実子　39, 50
藤原周子　231～233, 279
藤原俊子　256
藤原彰子　→上東門院
藤原璋子　→待賢門院
藤原殖子　→七条院
藤原信子(一条能保室、能円女、土御門乳母)　104, 105
藤原季兼　106
藤原季綱　37, 106
藤原季仲　283, 284
藤原季成　141
藤原季範　106
藤原資仲　9
藤原資頼　→葉室資頼
藤原聖子　215
藤原尊子　5
藤原泰子　→高陽院
藤原隆方　37, 43, 50
藤原隆兼　285
藤原隆季　263
藤原隆佐　37
藤原高藤　37
藤原隆通(願西)　132, 135～144, 149
藤原隆光　37
藤原忠実　24～26, 38, 45, 47, 49～51, 72, 75, 77, 84, 204, 205, 242, 253, 284
藤原忠季　105
藤原忠季の室(能円女)　105
藤原忠隆　48, 77, 260
藤原忠綱　13
藤原忠教　264
藤原忠平　218
藤原忠通　82, 253, 264
藤原為輔　37
藤原為隆　4, 37, 39, 40, 43, 44, 49, 50, 55
藤原為房　7, 25, 26, 36～40, 43, 44, 46, 49, 50, 55, 259
藤原為房女(西園寺通季室)　39
藤原親隆　37, 255, 257
藤原親隆女(藤原公頼室)　255, 257
藤原親徳　243
藤原周衡　232, 234
藤原朝子(後白河乳母、紀伊二位)　263
藤原通子(清浄)　137～143
藤原経実　135～137, 139, 141, 149
藤原経憲　105
藤原呈子　→九条院
藤原道子　6
藤原説孝　37, 105
藤原得子　→美福門院
藤原俊家　5, 6, 91, 92
藤原俊忠　256～258

藤原俊忠女(徳大寺公能室)　258
藤原俊忠女(葉室顕長室)　257,258
藤原俊成(顕広)　256～258,282
藤原朝方　254,255,282
藤原朝方女　→法性寺殿宣旨
藤原朝兼(覚念)　109
藤原友実　106,229,231,233,279
藤原朝隆　37,254,255,257,274,282
藤原朝隆女(藤原光頼室)　254,255,282
藤原朝忠　37
藤原朝経　122
藤原朝成　37
藤原朝頼　37
藤原仲実　46,259
藤原長隆　37
藤原長経　156
藤原永範　174
藤原永頼　106
藤原成季　106
藤原成親　161,186
藤原成経　186
藤原成頼　255,256
藤原能子　94
藤原信家　13
藤原宣孝　37
藤原信隆　94
藤原宣親　126
藤原信長　5,69
藤原信頼　185
藤原憲方　105
藤原憲方の室(藤原顕憲女、能円姉妹)　105
藤原範兼　106
藤原憲輔　37,105
藤原憲忠　105
藤原憲親　105
藤原教成　122
藤原教通　5,12,13,30,61,75,84
藤原則光　233
藤原範光　106
藤原憲保　105
藤原範子(刑部卿三位)　106
藤原範子　→修明門院
藤原秀康　124
藤原房前　37
藤原不比等　202
藤原冬嗣　37
藤原真楯　37
藤原通重　→一条通重
藤原通季　→西園寺通季
藤原道長　6,20,30,49,61,67,91,92,190
藤原通憲　262,263
藤原通憲女(藤原隆季妻)　263
藤原通基　→持明院通基
藤原光方　→葉室光方
藤原光定　→葉室光定
藤原光親　→葉室光親
藤原光長　256
藤原光長女　256
藤原光頼　39,45,254～256,282
藤原宗忠　19,25,117,264
藤原宗通(阿古丸)　48
藤原宗行　282
藤原宗頼　→葉室宗頼
藤原綱子　170,171,188
藤原茂子　259
藤原基家　→持明院基家
藤原基隆　48,57,75,260
藤原基俊　118
藤原基長　9,23
藤原基房　→松殿基房
藤原基頼　→持明院基頼
藤原盛実　105
藤原盛重　25
藤原盛憲　105
藤原盛能　105
藤原師実　5,6,9,21,22,38,40,49,51,80,141,
205
藤原師成　27
藤原師信　46,47
藤原師通　38,48,68,80,205,284
藤原薬子　203,204,269
藤原泰憲　37
藤原泰通　37
藤原泰通　105
藤原行光　→葉室宗行
藤原良門　37
藤原能兼　106
藤原義懐　11
藤原能長　5,6,9
藤原能信　6,21
藤原良房　37,205
藤原能通　106

藤原良基　9
藤原頼明　37, 105
藤原頼長　20, 212, 217, 272
藤原頼通　4〜6, 9, 10, 13, 20, 21, 30, 61, 62, 190, 193, 194
藤原頼宗　91, 92
平城天皇　203, 207, 211, 269
弁局(八条院女房、弁殿御局)　156〜160, 163, 261
遍誉(鹿子木荘領家)　140
宝覚(宗覚)　159〜161, 185
法基尼　→孝謙天皇
伯耆房　89
法性寺殿宣旨(藤原朝方女、藤原光頼妻)　255, 282
北条政子　114
北条時氏　90, 117
北条時房　110, 111
北条時政　91, 102
北条時盛　90, 117
北条政範　102
北条泰時　90
北条義時　89, 90, 108, 114, 124, 127
北条義時妻(伊賀氏)　89, 90　→伊賀氏をも見よ
房弁(鹿子木荘領家)　140
坊門信清　101
坊門信清女　101
細川亀市　189
保立道久　224, 276
洞富雄　206, 270
堀河天皇(善仁親王)　21〜24, 36, 38, 39, 46, 50, 62, 63, 68, 69, 77, 204, 205, 213, 214, 236, 253, 259, 269, 270

ま　行

政茂(左衛門尉)　160
雅仁親王　→後白河天皇
政康(検非違使)　244
益田勝実　206, 270
松殿基房　92
松殿基房女(一条高能室)　92
松村博司　12
丸山仁　239, 280
三浦義村　110, 114
美川圭　196, 267, 268
通基(前和泉守)　243
水戸部正男　186
源顕房　18〜20, 22, 23, 27, 31, 37, 80, 257, 285
源顕房女(藤原顕隆室)　37, 257
源顕房女(四条宮女房、寛助妹カ)　80
源顕通　20
源国長　248
源国信　20
源国房　49
源在子　→承明門院
源定季　244
源定通　106
源実俊　75, 85
源季兼　241
源資通　61, 62, 65
源高明　47
源隆国　5, 6
源隆綱　6
源隆俊　6
源経長　5, 63
源経信(宇多源氏)　27, 62, 63
源経信(醍醐源氏)　66
源時重　160
源時綱　135, 148, 149
源時中　62
源俊明　6, 25, 47, 48, 205, 253
源俊清　243
源俊房　17〜21, 23, 24, 26〜28, 30
源具実　140
源仲政　279
源済政　61, 62, 65
源信忠　148, 149
源雅定　232, 279
源雅実　19, 20, 25, 31, 38, 46, 80, 259
源雅俊　20
源政長　62, 63, 65, 80
源政長女(白河後宮)　63
源政長女(輔仁親王室)　63
源政長女(源師忠側室)　63
源昌真　148
源通資　120
源通親　97, 106, 120, 177, 190
源通光　106
源基具　140
源基平　70, 74
源師賢　9, 61〜63, 65, 80

源師賢妻・源顕房妻(寛助母、四条宮女房母)　63,80
源師賢女カ(四条宮女房)　63
源師重　17,26,27
源師隆　93
源師隆女(一条、上西門院乳母、持明院通基室)　93
源師忠　20,23,26,31,63
源師忠女(輔仁親王室)　23
源師時　17,20,26,27,222
源師房　5,6,12,13,18～21,30,80
源師行　20
源師頼　20,26
源行貞子息　251
源能清　243
源義経　229
源義朝　92～94
源義朝女(一条能保室)　92～94
源義仲　→木曽義仲
源義宗　250
源頼国　37,49,51,85
源頼国女(藤原為房室)　37,49
源頼国女(藤原師実室)　49,51
源頼朝　91,93,94,96～98,106,107,156,167,169,245,249,250
源頼朝妹(一条能保妻)　107
源頼朝の母(熱田大宮司季範女)　106
源頼政　180,279
源頼光　49,61,62,80,85
源頼光女(源資通室)　61,80
源頼光女(源済政室)　61
源倫子　61,67
源麗子　6,13,80
美濃局(越前国河和田荘院領預所)　231,232,234
美濃局(鳥羽後宮)　149
宮崎康充　57,118,149,185
明恵(高弁)　275
故民部卿家　249
民部卿三位局　158
宗仁親王　→鳥羽天皇
村井康彦　30,183,190,226,227,277,278
村上天皇　4,5,19
村山修一　116,117,121,123～125,274,285
毛利季光　110
元木泰雄　36,53,153,183,283
守貞親王　→後高倉院
守山聖真　31
文覚カ　275
文徳天皇　218
文武天皇　199,200,202,269

や　行

安田元久　17,29,183,284
安原功　196,267
有　覚　244
行親(鹿子木荘預所職)　133,137
行範(前治部大輔)　251
陽明門院　14,21,23,28,41,193
義江彰夫　222,223,276
佳子内親王　213
吉田経房　105
吉田経房の妾(藤原顕憲女、能円姉妹)　105
吉野裕子　202,269
善仁親王　→堀河天皇
吉村茂樹　28,31
義康(検非違使)　250
米谷豊之祐　17,29,31

ら　行

利光三津夫　190
隆　慶　105
隆　尊　37
隆尊女(藤原為房室)　37
隆　明　68,213
良　基　92
龍　粛　18,29
琳　快　112,113,125,126
令子内親王　24
冷泉天皇　10
蓮　光　274
籠明入道　246
六波羅殿(北条時氏・北条時盛)　89

わ　行

脇田晴子　183
和田朝盛(兵衛入道、新兵衛尉)　89,112～114,127
渡辺澄夫　126
渡辺融　122
渡辺直彦　13,14
和田義盛　89

史料索引

あ行

顕隆卿記　43
浅羽本系図(大日本史料)　127
飛鳥浄御原令　268
吾妻鏡　114,117,118,120,123〜127,185,187,189,278
安楽寿院古文書　154,185,186,280
一代要記　148
一切経　208
今　鏡　12,13,20,21,30,36,52,58,80,81
伊予国弓削島荘関係史料　187,188
院執事并執権代々次第—白川院〜崇光院—　55
院執事并執権代々次第—白川院〜崇光院—白河院以来代々執事并執権系図　255
右衛門督藤原家成下文案　240
雲図抄　43
叡岳要記　274
栄花物語　12,13,30,56,80,188
永久元年記　84
永昌記　12,43,55,58,83,84
永昌記(親王御元服部類記所収)　26
延暦僧録　210,263,273
応永書写延慶本平家物語　123
近江天皇菩薩伝　263
御産御祈記　123
御室相承記　72,81,82,84,121
御琵琶御伝業宸記　122

か行

槐記(親王御元服部類記所収)　283
改定史籍集覧　185
加賀森田文書　281
梶井門跡略系譜　81
春日権現験記絵　115
春日神社御供所注文　177
春日神社文書　189
春日大社文書　124
糟谷系図　124
華頂要略　122,123
加能史料　280,281
鹿子木荘事書　131,132,135,143〜145,279
鹿子木荘事書案　143
鹿子木荘文書目録　150
鹿子木荘文書目録案　133
鹿子木荘領家相伝次第　139,150
河内国司庁宣案　86
漢　書　198,212
寛助奏上案　83
観心寺文書　86
貫首抄　43
官宣旨案　85,86
勘仲記　119
魏　書　198
魏書釈老志　199
吉口伝　55,282
吉大記(吉記)(仙洞御移徙部類記所収)　121,169
九　暦　274
教王護国寺文書　85,86,150
玉　葉　14,31,55,79,118〜121,186,187,190,273,276,278
玉　蘂　122
御遊抄　9,80
公衡公記　273
愚管抄　12,13,24,36,54,56,58,119,120,123,185,252〜254,269,270
公卿補任　14,26,30,53,96,119〜122,148,149,185,186,232,258,260
公式令詔書式　205
孔雀経　71,72
九条家文書　190,281
九条道家遺誡　181
弘福寺領大和国広瀬荘使解　85
熊野権現金剛蔵王宝殿造功日記　275,276
熊野速玉大社古文書古記録　125
熊野別当代々次第　125
蔵人補任　14
群書類従　276

系図纂要　　63,80,282
血脈類集記　　95,96,98
建久宣旨　　140
元亨釈書　　84,285
源氏物語(横笛)　　176
健寿御前日記　　261
源平盛衰記　　13,22,25,26,31
興教大師伝記史料全集　　85,285
高山寺古文書　　184
皇室典範　　196,266
康治弐年立券状　　241
皇室制度史料　　272,273
後宇多院領目録(後宇多院処分状)　　162
江談抄　　14
弘仁格　　144
興福寺院家伝　　124
興福寺奏状　　275
興福寺別当次第　　124,127
興福寺本僧綱補任　　54,82
高野御幸記(天治元年高野御幸記)　　83
高野山奥院興廃記　　83
久我家文書　　184
古活字本承久記　　121
御逆修部類記　　123
国司補任　　118,149
古今著聞集　　122,123
護持僧次第　　81
古事談　　12～14,30,56,84
後拾遺往生伝　　55
後白河院庁下文　　188,250
後白河院庁下文案　　139,231,260
後白河院庁起請文　　170
後鳥羽院宸記　　123
後鳥羽院庁下文　　232
後鳥羽天皇宣旨　　177
後二条師通記　　31,57,283
近衛家文書　　124
後伏見上皇院宣案　　160
暦書日記(尊長の日記)　　127
金光明経　　208
今昔物語集　　189
墾田等施入勅書　　272

さ　行

西宮記　　12
最勝王経王法正論品　　224
最勝光院荘園目録案　　154
左衛門尉為直書状　　171
左経記　　188
左大史小槻季継記　　254,282
雑筆要集　　175
更級日記　　62
山槐記　　54,118,119,272,275,284
山槐記(仙洞御移徙部類記所収)　　187
山丞記(定長卿記)(仙洞御移徙部類記所収)
　　121,167,169
三僧記類聚　　83,84
三長記　　120
三宝院文書　　186
山門堂舎(山門堂舎記)　　274
山門堂舎記　　274
志賀文書　　126
史　記　　198
慈光寺本承久記　　124
十訓抄　　12,79,86
質侶荘年貢物・所課注文案　　174
島田家文書　　171,173
寺門高僧記　　81,84
寺門伝記補録　　81,84
釈家官班記　　82,99,122
十三代要略　　148,276
駿牛絵詞　　122
荘園志料　　186
承久記　　110,124,125
承久三年四年日次記　　125
承久兵乱記　　110,111
上宮皇太子菩薩伝　　263
昭訓門院御産愚記　　273
荘々所済日記(安楽寿院古文書)　　154,236
荘々所済事(安楽寿院古文書)　　237
正倉院御物　　272
正倉院文庫　　268
装束抄　　43
勝宝感神聖武皇帝菩薩伝　　263,273
小右記　　12,30,55,80,189
青蓮院本門葉記　　122
諸家伝　　55
職原鈔　　54
続日本紀　　199,201,202,208～210,269,272
諸家系図纂　　282
諸門跡伝　　82
初例抄　　83,276

白河院以来代々執事并執権系図　45
白河本東寺百合文書　85, 147, 185, 186, 188
神宮神領記　281
神宮雑書　281
深賢申文　138
新古今和歌集　117
真言血脈　81
真言宗派図　82
親王御元服部類記　26, 283
神皇正統記　218
水左記　27, 81
関戸守彦氏所蔵文書　279
撰集秘記　43
仙洞御移徙部類記　121, 167, 169, 187
宣陽門院所領目録断簡　171
僧源尊重申状案　124
僧綱申文紙背文書　149
僧伝史料　81, 285
造東寺年終帳　176
僧歴綜覧　81, 85
続群書類従　83, 124
続古事談　12, 80, 82, 86
続本朝往生伝　14
帥　記　148
尊卑分脈　13, 14, 19, 30, 54～58, 63, 79～81, 85, 91, 95, 96, 104, 117～120, 122, 126, 148, 150, 185, 254, 274, 278～280, 282, 285

た　行

大槐秘抄　55, 179
台　記　14, 23, 31, 54, 212, 269, 271, 272
大御記(為房卿記)　31, 43
待賢門院庁下文案　232
大師御行状集記　66
大乗院日記　282
大日本史料　31, 80～83, 117, 119, 122, 123, 125, 127, 187, 284
大宝令　199, 202～204
鷹司本台記　13, 30
太政官牒　77, 83, 235
太政官牒案　161, 162, 235～237
太政官符　184
太政官符案　236
為房卿記　38, 54, 56, 57, 270, 282
但　記　43
丹後国田数帳　160
中尊寺経蔵別当蓮光譲状案　274
中尊寺落慶供養願文写　274
中尊寺文書　274
中右記　13, 30, 36, 48, 50, 53～58, 80, 82～86, 117, 118, 148, 186, 270, 273, 275, 277, 280, 283～285
長寛勘文　222, 261
長秋記　54, 55, 57, 58, 82, 84, 85, 118, 264, 276, 283, 284
長講堂所領注文　164, 166～169, 171, 176, 177, 180, 181
長講堂領簾・畳支配状　172
長講堂領目録　154
朝野群載　31, 54, 83, 270, 273
勅撰作者部類　14
勅施入封荘願文(銅銘)　272
貞信公記　188, 274
天台座主記　81, 122
伝灯広録　121
天平式　144
伝法灌頂日記　211, 273
殿　暦　24, 25, 56, 58, 83, 84, 270, 276, 283
洞院家記　55
洞院家六巻部類　281
春宮坊官補任　14
東寺供僧等申文　144
東寺供僧の供料荘支配　146
東寺所司等解案　85
東寺牒　85
東寺長者補任　84
東寺長者補任巻第二下紙背文書　150
東寺百合文書　85, 147, 150, 184, 185, 188, 278, 281
東寺文書　83, 85, 143, 189
東大寺献物帳(国家珍宝帳)　199
東大寺所司解　86
東大寺図書館所蔵宗性筆唯識論第五巻問答抄紙背文書　188
東大寺図書館所蔵の手鑑中の明月記断簡　117
東大寺図書館所蔵弥勒如来感応指示抄一紙背文書　188
東大寺図書館文書　30
東大寺政所下文案　86
東大寺文書　86, 118
東大寺要録　209, 272, 273
東大寺要録巻第一引用或日記　209

東宝記　83
鳥羽院御落飾記　277
鳥羽院庁御下文案　136, 139
鳥羽天皇宣旨案　85
土右記　6

な　行

内閣文庫所蔵周防国古文書　124
中御室御灌頂記　81
仲資王記　122
中原親貞解案　132
二中歴　118
日本紀略　14, 211, 274
日本高僧伝要文抄　263, 273
日本書紀　268, 272
丹生神社文書　283
女院次第　118
仁和寺御伝　72, 82, 84, 121
仁和寺諸院家記　79, 82, 121, 274
仁和寺諸師年譜　79, 83
仁和寺諸堂記　82
仁和寺日次記　126
仁和寺文書　85, 278, 279
仁和寺流記　83
仁王経　121
根来要書　280
能登国田数注文写　240, 241
野原御荘濫行記　236

は　行

梅松論　187
八条院御遺跡御願寺荘々等目録　162, 163
八条院庁下文案　157～161, 236
八条院領目録　156, 162, 163, 184
八湯経　99, 121
比丘尼清浄解　137
肥後国鹿子木荘事書案　173
備前国因島関係史料　188
美福門院奏状　235
百巻本東大寺文書　86
百練抄　13, 14, 25, 117, 118, 120, 125, 148, 149, 184, 185, 274, 276
表白表　83
兵範記　54, 149, 273, 277, 278
平岡定海氏所蔵文書　86
平田寺文書　272
琵琶血脈　80
伏見天皇綸旨　85
伏見宮記録　55, 123, 187, 282
藤原氏女譲状案　185
藤原氏女領主職譲状　161
藤原清衡中尊寺経蔵別当補任状案　274
藤原永範所領寄進状案　174
藤原周子寄進状　232
扶桑略記　13, 14, 30, 148, 209, 268, 273
豊後国大野荘史料　126
平家物語　179, 265
平治物語　185
弁官補任　50, 58, 80, 148
法印権大僧都房政所下文案　86
法印和尚位智順解　240
蓬莱抄　43
法華経　4
法勝寺金堂造営記　81
法曹至要抄　145, 149, 189
本朝皇胤紹運録　81, 118, 119
本朝高僧伝　72, 79, 121
本朝新修往生伝　55
本朝世紀　13, 117, 283
本朝続文粋　14

ま　行

枕草子　80
増　鏡　118
御子左系図(諸家系図纂二十七中所収)　282
道家公鞠日記　122
源季兼寄進状　241
源時重・左衛門尉政茂所領寄進状　160
源時重領主職寄進状　160
源俊房願文　30
民経記　116
明月記　116, 117, 119, 121～127, 282
元大乗院松園家譜　127

や　行

山科家古文書　184
弓削島荘年貢物注文　173
葉黄記　189, 282
陽明文庫所蔵兵範記　281
養老儀制令　198
養老公式令　200

ら・わ行

立券文案　174
令集解儀制令　200
六条殿修理料支配状写　171
和琴血脈　80
若狭国惣田数帳写　240,241

寺社名索引

あ　行

飛鳥(藤原京)の四大寺　218
阿蘇大〔明神カ〕　139
阿弥陀堂　213,222
粟田宮　217
安楽光院　45,93,218
安楽寿院　154,158,159,162,163,180,186,215,235〜238,262
安楽心院　217
伊勢神宮　25,208,222,242,252
　外宮　243,244,246〜250
　内宮　243,244,246〜250
威徳寺　214
稲荷社　42
新熊野社　216,220
新熊野神社　220
新日吉社　216
宇　佐　139
宇佐八幡宮　135,148,225
円教寺　64,67,70
円光院　213
円勝寺　174,175,214,285
延勝寺　101,215
円成寺(円城寺)　107
円乗寺　64,67,70
円城寺(円成寺)　107
円宗寺　67,85
円明寺　89
円融寺　67,218
延暦寺　38,69,74,89,95,99,103,108,218,219,272
大隅正八幡宮　148
大原野神社　91
園城寺　63,69,74,99,125,213,218,220

か　行

春日社　39,41,43,115
春日神社　177
春日大社　72
海住山寺　217,275
上醍醐寺　213
賀茂社　41,234
賀茂の明神　271,272
川原寺　208
歓喜光院　103,215
歓喜寿院　217
観心寺　77
灌頂院(三宝院)　214
祇園社　42,213
京極御坊　103
清水寺　103,108
金峰山　49
九条持仏堂　216
弘福寺　77,85
熊　野　49,112,113,125,126,216,220〜223,263,275
熊野権現　213,220〜222,252,275
熊野三山　89,125
熊野新宮(速玉社)　125,213,220〜222
熊野神社　220
熊野那智社　222
熊野本宮　125,221
熊野本社　222
高山寺　217,275
興善院　158,159,163
興福寺　80,99,105,110,115,213,275
高野山　49,215,220,236
高野山一心院谷　217
高野山奥院　73
高野山西院谷　215

高野山東別所　217
高野山南谷　217
高野山菩提心院　236
広隆寺　65,70
御墓所御堂(成菩提院)　214
金剛王院　217
金剛勝院　215,240
金剛心院　180,216,262
金剛心院新御堂　216
金剛頂院(園城寺子院)　213
金剛峰寺　73,218

さ　行

西光院　217
最勝光院　154,167,216,219
最勝光院持仏堂　216
最勝四天王院　100,103,121,217,233
最勝寺　65,70,214
三条白河房　217
三宝院　214
四円寺(円融・円教・円乗・円宗寺)　67,218
四王院　218
持明院(持仏堂)　93
持明院(延暦寺内)　219
下醍醐寺　213,214,217
勝功徳院(仁和寺子院)　136,140,143,149,215
聖護院　220
勝光明院　215,262
成金剛院(大雲寺内)　215
証金剛院(鳥羽南殿)　213
浄金剛院(浄土寺内)　217
成就院(仁和寺)　71,72,83,85
証上往院(高野山南谷)　217
成勝寺　215
定心院　218
浄土寺　217
正八幡宮　135,148
成菩提院　214,262
証菩提院　214
浄菩提院　219
白河阿弥陀堂　42
白河御坊　103,217
白河御堂(北白河墓所)　20
真乗院(仁和寺)　98
頭陀寺　107
清閑寺　103,108
西南院　213,214
善阿房　71
善巧房　71
千体阿弥陀堂(白河殿)　216
善通寺　77
禅林寺　275
禅林寺新熊野社　275
総持院　218
尊勝寺　161,213,214,235
尊星王堂　215

た　行

大雲寺　215
大教院(仁和寺子院)　70
醍醐寺　122
大乗院(興福寺)　80,115
大伝法院　215,216
玉置山三所権現　113
中宮御堂(堀河院内)　214
中尊寺　214,220,274
長講堂　154,163～169,171,172,175～177,180,181,217,219,237
伝法院(小伝法院)　215
転輪院　213
東　寺　64,66,70～73,77,85,98,144,146,150,171,173,176
東大寺　42,65,70,77,86,99,169,201,211,217,263,272
徳大寺　214
得長寿院　214,216

な　行

南都七大寺　218
西谷寺　239
若王寺　275
若王寺神社　220,275
仁和寺　63,64,66～71,73,75～78,81,84,85,95,98,99,101,107,138,141,145,156,213～216,218,219,229
仁和寺観音院　63,64,66,67
仁和寺南勝院　125
仁和寺北院　66,68,75
根来寺　215

は　行

羽黒山　113
八幡神　216
八角九重塔(法勝寺)　103,216
比叡山　109,272
比叡山横川　69,219
日吉神社(日吉社)　38,41,103,166
東坂本新堂　214
光堂(美福門院御願)　215
光堂(鳥羽法皇御願、鳥羽田中殿内)　216
光堂(鳥羽離宮内)　262
平等院　4,74,262
平等院鳳凰堂　215
平等心院　215
福勝院　216
二田社　240
仏母院　215
不動堂　217
平城中島宮　209
遍照寺　64,66
法金剛院　85,214,229,231,232,279
法金剛院東御堂　216
法金剛院懺法堂　232,279
法金剛院北斗堂　279
法性寺　218
法成寺内東北院　214
宝荘厳院　180,215
宝蓮院　213
北円堂　41
法華堂　161
法勝寺　23,50,65,68,70,74,92,99,103～106,108,119,213,214,218,219,262,285
菩提心院(高野山)　216,236

ま　行

曼陀羅堂　218
密厳院　215
無動寺　101
無量光院　213
無量寿院　215,239,262

や　行

薬師寺(本薬師寺)　208
横川中堂　219

ら　行

六勝寺　68,219
蓮華王院　103,105,109,167,216,219
蓮華光院　217
蓮華乗院　217
蓮華心院　156,216
蓮華蔵院　180,214
六条院　213

荘園名索引

あ　行

秋穂二島荘〔周防国〕　170
饗庭御厨〔三河国〕　248
青柳御厨〔上野国〕　250
足利荘〔下野国〕　238
阿射賀御厨〔伊勢国〕　243
足羽御厨〔越前国〕　251
阿蘇荘〔肥後国〕　238
穴唯荘(宍咋荘)〔阿波国〕　170
穴太御園〔伊賀国〕　246
安濃田御厨〔伊勢国〕　244
阿保神田〔伊賀国〕　246
漢部御厨〔丹波国〕　251
粟野荘〔美濃国〕　238
飯倉御厨〔武蔵国〕　249
池田御厨〔美濃国〕　246
石灰荘〔近江国〕　158
壱志神戸〔伊勢国〕　242,243
一宮〔伯耆国〕　238
市村高田荘〔信濃国〕　170,176
伊福部御厨〔尾張国〕　247
射水御厨〔越中国〕　251
伊与弓削荘(弓削島荘)〔伊予国〕　170
伊良胡御厨〔三河国〕　248
因島荘〔備後国〕　171

上野御厨〔伊勢国〕　244
宇陀神戸〔大和国〕　245
宇陀荘〔大和国〕　238
有頭郷〔丹後国〕　161
有頭荘(宇津荘)〔丹後国〕　161
江島御厨〔伊勢国〕　244
越知御厨〔伊勢国〕　243
邑楽御厨〔上野国〕　250
大泉荘〔出羽国〕　170
大内郷(吉囲荘)〔丹後国〕　156,157,159～161,180
大内郷(大内荘)〔丹後国〕　163,185
大内荘(吉囲荘)〔丹後国〕　160,163,180
大垣御厨〔但馬国〕　251
大河戸御厨〔武蔵国〕　250
大古曾御厨〔伊勢国〕　243
大塩荘〔播磨国〕　238
大田荘〔備後国〕　260
太多御厨〔但馬国〕　251
大墓御園〔遠江国〕　249
大津保〔三河国〕　248
大津御厨〔駿河国〕　249
大友郷〔相模国〕　113
大沼鮎沢御厨〔駿河国〕　249
大庭御厨〔相模国〕　249
大部荘〔播磨国〕　217
大楊郷(質侶荘)〔遠江国〕　174,175
大山荘〔丹波国〕　77
岡田御厨〔丹後国〕　251
奥村御厨〔尾張国〕　247
奥山荘〔越後国〕　127
小栗御厨〔常陸国〕　250
刑部郷(吉富荘)〔丹後国〕　161
刑部御厨〔遠江国〕　249
小高御厨〔遠江国〕　249
尾奈御厨〔遠江国〕　248
麻績御厨〔信濃国〕　250
小楊津御厨〔駿河国〕　249

か　行

彼出御厨〔伊勢国〕　243
香登荘〔備前国〕　236
柏木御厨〔近江国〕　245
糟屋荘〔相模国〕　238
方上御厨〔駿河国〕　249
片淵御厨〔伊勢国〕　243
片梁田御厨〔下野国〕　250
桂荘〔山城国〕　238
鹿子木荘〔肥後国〕　131～136,138～140,142～145,150,173,188,278,279
蒲屋御厨〔伊豆国〕　249
鎌田御厨〔遠江国〕　249
蒲御厨〔遠江国〕　248
神谷御厨〔三河国〕　248
神吉郷(吉富荘)〔丹後国〕　161
河和田荘〔越前国〕　229,231,233,234
河南御厨〔伊勢国〕　244
河曲神戸〔伊勢国〕　243
河曲神田〔伊勢国〕　244
神戸〔伊賀国〕　246
生栗御園〔三河国〕　248
岸下御厨〔近江国〕　245
喰代御園〔伊賀国〕　246
櫛代御厨〔能登国〕　251
久世荘〔山城国〕　163,237,238
熊田郷(吉富荘)〔丹後国〕　161
倉橋荘〔摂津国〕　107
椋橋荘〔摂津国〕　107,123
椋橋荘東荘・西荘　123,124
黒田御厨〔伊勢国〕　244
黒野御厨〔伊勢国〕　243
桑名神戸〔伊勢国〕　243
郡家荘〔加賀国〕　239
小泉御厨〔美濃国〕　246
御器曾保〔尾張国〕　127
菰生御厨〔伊勢国〕　243

さ　行

坂北荘〔越前国〕　176
酒見御厨〔尾張国〕　247
佐々木御厨〔近江国〕　245
寒河御厨〔下野国〕　250
治開田神領〔尾張国〕　247
志賀島荘〔筑前国〕　171,173
宍咋荘〔阿波国〕　170
質侶郷(質侶荘)〔遠江国〕　174,175
質侶荘〔遠江国〕　174,175,285
質侶牧(質侶荘)〔遠江国〕　175
篠原荘〔阿波国〕　84
志摩郷(吉富荘)〔丹後国〕　161
清水荘　75
下有地御厨〔美濃国〕　246

目次

Ⅰ　後三条政権と大江匡房……一
Ⅱ　永久の変の歴史的位置……一五
Ⅲ　夜の関白と院政……三三
Ⅳ　法の関白と院政……五九
Ⅴ　二位法印尊長と院政
——院政時代における院近臣僧の変質——……八七
Ⅵ　院政時代における預所職……一二九
Ⅶ　荘園群編成とその経営形態
——荘園領主経済の実態分析——……一五一
Ⅷ　院政および院近臣論……一九一

系図　勧修寺流藤原氏略系図　37　系図Ⅰ(尊長の家系系図)　92　系図Ⅱ(能円の親族・縁者系図)　105　系図Ⅲ(能円の親族・縁者系図)　106　鹿子木荘領家職をめぐる三系統の関係系図　141　系図Ⅰ(白河院以来代々執事并執権系図)　255　系図Ⅱ(藤原顕隆の子孫系図)　256

表　藤原為房・為隆・顕隆の略歴表　40　寛助の略歴表　64　表Ⅰ(院政時代建立の御願寺社)　213　表Ⅱ(安楽寿院新塔領の収支)　238　表Ⅲ(無量寿院領仁安三年月宛支配米)　239　表Ⅳ(建久三年八月当時の伊勢神宮領)　242　表Ⅴ(伊勢神宮領の設定過程)　252

図版　図Ⅰ(六条殿の五門)　166　図Ⅱ(後白河法皇の六条殿推定復現図)　168

跋文……二八七

論文初出一覧……二九〇

索引……1

Ⅰ　後三条政権と大江匡房

一　緒　言

後三条天皇がその兄に当たる後冷泉天皇の没した日に践祚したのは、治暦四年（一〇六八）四月十九日のことであった。この藤原氏を外戚としない天皇の出現は、宇多天皇以来のことであり、平安時代に入ってからでは、ほかに桓武天皇と仁明天皇にその例があるのみであった。また、当時三十五歳で践祚した後三条天皇は、「世を治めさせ給ふ事、昔かしこき御世にも恥ぢずおはしましき」[1]と評され、「この内の御心いとすくよかに、世中の乱れたらん事を直させ給はんとおぼしめし、制なども厳しく、末の世のみかどには余りてめでたくおはしますと申けり。人に従はせ給べくもおはしまさず、御才などいみじくおはします。」[2]とも評されている。そのため、後三条朝の治政は、「世ノスヘノ大ナルカハリメ」[3]と認識されることが多く、院政時代の前史に位置づけられることが通説となっているのである。しかしながら、後三条天皇は、在位わずかに四年半ほどで、延久四年（一〇七二）十二月八日、皇位をその子貞仁親王（白河天皇）に譲り、翌年四月には病気のため落飾し、五月七日に四十歳で崩御してしまっている。

したがって、後三条政権期と称されるのは、治暦四年（一〇六八）四月半ばすぎから延久五年五月初旬までの約五年間であったということになるが、この期間に大江匡房がどのような活動をしていたかを、以下論じてみたい。

二　庶政刷新の開始

大江匡房は、長久二年（一〇四一）に紀伝道を家業としていた大江成衡の長男として生まれている。父成衡は、対策及第後、信濃守・大学頭となり、位階では従四位上に昇ったが、著述はひとつも伝存しておらず、その人物像につい

ては、信仰深かったということ以外は判然としない。(4) むしろ、当時の大江家の当主の実像は、匡房の曾祖父に当たる匡衡に典型的にみることができるといえよう。(5) 藤原実資は、匡衡の卒去に当たり、「当時の名儒、人に比肩するものなし。」とまで賞賛している。(6) そうであれば、匡房も幼少時より「名儒」をめざして精進したであろう。なお、藤原為隆は、匡房の薨去を記すなかで、生前の匡房が惟宗孝言に対して、自分では曾祖父匡衡との比較よりは遠祖維時との比較の方を念頭においていると語ったと、述べている。(7) この維時とは、江納言と称されたように、天徳四年（九六〇）に中納言にまで昇進したが、応和三年（九六三）の薨去に際しては、醍醐・朱雀・村上の三代の天皇の侍読の功として従二位を贈られ、(8) また「博聞強記」で、平安遷都以来の京域内の邸宅の所有者名やその売買価格、およびその売買の年月、あるいは人々の忌日までも記憶していたと伝えられている。(9) 他方、匡房自身も、藤原頼通が平等院を建立しようとしたとき、その地形等についての問いに返答し、その「博聞強記」ぶりを示して驚かせたというが、(10)『法華経』八軸を一夜のうちに暗誦したとも伝えられている。(11)

ともあれ、匡房は、天喜四年（一〇五六）十二月に文章得業生に補されると、翌年二月に丹波掾に任ぜられ、さらにその翌年十二月には対策に及第している。この間、前文章博士平定親の私塾に学んでいたと考えられるが、(12) 十八歳で対策に及第したことは、当時においては順調であったに相違なく、(13) 康平三年（一〇六〇）二月には治部少丞に任ぜられている。その翌月、式部少丞に遷任し、七月に対策及第の労に伴う叙位で従五位下となっているが、以後は治暦三年（一〇六七）二月に東宮学士に任ぜられるまでの約六年半の期間は、官位の昇進等は一切みられない。その状況からは、藤原頼通政権末期には不遇であったろうことが推察されるのである。

しかし、翌治暦四年四月十九日、後三条天皇が践祚すると、同日東宮学士であったことを理由に五位蔵人に叙され、

七月八日には中務大輔に任ぜられた。また、後三条天皇が即位した七月十九日には、越階して正五位下に叙され、延久元年（一〇六九）正月二十七日には左衛門権佐に転じ、四月二十八日に第一皇子の貞仁親王が十七歳で皇太子になると、再度の東宮学士をも兼ね、ついに十二月十七日には右少弁を兼任すると、三事兼帯となったのである。これは、いうまでもなく、宮中・府中の実務に関与し、司法・警察権や宮中の民政権をも掌握する幅広い権限を持ったことを意味するのであり、才覚ある人にのみ限って与えられる栄光の地位についたことを意味する。そのうえ、東宮学士の地位にもあったのであるから、これらの昇進は、後三条天皇の並々ならぬ抜擢の結果であったといってよいものである。

ところで、後三条天皇は、公卿の人事については、これほどの大抜擢は行っていないようであるが、践祚の翌年に当たる延久元年（一〇六九）中には新体制を整えている。すなわち、関白には藤原教通（七十四歳）、左大臣兼皇太子傅・左大将には藤原師実（二十八歳）、右大臣兼右大将には源師房（六十二歳）、内大臣には藤原信長（四十八歳）を任じ、権大納言には源隆国（六十六歳）、藤原俊家（五十一歳）、藤原能長（四十八歳）、源経長（六十五歳）らを任じている。彼らのうち、藤原頼通の嫡子師実を除けば、いずれも後三条天皇よりは十歳以上の年長に当たっているのではあるが、藤原頼通が前太政大臣・准三后として出家もせずに存命であったとしても、この顔ぶれが新政の方針に異を唱えることはなかったであろうと思われるのである。

たとえば、藤原教通は、頼通より四歳下の弟ではあるが、その関白就任に当たっては、後冷泉朝後期に頼通と対立するところがあり、彼らの姉に当たる上東門院（彰子）が二人を仲裁したと伝えられている。[14]また、村上天皇の孫に当たる源師房は、藤原頼通の猶子（養子）となって元服し、臣籍降下したのちには、頼通の妹尊子を妻としたばかりか、

娘の麗子は頼通の嫡子師実の妻となり、「源氏と雖も土御門右丞相（源師房）の子孫は、御堂（藤原道長）の末葉に入る」[15]と認識されるようにもなるが、「御才おはしまし、御手めでたく書かせ給ふ」[16]、「文作らせ給ふこと世にすぐれ給へりき。御歌も世々の集どもにみえ侍るらむ。」[17]などと伝えられているように文才にすぐれ、その日記『土右記』からも窺えるように、後三条朝治政の補佐の任を果たしたといってよい。この源師房の娘麗子を正室とした藤原師実も、若年の頃より「御才などもおはしまし、さるべき折々の公事などにも、年大人《おとな》び給へる人だにおのづからあやまり給ふ事もあるに、事の作法などめでたく目安くせさせ給ふとて、大人び給へる上達部などめで申し給ふ」[19]という様子であったらしい。さらに、醍醐源氏の源隆国は、後冷泉朝において朝恩無二の人物であり、皇太子であった後三条天皇に対しては、多くの奇怪な所行があったため、天皇は践祚後においては罪科に処そうとしたが、確認してみると、その隆俊・隆綱・俊明の三人の息子がともに有能であったことによりとりやめ、逆に近臣として仕えさせたと伝えられている。[20]その他、源隆国の娘婿藤原俊家の子孫は、院政時代に入ると大いに栄え、鳥羽院政期の保延二年（一一三六）には公卿が七人も出たが、[21]俊家自身も藤原師実に除目のことについて習い、後三条天皇の前で除目の執筆を務めたという。[22]この俊家の弟能長は、叔父能信の養子となり、その養父ともども皇太子時代の後三条天皇に春宮大夫として仕えているのである。

このように、人材に恵まれていたといってよい後三条天皇は、自身も「人々ノ器量ヲモ御覧ジツツ」、ついには延久三年（一〇七一）三月九日、藤原師実の養女賢子（源師房の孫）を、皇太子貞仁親王（白河天皇）の妃として宮中に入れたとされる。[23]もっとも、延久元年（一〇六九）八月二十二日、藤原能長の娘道子の方が先に妃とされていたが、一年半たっても子を儲けることができなかったので、それも背景であることは否定できない。ただし、後三条天皇が、政治

上の指導力を発揮している様子は、看取できるのである。

三　弁官蔵人の活躍

ともかく、剛毅な性格とみなされる後三条天皇は、大江匡房をはじめとする人材に恵まれながら、その治政を開始したのであった。

治暦四年（一〇六八）四月十九日の践祚後、翌五月十一日には、三公以下の諸卿が天皇の前に参入して、大極殿の造営と即位の儀式のことについて議しているが、十九日には即位の儀式について定め、二十四日には大極殿の造営について定めている。(24)そして、即位の儀式の方は、同年七月二十一日に行われ、大極殿の造営の方は、八月二日に事始が行われて、延久四年（一〇七二）四月三日に終了している。ちなみに、それは、康平元年（一〇五八）二月二十六日に火災にあってから十四年ぶりの復元完成であったわけであるが、このときの建物は治承元年（一一七七）四月二十八日に火災に遭うと、その後は建造されることはなく、結局最後の大極殿となってしまうのである。(25)一方、その当時の匡房は、前述のように三事兼帯として奉仕に勤めていたが、大極殿復元の直後の延久四年四月二十六日には、備中介を兼任し、防鴨河使にもなっている。このうち備中介兼任は、それまでの奉仕に対する恩賞的意味合があろうが、防鴨河使就任の方は、その職員が太政官の主体をなす弁官局の史生・官掌などをもって構成されていること、当時五位の者で左衛門権佐・検非違使や左右少弁が多く任じられていたことで、匡房を起用したとみた方がよい。(26)しかしながら、白河院政期頃の防鴨河使就任者に実務に秀でた人物が多いことは確かであり、後年「夜の関白」と称された藤原顕隆やその父為房などの典型的な院近臣らも、防鴨河使に就任した経験をもつのである。(27)思えば、白河上皇の三大不如意

のひとつに、「鴨川（賀茂川）の水」が挙げられており、[28]防鴨河使は当時においては重要な官職であったといってよいようであり、それに実務に秀でた近臣的人物が任ぜられていることは、注目されてよいであろう。

そもそも弁官局とは、議政官（公卿）の決定した事項を実施する行政機関であり、諸司・諸国と議政官との連絡をとる仲介機関でもあった。それは、形式上左右に分かれ、それぞれ従四位上相当の大弁、正五位上相当の中弁、正五位下相当の少弁がひとりずつおかれ、その下僚として正六位上相当の大史二人、正七位上相当の少史二人と史生十人以下がやはり左右にそれぞれおかれていた。その行政上の命令は、弁官と史の署名により発給される太政官符・官宣旨（宣旨）によって行われたが、その内容は官文殿に保存管理されることになっていた。だが、大史以下が実質的事務を行うようになっており、当時は小槻氏が左大史を世襲し、私的に官文庫を設立・管理し、「官務家」とよばれるようになり、太政官発給文書の文案作成等の事務処理を行うようになっていたのである。そのため、弁に任ぜられる者は、それなりの政務上の役割に携わるものの、公卿およびそれへの昇進コースに乗ったエリートとみなされていたといってよいであろう。[29]

他方、匡房は、その弁官に任ぜられる以前に五位蔵人に任ぜられていたが、その蔵人とは元来天皇の代替りごとに一旦その職を辞すのが慣習となっており、常にそのときの天皇と個人的に関係の深い人々が多く選ばれることに特色があった。その職掌は天皇の機密保持にあるとされるが、具体的には弁官局・六衛府・中務省・式部省・春宮坊などの実務派官人を集め、緊急事態が発生した際に備え、かつ平常においても天皇自身が、弁官を通しての告訴の受理、六衛府が有する軍事力、中務省・式部省が関与する人事、春宮坊における東宮（皇太子）の動静を把握しようとするものであった。一方では、蔵人所は、天皇家の家政機関としても機能したが、後三条朝の延久元年（一〇六九）七月十八

日、従来の贄《にえ》貢進の制は停廃され、(30)以後は御厨子所預が御厨《みくりや》・御園《みその》を管理し、その贄人《にえびと》の供御人化をはかると、(31)その上部機関として皇室経済上の重要機関ともなったのである。

その蔵人所の別当には、治暦四年（一〇六八）六月十四日、右大臣藤原師実が任じられているが、(32)この蔵人所別当は、蔵人所の最高責任者ではあるものの、名誉職的傾向が強く、日常のほとんどの事柄は直接にその手を経ることなく、蔵人頭以下で処理されることを通例としていたので、(33)師実の場合も名目的存在であったと解してよいであろう。そうなると、後三条朝の蔵人頭に着目する必要があるが、当初は後三条天皇の皇太子時代の春宮坊の亮であった藤原良基と小野宮流出身で権亮であった藤原資仲の二人が任じられていた。(34)だが、治暦四年（一〇六八）十二月に良基と資仲が参議に昇進すると、藤原基長が新蔵人頭になる。ついで、延久元年（一〇六九）六月十九日、その基長も父能長の譲りで従三位に叙されると、同日に藤原伊房と藤原実季が蔵人頭になる。その後、延久四年（一〇七二）十二月二日、実季が参議になると、藤原公房がその代わりに任じられている。(35)

また、その蔵人頭を補佐すべき五位蔵人には、治暦四年（一〇六八）四月十九日に匡房とともに源師賢が任じられているが、この二人は後三条天皇譲位まで変化はなく、師賢の方は康平六年（一〇六三）以来の五位蔵人であった。そのため、この二人がともに弁官も兼任しながらもっとも安定的に後三条政権の支えとなっていたようにもみえるが、師賢は『御遊抄』によれば和琴の名手という一面もあり、弁官・蔵人としての活躍は匡房ほど顕著ではない。

要するに、後三条朝の弁官・蔵人は、匡房を筆頭に反頼通派系あるいは頼通派とは疎遠な系統の人々により構成されていたといえよう。

したがって、後三条天皇の治政は、よくいわれるように、藤原頼通政権への反発という側面が確かにあるのである。しかし、反面では、治政上重要な位置を占める記録荘園券契所の上卿・寄人も含めた人事構成においては、前代の後冷泉朝期の人事を基本的には継承している側面もあり、その活動実態にしても、半世紀にも及んだ頼通政権期に形成された社会構造を変えるほどのものではなかったといえるのである。(36)

四　復古主義の治政

それでは、以上みてきたように、明らかに大江匡房を登用して開始された後三条治政は、何を目標としてめざしたのであろうか。その回答と思われるのは、匡房作の「羽觴随波賦」(37)に「すなわち神器惟《こ》れ新しきを知り、聖暦は及ぶべし。霊瑞を天地に配し、往事を左右に詢《はか》り、叡智は生知なり。」とみえ、同じく匡房作の後三条天皇の往生伝(38)にも、「聖化の世に被《かぶらしむ》ること、殆《ほとほと》に承和・延喜の朝に同じ。相伝へて曰く、冷泉院の後、政《まつりごと》執柄にあり。花山天皇の二ケ年の間、天下大きに治まれりといへり。その後、権また相門に帰りて、皇威廃れたるがごとし。ここに、天皇五ケ年の間、初めて万機を視たまへり。俗は淳素に反りて、人は礼義を知り、日域塗炭に及ばず。民今にその賜《たまもの》を受くるの故ならくのみ。和漢の才智は、誠に古今に絶《すぐ》れたまひ、耆儒《きじゅ》元老といへども、敢へて抗論せず。雷霆の威を発《おこ》したまふといへども、必ず雨露の沢あり。」とみえていることである。すなわち、これらの記述から、後三条治政の目標が往事の回復にあったろうことは明らかである。また、それは、「執柄」(摂政・関白)の政治に対する反発からの皇権の回復にあったといってもよいであろう。そうであれば、後三条朝の修理宮城使の創設(39)や沽価法の制定(40)などの施策も、保守主義ないしは復古主義の具現化とみることもでき、延久の荘園整理策は「雷霆の威」によるものといえよう。つま

り、現状を変革するという意味では、きわめて革新的治政をめざしたといえるが、その真の目標は聖代への復帰をめざしたものであったといえるのである。

たとえば、とくに大極殿の鵄尾は往事のごとく木を用いるべき宣下があり、[41]延久の宣旨枡の制定なども、後三条天皇自身が計量したうえで行われたと伝えられるが、[42]それに関する斗升法については一条朝の例によるべきことが下知された。[43]この一条朝は、匡房には「先づ天下を淳素に返すべきの勅命」があり、すぐれた人材を多くえた時代と認識されていたが、[44]延久の沽価法の先例となった寛和の沽価法（沽買法）[45]は、前述の「花山天皇二ケ年の間」に定められたものであり、その二年間は「天下の政、忽ちに淳素に反る。多くは、これ惟成の弁の力」[46]と匡房自身が語るほどの「聖代」とみなされていたのである。ここで匡房が、とくに「惟成の弁」というところに、弁官としての自負がみてとれるようであり、彼が後三条朝の治政に、実は深く関与していたことを暗示しているようにもとれるのである。

五　結　論

匡房が聖代とみたであろう花山朝の治政とて、理想化された延喜の治政の二番煎じにすぎない面が強いといってもよいのであろうが、[47]花山天皇の外戚藤原義懐とともに活躍し、「五位摂政」[48]などとも称された藤原惟成は、花山朝において、匡房と同じく三事兼帯となっていたのであり、留意されてよいであろう。

後三条朝の治政は、花山朝の場合と同様に、三事兼帯であった大江匡房の「博聞強記」を背景とする意見によって、復古調の政治として推進されたように想定されるのである。

註

(1)『今鏡』第一。
(2)『栄花物語』巻第三十八。
(3)『愚管抄』巻第四。
(4)川口久雄『大江匡房』(吉川弘文館、一九六八年)四・五頁。
(5)松村博司「大江匡衡」(『国史大辞典2』所収、吉川弘文館、一九八二年)。
(6)『小右記』長和元年七月十七日条。
(7)『永昌記』天永二年十一月五日条。
(8)『西宮記』巻十二。
(9)『続古事談』第二ノ二十五。
(10)『古事談』第五ノ四十七。
(11)『十訓抄』上ノ第一。
(12)久木幸男『日本古代学校の研究』(玉川大学出版部、一九九〇年)二七一頁。
(13)川口久雄、前掲『大江匡房』三四頁では、「源師房あたりの口添えがあったのかもしれない」と想定しておられるが、匡房が当時結婚していたならば、その岳父を介しての「強縁」関係での早い出世もありえようし、何よりも学業に優れていたことがその背景にあったろうことは多言を要しない。ちなみに、貞観十二年(八七〇)に菅原道真は二十六歳で対策に及第しているが、当時の方略試の様子などについては、坂本太郎『菅原道真』(吉川弘文館、一九六二年)二四頁以下参照。
(14)『古事談』第二ノ十二・六十二。また、第一ノ七十二では、後三条天皇が皇太子のとき、その皇太子傅であった藤原教通が、後三条天皇の子である貞仁親王(白河天皇)を自分の膝の上に据えさせたことがあり、後三条天皇がそれを終始う

れしく思っていたと伝えている。
(15)鷹司本『台記』仁平三年十二月二日条。
(16)『栄花物語』巻第三十九。
(17)『今鏡』第七。
(18)『栄花物語』第三十六によれば、源師房の娘麗子は、幼少時より藤原信家の養女として育てられたというが、『尊卑分脈』第一篇六三頁によれば、信家は教通の実子でありながら、伯父頼通の養子となり、その頼通の実子に当たる忠綱を養子としている。
(19)『栄花物語』巻第三十六。
(20)『古事談』巻一ノ六十四。
(21)『中右記』保延二年十一月四日条。
(22)『古事談』巻一ノ六十三、巻二ノ八四。
(23)『愚管抄』巻第四。
(24)『本朝世紀』治暦四年五月十一日条以下。
(25)藤田勝也「大極殿」(『平安時代史事典』本編下所収、角川書店、一九九四年)。
(26)渡辺直彦「防鴨河使の研究」(『日本古代官位制度の基礎的研究〈増訂版〉』所収、吉川弘文館、一九七八年)。
(27)本書第Ⅲ章。
(28)『源平盛衰記』巻第四。
(29)曾我良成「官務家成立の歴史的背景」(『史学雑誌』第九十二編第三号掲載、一九八三年)。
(30)『扶桑略記』延久元年七月十八日条。
(31)『扶桑略記』・『百練抄』延久元年七月二十二日条。なお、網野善彦『日本中世の非農業民と天皇』(岩波書店、一九八四

年）二四八頁参照。
(32)『公卿補任』治暦四年条、『尊卑分脈』第一篇五八頁、『台記』久安三年六月十七日条。
(33)渡辺直彦「蔵人所の研究」（前掲『日本古代官位制度の基礎的研究〈増訂版〉』所収）四六七頁以下。
(34)『春宮坊官補任』、『蔵人補任』。
(35)以上は、『蔵人補任』参照。これらの人々が、いずれも陽明門院・後三条院の院司やその親近者であったことは、拙稿「陽明門院の政治的立場とその役割」（『院政時代史論集』所収、続群書類従完成会、一九九三年）参照。
(36)拙稿「後三条政権論」（前掲『院政時代史論集』所収）。
(37)『本朝続文粋』巻第一。
(38)『続本朝往生伝』後三条天皇の項。
(39)『百練抄』延久三年三月二十七日条。
(40)『百練抄』延久四年八月十日条、『玉葉』治承三年七月二十五日条。
(41)『百練抄』延久二年五月五日条。
(42)『古事談』巻一ノ六十二。
(43)『扶桑略記』延久四年九月二十九日条。
(44)『続本朝往生伝』一条天皇の項。
(45)『日本紀略』寛和二年三月二十九日条。
(46)『江談抄』第二。
(47)阿部猛「花山朝の評価」（『平安前期政治史の研究』所収、大原新生社、一九七四年）。
(48)『勅撰作者部類』自帝王至庶人之部。

Ⅱ　永久の変の歴史的位置

一　緒　言

　永久元年（一一一三）十月三日、皇后宮御所に投じられた落書《らくしょ》により、三宮（輔仁親王）の護持僧仁寛の教唆による鳥羽天皇暗殺計画が発覚した。密告により最初に捕えられたのは、醍醐寺座主勝覚の大童子で、その名を千手丸といった。そのため、この事件は、千手丸陰謀事件などとも呼ばれるが、(1)仁寛・勝覚の父である左大臣源俊房やその俊房の子である師時・師重らが出仕を止めることにもなり、さらに輔仁親王も閉門・謹慎するなど、捉え方によっては、重大事件といえる。

　近年の通史的記述においては、等閑に付す傾向もみられるが、(2)かつて竹内理三氏は、この事件によって村上源氏の勢力はすっかり頓挫してしまい、輔仁親王の皇位への希望は全く絶たれたといってよいと指摘された。そのうえ、この策謀の陰に白河法皇ありと考えるのは当然であるとし、この事件を契機に法皇の権威はいよいよ独走することになるとも指摘された。(3)同じく安田元久氏も、この陰謀事件は、直接的には輔仁親王の失脚を策した白河法皇側のつくった謀略であったとし、それは法皇の皇位に対する異常なほどの執念、そのための院政強化の動き、さらに輔仁親王に対する極度の警戒などがもたらした必然的帰結であるとも述べられている。(4)また、米谷豊之祐氏も、この事件が輔仁親王や俊房一家を陥れんがための謀略として、「でっち上げられた」ことは、ほとんど明白であるとし、(5)坂本賞三氏も、この事件は輔仁親王をおさえるため輔仁親王に近い関係にある俊房系に打撃を与える目的でなされた陰謀であったと述べられている。(6)

　ところで、この「永久の変」は、以上の諸氏が述べられたように、白河法皇側の策謀であったのであろうか。この

事件について詳述された龍粛氏は、「三宮とその有力な支持者であった村上源氏の一族が結びついた疑獄事件」と述べられているにすぎない。(7) また、河野房雄氏は、輔仁親王の宿願でもある輔仁親王の即位に心を寄せる天下の人々も少なくなく、鳥羽天皇の即位後七年を経た後でも、輔仁親王の天皇擁立を謀る事件が発生したと捉えられ、事件後に輔仁親王が籠居してからも、白河法皇としては、輔仁親王側の一派に対する警戒の眼を一層光らせたことであろうと推察しておられる。(8) すなわち、この河野説では、白河法皇側が引き起こした謀略などではなく、事件後も輔仁親王の一派が存続していたということになる。

このように、永久の変の見方には、根本的な対立がみられる。それは、多くの場合、白河院政との関連で論じられているのであるが、院政に対する観点ともからんで、各論者によってその評価も大きく異なるようである。そこで、本稿では、これまでの研究成果を援用し、かつ関連する諸史料を整理しながら、この事件についての私見を提示してみたい。

二　村上源氏の立場

永久の変について論ずるとき、すべての論者は、村上源氏に言及しているといってよい。そして、その扱い方には大別して二通りがある。それは、村上源氏の祖である源師房の子孫をすべて一括して扱う場合と、師房の長男である俊房の系統と次男である顕房の系統とに分けて扱う場合である。

前者は、永久の変により村上源氏全体が打撃を受けたとみることにつながる。これは、賜姓皇族を王党・王氏とも称して、安和の変により完全に抑圧された王党・王氏が、後三条朝期から復活してきたものとみなす立場と軌を一に

している。すなわち、村上源氏・醍醐源氏・宇多源氏出身の公卿数の増加をもって、対藤原氏政策の成功を示す現象とみるものであるといっても同じことである。(9)その源氏の政界進出の背景について、竹内理三氏は、とくに公卿への進出が顕著な村上源氏の祖先である村上天皇は、藤原氏にとっては系譜上繁栄のもとを開いた存在として、はなはだ親近感を抱いていたと見なし、それが他の源氏に対する警戒心をもゆるめることになったとも指摘しておられる。(10)

これに対して、後者の立場を代表する坂本賞三氏は、永久の変では同じ村上源氏でも顕房系は埒外にあり、事件は俊房系に打撃を与える目的でなされたと主張される。たとえば、顕房の長男内大臣雅実は、白河法皇のもとで仁寛の処置を議するメンバーの有力な一員であったことを指摘しておられる。そして、顕房系が村上源氏の主流となっていく徴候はすでに永久の変以前から現われていたのであり、それは顕房が白河天皇の中宮賢子の実父であったことと、白河天皇が譲位後も長く上皇として権勢をふるったことに基づくとされる。したがって、藤原宗忠が、左右大臣・左右大将を源氏が占めたとか、公卿の過半数を源氏が占めたと記して、藤原氏の危機感を表明したのは、(11)師房一門（村上源氏）が摂関家の中に位置づけられた存在でありながら、異姓者と見られる一面があったことを示しているにすぎず、その一面だけしかみなかったならば、「源氏登用説」の誤りを犯すことになると強調される。(12)また、橋本義彦氏も村上源氏について述べられた中で、源氏の皇胤意識を過大に評価し、さらに源氏を反藤原氏、あるいは反摂関家的な王党氏族とみなすことは当を得ないとされ、宇多・醍醐・村上の各源氏が朝廷の中枢に長く地歩を維持することができたのは、それぞれ藤原氏の主流ないし摂関家と親縁を結ぶのに成功したことによるところが大きいと指摘しておられ、永久の変後は俊房系に代わり顕房系が、村上源氏の主流の座についたとしておられる。(13)

確かに、師房以来の村上源氏が摂関家と二重三重の婚姻関係を結んでいることは、『尊卑分脈』等の系図をみても明

瞭であるし、仁平三年（一一五三）に藤原頼長が、「源氏と雖も、土御門右丞相（源師房）の子孫は、御堂（藤原道長）の末葉に入る。彼右府（師房）は、宇治殿（藤原頼通）の御子たる故なり。[14]」と記していることからも、当時の認識の一端を知ることができる。また、同じ村上源氏といっても、俊房系と顕房系においては、永久の変はともかくとしても、俊房系が、その事件後の官位昇進において、顕房系に比してやや劣勢であったことは否定できない。

しかし、角田文衞氏も指摘しておられるように、保安二年（一一二一）十一月の俊房の薨去後も、その長男である師頼が、村上源氏を代表して、村上源氏一族の墓所である白河御堂（北白河墓所）を管理していたと推定されるし、[15]『今鏡』第七には、「この大臣《おとど》（俊房）よりは、六条大臣殿（顕房）はさきに失《う》せ給ひしかば、その御子の太政の大臣（雅実）は、堀川の大臣（俊房）に何事も尋ね習ひ給ひて、親子のごとくなむおはしける。それにひかれて、異公達《こときんだち》みな靡《なび》き申し給ひけりとぞ聞き侍りし。」と記されていて、俊房・顕房の一族は、ともに円満な関係を保っていたことが窺えるのである。また、俊房・雅実をはじめ、俊房の子である師時、その子の師行、俊房・顕房の異母弟である師忠、雅実と同じく顕房の子である雅俊・国信・顕通ら等々、白河・鳥羽院政期にその院庁別当であった村上源氏一門は多数に及んでいる。[16]そのうえ、村上源氏出身の公卿数について調べてみると、その増加傾向がみられるのは、実は後三条朝期以前の後冷泉朝期からであり、天永二年（一一一一）頃からは減少傾向に転じているのであり、[17]それは村上源氏と摂関家等の藤原氏主流（御堂嫡流）との婚姻・猶子関係、白河天皇の中宮賢子の実父の一族が村上源氏であったことなどがもたらした結果であったと推察される。換言すれば、村上源氏出身の公卿数の変遷は、院政の性格・内容とは、さほど関わりがなかったといえるのである。[18]

したがって、白河院政前半期における村上源氏を中心とする源氏の政界進出は、「摂関家」[19]掣肘のために後三条天皇

や白河天皇が採用した政策のためとはいえないのである。それは、源師房が藤原頼通の猶子となり、[20]その子俊房が同じく頼通の猶子となっていることなどからもわかるように、[21]村上源氏の一流は、もともと頼通やその子師実などの御堂嫡流とは密接な親縁関係にあったのである。[22]そのことは、換言すれば、『今鏡』第七などにも述べられているように、白河院を中核として、村上源氏と御堂嫡流の藤原氏とは、良好な関係を維持していたといえるのである。

三　事件前の白河院政

他方、院政の開始については、某年某月に始まったというようなものではなく、いくつかの段階をへて、しだいに本格化・定型化したとの見方も存在するし、[23]種々の見解が存在することは周知の通りであるが、[24]「院政」を文字どおり「院（上皇・法皇）の政治」と規定し、その「院（上皇・法皇）」の立場での政治介入の開始といえば、やはり応徳三年（一〇八六）十一月二十六日は、動かぬところであろう。その日、白河上皇は、父の後三条天皇の遺志に背いて輔仁親王の立太子を阻んだだけではなく、その前提として用意周到な準備を進めていたのであり、後院とすべく造営した鳥羽離宮は、従来の後院とは比較にならないほどに雄大であり、その離宮内において、近習の卿相以下地下人・雑人に至るまでに、それぞれ家地を支給している。[25]この「遷都」のごとき動きは、八歳にすぎない堀河天皇の後見として、政治を補佐する以上の積極的意図があったものとみて誤りないところであろう。

そのような状況下、白河院政との対立を深めていたといえるのは、白河院の祖母に当たる陽明門院の一派である。この一派は、藤原頼通の異母弟である藤原能信やその母方の醍醐源氏系統、さらに小野宮流の藤原氏などを中心として構成されていたが、いわば反頼通派の人々である。この人々は、後三条天皇の治政には大いに貢献したのであるが、

白河天皇の即位以後は、しだいに政界における勢力を後退させていったのである。その最大の要因は、白河天皇が中宮賢子を溺愛した結果として、輔仁親王の立太子に失敗してしまったことにある。(26)

そもそも後三条天皇は、延久四年（一〇七二）十二月八日、第一皇子の貞仁親王（白河天皇）に譲位したとき、第二皇子の実仁親王をもって皇太子と定めているが、これは当時二十歳の貞仁親王に子がなかったということ、譲位とともに立太子の宣下を行う慣行の存したということによっているのであろう。だが、皇太子とされた実仁親王は、前年二月十日の生まれであるので、わずか二歳であり、貞仁親王にとっては、藤原賢子を妃としてから二年足らずのときであった。さらに、延久五年（一〇七三）正月十九日、後三条天皇の第三皇子として輔仁親王が生まれるが、同年二月以降病気をしだいに悪化させていった上皇は、四月二十一日に出家すると、五月七日には崩御した。そのとき、いずれ皇太子実仁親王が皇位継承したときは、第三皇子輔仁親王を皇太子とすべきことを遺詔としたとされ、白河天皇もそれを一旦は承諾したと『源平盛衰記』巻第十六は伝えている。この所伝は、応徳二年（一〇八五）十一月八日に皇太子実仁親王が没すると、その一年忌があけるのを待ったかのように、翌年十一月二十六日、白河天皇がその子善仁親王を皇太子とし、即日譲位した特殊な事情からも、おそらく事実とみてよいのであろう。要するに、白河天皇にとっては、父の遺詔に背いてでも、寵愛した妻賢子が産んだ子に皇位を伝えたかったものと思われるのである。(27)もちろん、それは白河天皇の個人的意思によるところが大であろうが、白河天皇が寵愛した中宮賢子の実父源顕房一族や養父で関白でもあった藤原師実らの支持も、結果的ではあれ、存在したものといわざるをえない。というのも、中宮賢子は、応徳元年（一〇八四）九月二十二日にすでに病没していたからである。そのため、白河天皇との関係において、賢子を媒介とする血縁上の関係者には動揺があったであろうことも見逃せない事実である。すなわち、賢子所生の善仁親王

が皇位を継承すればこそ、賢子の実父・養父の一族は、天皇の外戚の地位を入手できるのである。さもなければ、その外戚の地位を失い、朝廷内における繁栄もなくなってしまうのである。

ともかく、こうして白河院政は開始されたが、それは陽明門院派にとっては決定的な打撃となったのである。たとえば、寛治元年（一〇八七）六月二日の輔仁親王の元服の儀式にしても、その挙行の日に白河上皇は懺法のため法勝寺に御幸し、それには摂政師実以下の多数の卿相を従わせており、あたかも元服式を無視するかのような態度をとった。また、陽明門院派の公卿はしだいに減少し、派閥中の中核となるはずの藤原基長にしても、寛治五年（一〇九一）正月には、それまでの不出仕を理由に、権中納言から弾正尹へと左遷されるというありさまであり、嘉保元年（一〇九四）正月十六日に陽明門院が崩御すると、その派閥は瓦解してしまい、白河上皇に対抗するような勢力は消滅してしまったといってよい状況になったのである。[28]

その後、永長元年（一〇九六）八月七日に賢子所生の郁芳門院が崩御すると、白河上皇は悲歎のあまり二日後に出家してしまう。ただし『台記』康治元年（一一四二）五月十六日条には、「故堀川院（堀河天皇）、疾病せらるるや、天下、心を三宮（輔仁親王）に帰す。故白川院（白河法皇）、深く歎き仰せて云ふ。朕、出家すと雖も、いまだ受戒せず。また法名を名のらず。もしくは陛下（堀河天皇）、不諱（崩御）のことあらば、重祚も何事か有らんや。」と、かつて白河法皇が孫の鳥羽天皇に語ったと記されており、白河上皇の出家とは、あくまでも形式上のことであったことを知らしめる。また、この記述は、白河院政前期の堀河天皇の時代には、輔仁親王が依然として皇位継承の候補者であったことも知らしめるのである。

そのような時期、康和四年（一一〇二）正月十日、源俊房・顕房兄弟の異母弟に当たる大納言師忠は、その長女を輔

仁親王と結婚させている。これが、永久の変をめぐる議論に影響を及ぼしているようであるが、それはともかく、その翌年正月十六日、堀河天皇の女御藤原苡子が宗仁親王を産んでいる。白河法皇は落涙するほどに喜んだと伝えられるが、その宗仁親王は、早速八月十七日には皇太子に立てられた。しかしながら、嘉承二年（一一〇七）七月十九日に堀河天皇は、二十九歳で病没し、五歳の宗仁親王（鳥羽天皇）が皇位を継ぐことになったのである。このときの白河法皇の様子については、「堀川の院うせ給ひてける時は、重祚御志もありぬべかりけるを、御出家の後にてありければ、鳥羽院を即《つ》け参らせて、陣の内に仙洞を占めて世をば行わせ給ひけり。」と、『愚管抄』は伝えている。

四　事件の経緯

さて、その六年後、白河法皇が六十一歳、その孫の鳥羽天皇が十一歳になった永久元年（一一一三）十月三日、最初にも述べたように、皇后宮御所に投じられた落書により、永久の変が発覚するのである。[29]

当時の摂政藤原忠実が著した『殿暦』によれば、その落書には、「主上（鳥羽天皇）を犯し奉らんと構ふる人あり。件の事は、或人の、醍醐座主勝覚の許に千手丸と云ふ童あり。件の童をすかして構ふる事なり。」と、記されていたという。そのため、白河法皇の第三皇女でありながらも、賢子所生であったので重んじられ、鳥羽天皇の即位とともに、その准母として皇后になっていた令子内親王は、その落書を白河法皇に提出した。それにより千手丸は逮捕され訊問されることになるが、千手丸は、「件の事は実の事なり。事は左府（源俊房）の男、醍醐に仁観〔寛〕阿闍梨と申す人候ふ。件の人は、三宮（輔仁親王）の御持〔護〕僧なり。件の人の申して云ふには、去る九月の比に世間の事を相待つの間、已に遅々たり。此の事、術なし、と。然らば、参内して犯し奉るべしと申し候なり。仍って、両三度参内して候ひしかど

も、便宜なくして罷り帰り了んぬ。」と、自白したという。

ここで、「去る九月の比に世間の事を相待つの間、已に遅々たり。」とみえるが、これは同年九月一日から鳥羽天皇が病気にかかり、白河法皇が諸種の祭事や諸社への奉幣を行わせたり、造仏・経供養、伊勢神宮への神宝献上、非常赦などを命じていたことから、仁寛が天皇の崩御を期待していた事情を述べたものと思われる。だが、天皇の病没が「遅々」ということで、仁寛は千手丸をして天皇の暗殺を企てたということであったらしい。ともかく、同月六日、仁寛も検非違使藤原盛重に逮捕され、訊問を受けることになるが、その返答は「全く候はざる事なり。」という、全面否認であったという。ただし、その返答は、「始終相違すること極めて多し。」という状況であったので、仁寛はそのまま勾留されることになり、十日に一旦は、白河法皇の命令で藤原忠実のほか、源俊明・源雅実・藤原宗忠・藤原為房らの公卿が参会したものの、伊勢神宮への公卿勅使派遣のことや白河法皇の衰日等の種々の事情から、その判決は延引されることになった。十九日にも、「問わるべきこと事等、極めて多し。」との理由で、仁寛の判決は、延引された。二十日には、重ねて仁寛の所従が勘問されたというが、それは「皆、例のごとく、打ち問う。」という拷問によるものであった。そして、その翌日にようやく判決が出されたらしく、二十二日になって、仁寛は伊豆国、千手丸は佐渡国へ、それぞれ遠流と処断されたのであった。

以上は、『殿暦』によるところであるが、『百練抄』によれば、十月四日に院御所に落書があったこととされ、千手丸とは、勝覚僧都の大童子であったという。また、『源平盛衰記』巻第十六によれば、仁寛は三宮（輔仁親王）が皇位につく「宿願」をとげさせるため、千手丸を「或は青童の貌《すがた》、或は内侍の形」に変装させ「日夜に便宜」を窺って、天皇暗殺を実行しようとしていたという。さらに、同書によれば、犯人とされた仁寛の「縁者の沙汰」（縁坐）決定の

とき、藤原為房が「加程の悪逆、必ずしも父母兄弟の結構にあらじ。然れば、罪科に及ぶべからざるか。」と勘申したので、その僉議の座にいた公卿らは、みな「為房卿の議に同ず」といって、「縁者の沙汰」については不問にされたという。

それでも、仁寛の父に当たる左大臣源俊房、俊房の子である師時と師重らは、翌年十一月八日に白河法皇の意向により朝廷への出仕が命じられるまで、自主的に謹慎していたようである。そのほか、『公卿補任』によれば、俊房の長男師頼も一時は不出仕であったようであるが、いずれも約一年間ほどで謹慎を解いたようである。また、輔仁親王も、事件後は閉門・蟄居していたが、永久二年（一一一四）九月二十五日に岳父源師忠が薨去し、子の有仁王の後見人を失うことになった。この師忠は、前述のように俊房の異母弟に当たるが、康和二年（一一〇〇）秋より十五年間も不出仕のまま没している。[30]

しかし、永久三年（一一一五）九月二十一日、白河法皇は、関白忠実の富家に御幸した際、三宮第の開門を促している。それればかりか、翌月二十八日には、白河御所において有仁王の元服の儀式を催している。また、『親王御元服部類記』所収の『永昌記』によれば、「日来密々に御猶子の約あり。」と記されている。これらのことは、輔仁親王の元服の儀式のときとは対照的であり、鳥羽天皇に皇太子がいなかった当時においては、白河法皇がその立太子を念頭においた処置であったともいう。[31]とはいえ、元永二年（一一一九）五月二十八日、鳥羽天皇の第一皇子として顕仁親王（崇徳天皇）が誕生すると、同年八月十四日に十七歳の有仁王は源朝臣の姓を与えられて臣籍降下し、特例として従三位に叙され、右中将に任じられた。これは、『源平盛衰記』巻第十六によれば、「三宮輔仁親王の御怨を休め奉り、また後三条院の御遺言をも恐給けるにこそ。」という。

五　結　論

以上のことを総合して考えてみると、第一に、鳥羽天皇の暗殺計画自体は、輔仁親王の護持僧であった仁寛の個人的な意思から発したものとみて誤りないであろう。それは、その父である左大臣俊房や兄弟である師時・師重らには、朝廷からは、縁坐に処すというような処罰が一切加えられなかったことから類推できる。そのうえ、この阿闍梨仁寛は、その兄勝覚の門下の逸材であったという以上に、東密の邪流ともいわれる立川流密教の祖として後世有名になっており、[32]天皇の暗殺をも辞さない強烈な個性の持ち主であったように感じ取られる。それはともかくとしても、『水左記』の記主であり、御堂嫡流の藤原氏や白河法皇と親密な関係を保ち、大江匡房・源経信・藤原師成らとも有職故実・漢詩文などを通じて緊密に交流した俊房が、[33]事件に関与した可能性は皆無に等しいのではなかろうか。

そのため、第二に、村上源氏自体が、この事件によって没落したと考えることもできない。それは、俊房の一家にしても約一年後には政界に復帰できていること、また顕房系の村上源氏については、初めから縁坐の対象にもなっていなかったことなどにより明らかであろう。さらにつけ加えるならば、俊房が存命している以上、当時の村上源氏には、御堂嫡流の藤原氏との強い結びつきが、いまだに存続していたのであり、「強縁政治」が一般化していた当時においては、[34]容易に没落するような状況ではなかったといえるのである。

したがって、第三には、皇位継承の不安から、白河法皇がしくんだ陰謀であったとも考えられない。それは、輔仁親王の周囲に若干の血縁者がいたからというだけで、その村上源氏一門が輔仁親王派であることにはならないし、むしろ多くの院庁別当を輩出している村上源氏は、白河院政を当初から支える存在であったといえるのである。天永元

年（一一一〇）、白河法皇は左大臣源俊房と権中納言大江匡房の二人にとくに意見封事の提出を命じているが、このこと自体が、いかに俊房に対して政治上の期待がかけられていたかを、よく物語っている一例になろう。(35)

それでは、この永久の変とはどのように歴史上位置づけられるのであろうか。実は、この事件の前にも、同様な事件はしばしば発生していたのである。それらについては、吉村茂樹氏が列挙して、いずれも直接的ないしは間接的に白河院政に対する当時の不平を察せしめるものであると指摘しておられる。(36)これは、まことに当を得た指摘であると思われるが、永久の変以前のものは、いずれも呪咀や落書の提出というものばかりで、この事件のように直接的に天皇を暗殺しようとしたものではなかったことにも留意しなければならない。また、この事件のように、皇位継承にからむような内容のものではなかったらしいのである。とすれば、そのあたりにこの事件の歴史的意義を見出せそうである。すなわち、事件の結果、白河法皇は、改めて輔仁親王の存在を強く再認識させられ、その処遇改善を思い立ったといってよいであろう。(37)当時、すでに陽明門院派は解体していたとはいえ、輔仁親王は親王の地位にある以上、皇位継承権があるものと認識されているのであり、そのことを考慮した白河法皇は、経済的待遇のみではなく、(38)輔仁親王との皇位継承上の初めての妥協を行うにいたったものといえる。おそらく、その条件は、鳥羽天皇に皇子の誕生がない場合には、法皇の猶子とした有仁王を即位させること、もし鳥羽天皇に皇子が誕生した場合には、有仁王を臣籍降下させること、というほどのものであったろう。もちろん、鳥羽天皇は若年であるので、皇子誕生は大いに可能性のあることではあった。

そうであれば、この永久の変とは、皇位継承上の対立関係が解消する契機であったと、位置づけることが可能になる。いいかえれば、鳥羽天皇の即位によって回避されたかにみえた皇位継承問題の再燃が、永久の変であったのであ

り、この事件により、白河院政開始以来の政治課題であった輔仁親王の処遇問題が解決されたのである。

註

(1)龍粛「三宮と村上源氏」(『平安時代』所収、春秋社、一九六二年)。
(2)棚橋光男『大系日本の歴史4王朝の社会』(小学館、一九八八年)、朧谷寿『日本の歴史6王朝と貴族』(集英社、一九九一年)、石井進「一二―一三世紀の日本」(『岩波講座日本通史7中世1』所収、一九九四年)など。
(3)竹内理三『日本の歴史6武士の登場』(中央公論社、一九六五年)一八三頁。
(4)安田元久『日本の歴史7院政と平氏』(小学館、一九七四年)六七頁。
(5)米谷豊之祐「源俊房と院政開始期の政局」(『大阪産業大学論集』人文科学編第六一号掲載、一九八七年)三六頁。
(6)坂本賞三「村上源氏の性格」(古代学協会編『後期摂関時代史の研究』所収、吉川弘文館、一九九〇年)三二三頁。
(7)龍粛、註(1)前掲論文一〇七頁。
(8)河野房雄『平安末期政治史研究』(東京堂出版、一九七九年)五二頁。
(9)林屋辰三郎「院政」(『図説日本文化史大系5平安時代(下)』所収、小学館、一九五七年)五八~六二頁、藤木邦彦『日本全史3古代Ⅱ』(東京大学出版会、一九五九年)二二八・二二九頁など。
(10)竹内理三「院政の成立」(『岩波講座日本歴史4古代4』所収、一九六二年)一〇六頁。
(11)『中右記』寛治七年十二月二十七日条、康和四年六月二十三日条。
(12)坂本賞三、註(6)前掲論文三二四・三二五頁。
(13)橋本義彦「貴族政権の政治構造」『岩波講座日本歴史4古代4』(一九七六年)三三・三四頁、同『源通親』(吉川弘文館、一九九二年)四~九頁。

(14)鷹司本『台記』仁平三年十二月二日条。
(15)角田文衞「村上源氏の塋域」(『角田文衞著作集4王朝文化の諸相』所収、法蔵館、一九八四年)三九三〜三九五頁。
(16)拙著『院政時代史論集』(続群書類従完成会、一九九三年)第Ⅷ章の「別表Ⅱ—A・B」。
(17)村井康彦『平安貴族の世界』(徳間書店、一九六八年)巻末所収の付表「公卿・参議数の推移一覧表」。
(18)前掲拙著一七九・一八〇頁。
(19)後世でいうところの「摂関家」なる概念が、後三条天皇譲位の時点では、いまだ確立していなかったであろうことについては、関白藤原教通の後継をめぐる一件によく示されている(前掲拙著五二頁)。
(20)『尊卑分脈』第三篇四八五頁。ただし、『小右記』万寿元年九月二十一日条には、同月十九日に越階して正四位下に叙されたばかりの源師房が、前日再び越階して従三位に叙されたことに関連して、「関白(藤原頼通)の養子」「禅室(藤原道長)の聟」と記されている。
(21)康和四年七月十九日付源俊房願文(前掲『図説日本文化史大系5平安時代(下)』所収図版61、「東大寺図書館文書」)には、「延久禅定前大相国(藤原頼通)」の「猶子」と記されているが、『公卿補任』永承五年条の「源俊房」の後付では、「左大臣(藤原頼通)の養子」と記されている。
(22)橋本義彦、前掲『源通親』四〜九頁。
(23)橋本義彦、前掲「貴族政権の政治構造」一四頁。
(24)前掲拙著第Ⅺ章。
(25)『扶桑略記』応徳三年十月条。
(26)前掲拙著第Ⅱ章。
(27)中宮賢子の崩御については、『栄花物語』巻第四十、『今鏡』第二、『古事談』第二ノ五十四などを参照。なお、『中右記』大治四年七月七日条によれば、白河天皇の譲位は「中宮賢子の崩」に起因するという。

(28)註(26)に同じ。
(29)永久の変についての経緯は、『大日本史料』第三編之十四の二九一頁以下参照。
(30)『朝野群載』巻第七には、嘉承元年十二月十六日付大納言源師忠の辞状が収められているが、その辞職の理由は病気の悪化ということである。なお、『大日本史料』第三編之十五の三一一頁では、応徳三年十一月二十六日、白河上皇が最初に定めた院庁別当五人の中に源師忠も含まれるとしているが、『大御記（為房卿記）』に記載されている「源大納言」とは、源雅実（顕房の子）であり、人物比定上の誤りとみられる。源師忠が院庁別当であることがわかるのは、『後二条師通記』寛治二年五月十日条によってである。
(31)『台記』久安三年二月三日条。
(32)櫛田良洪『真言密教成立過程の研究』（山喜房仏書林、一九六四年）三二九～三三九頁、守山聖真『立川邪教とその社会的背景の研究』（鹿野苑、一九六五年）一四～六六頁など。
(33)米谷豊之祐、註(5)前掲論文二六～三〇頁。
(34)註(24)に同じ。
(35)『玉葉』文治三年五月二十三日条。
(36)吉村茂樹『院政』（至文堂、一九六六年）一二〇・一二一頁。
(37)河内祥輔「後三条・白河『院政』の一考察」（石井進編『都と鄙の中世史』所収、吉川弘文館、一九九二年）二四頁では、「苡子は一一〇三年、鳥羽を産し、ここに白河は待望の皇孫を得た。白河が直系としての地位と権威を確保しえたのは、まさにこの時点である。」と述べられているが、輔仁親王の処遇問題は依然として残されていたのである。
(38)『源平盛衰記』巻第十六には、白河法皇から「国庄あまた進められける」と記されている。

Ⅲ　夜の関白と院政

院政という政治形態を捉えようとする場合、それがたとえ上皇による専制的政治であったとしても、その支持基盤は存在したはずであり、その検討も重要な課題である。

一　緒　言

かつて林屋辰三郎氏は、藤原摂関家に対抗する王党勢力と歴代諸国の受領を歴任して荘園整理を要望する課題を負った中・下級貴族層との双方の支持のもとで、摂関政治をおさえる新しい権力組織として院政が誕生したと指摘され、院政政権の基盤となったのも、基本的には受領出身者であり、彼らが院近臣という特別な権力を帯びた階層を形成したものと指摘された。(1) これに対して、石母田正氏は、院近臣とは「富裕な受領」だけではなく、「貧しくて政治好きの博士、零落した貴族、氏素生のはっきりしない策謀家、栄達できない不平家、えたいのしれない僧侶、およそ摂関政治の下積みとなっていた中・下級の貴族層」などの、その出自、階層、職業において多様であり、同時代人の憎悪や羨望の対象となった一群の政治家たちのなかに典型的にみられる階層であるが、彼らが院政を組織したのではなく、反対に院政が彼らを権力機構のなかに組織したものと指摘された。(2) さらに竹内理三氏は、この石母田説を受けて、中・下級貴族層が院近臣に成り上がる条件として、上皇の気まぐれなお気に入りという者もあったが、むしろ彼らの多くは、受領となって巨富を貯え、上皇の募る成功に応じて信任と寵愛をえたことと、天皇や上皇の乳母との親密関係から上皇の信任をえたことを、とくに強調しておられる。(3) また、朧谷寿氏も、院近臣のなかには受領の経験者もいるが、このグループの特色は、上皇の乳母の一族という点にあることを指摘しておられる。(4)

このように、現在のところでは、院政の支持基盤としての院近臣(5)については、天皇や上皇の乳母関係者である中・

下級貴族層で受領の経験者が多いとみられ、その多くは巨万の富の集積をめざして政治の腐敗を招き、また上皇の寵愛によってのみ栄達をみるような、いわば成り上がり者であるという強烈なイメージで、一般的には捉えられているといえよう。だが、こうした見方に対して、元木泰雄氏は異論を唱えられ、以上のような院近臣観は、『中右記』や『愚管抄』などの上級貴族層の立場に立つ者の筆になる史料にもとづくものであり、それらの記主が依拠する固定的身分観念によらず、むしろ院近臣の台頭には、固定・閉鎖的身分秩序を打破した積極的側面があるとの注意を喚起しておられる。(6)

そこで、本稿では、『今鏡』第二で「夜の関白」とも呼ばれたと紹介され、その薨逝に際しては「天下の政、この人の一言にあるなり。威は一天に振るひ、富は四海に満ち、世間の貴賤、首を傾けざるはなし。(7)」と記されたことで知られる藤原顕隆をとりあげ、この典型的な院近臣の生涯を略述するなかで、この顕隆が活躍した白河院政期の院政という政治形態の実際について検討することにしたい。それは、単に院近臣の院政下での活躍を明らかにしようとするためだけではなく、「夜の関白」の異名が生じた背景についても考察を及ぼすことで、院政という専制的政治のひとつの特質をも追究する手掛りにするためでもある。

二　勧修寺流藤原氏の動向

藤原顕隆は、勧修寺流藤原氏の第十三代長者となった藤原為房の次男として、延久四年（一〇七二）に生まれている。同年、父為房は左近将監で六位蔵人を兼ねることになるが、後三条天皇がその子白河天皇に譲位すると、同時に後三条上皇の院庁の判官代に任じられ、左衛門権佐になると検非違使にも任じられた。また、白河・堀河の二代の天

〈勧修寺流藤原氏略系図〉

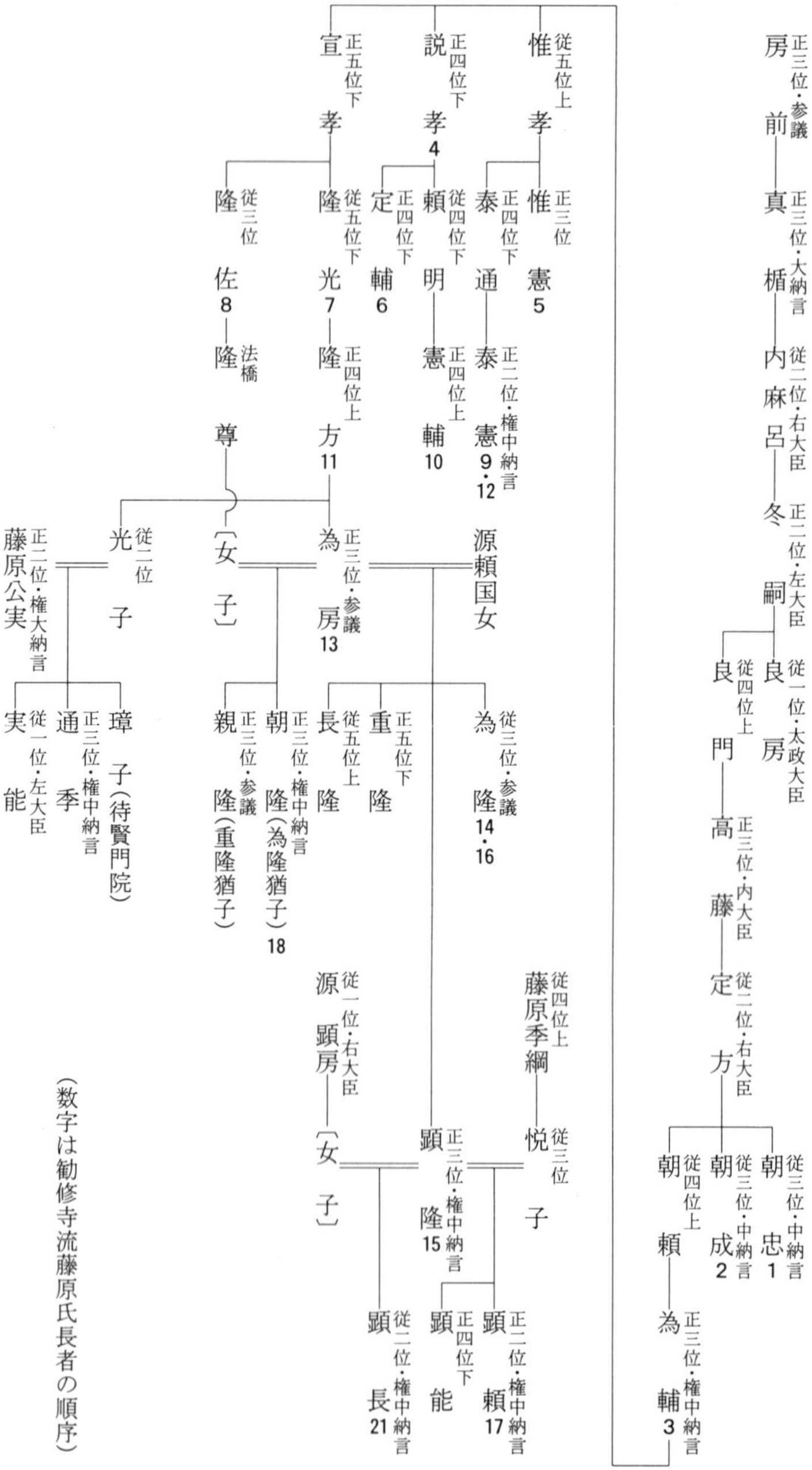

（数字は勧修寺流藤原氏長者の順序）

皇の蔵人、白河天皇の中宮藤原賢子や堀河天皇の中宮媞子内親王の各中宮職の権大進・大進などを歴任している。ただし、寛治六年（一〇九二）、顕隆が二十一歳のとき、為房は、その下人らが日吉神社の神人を凌轢・殺害したとの理由で、延暦寺衆徒らの嗷訴により解官のうえ阿波権守として左遷されるという頓挫を経験することがあった。しかし、翌年には赦免されて帰京し、嘉保元年（一〇九四）には従四位下に昇り、修理権大夫として朝廷に返り咲き、康和四年（一一〇二）には白河院庁の別当となり、やがて宗仁親王（のちの鳥羽天皇）の家司から、その立太子にともない春宮亮も兼任するところとなり、弁官から蔵人頭、内蔵頭をへて参議、さらに大蔵卿も兼任した。一方、為房は、摂政・関白となった藤原師実・師通・忠実の三代にも家司として奉仕したことは、その日記『為房卿記』に詳しく記されている。[8]そのほか、遠江守・周防守・加賀守・尾張守・越前権守・備中権守などの国司も歴任している。

このような官途を概観すると、顕隆の父為房は、実務を執る事務官僚としての生涯を送っていたことがわかるが、これは当時の勧修寺一門の性格に合致している。[9]しかしながら、勧修寺流藤原氏の有力者の最終官途を通観してみると、[10]為房が参議に昇進して公卿に列したことは、ひときわ目立つことであり、以後その子孫に参議、あるいは権中納言まで昇進する者が続出していることに気づくのである。この変化について所功氏は、為房がその曾祖父の代から絶えてなかった公卿の座に登ることができたのは、摂関家の家司を勤めたり、鳥羽天皇に春宮亮・蔵人頭として仕えたことも有利に作用したであろうが、それ以上に、十年このかた白河法皇に院庁別当として忠勤を励んだ功労を認められてのことであろうと指摘しておられる。[11]確かに、為房の位階の昇進理由をみても、[12]「院別当賞」により正三位にまで昇叙されているのである。また、為房は、画所別当、覚法法親王家別当などとしても活躍していたらしいことが知られるが、[13]さらに内大臣源雅実の家人でもあった。[14]しかし、その多様な活動のなかでも、白河院政期においては、院

庁別当に補任される以前から白河院の信任を得ていたことがわかり[15]、嘉保元年（一〇九四）三月八日の臨時の叙位において、考課もないまま「弁時春日行幸行事賞」により従四位下に叙されたときには、時人の非難を浴びることにもなったのである[16]。

だが、参議に就任したときには、「一家の繁昌、千載の勝事」といわれ[17]、没後においてさえ、為房は「凡人といへども、子孫繁昌の者」と評されたのであるが[18]、その繁栄の大きな支えとなったのは、妹の従二位藤原光子の存在であったともみられる。この堀河・鳥羽の両天皇の乳母として知られる光子は、正二位・権大納言にまで昇進した藤原公実の妻となり、崇徳・後白河の両天皇の生母である璋子（待賢門院）、西園寺家の祖である通季、徳大寺家の祖である実能など四男四女を儲けているが、その通季には兄為房の娘を配し、実能には為房の次男顕隆の娘を配している[19]。そのため、光子の夫で、一時は鳥羽天皇の摂政にも就任しようとしたことで知られる公実の一家と[20]、光子の兄に当たる為房の一家とは、婚姻関係により親密な関係を保っていたことがわかるのであり、それはまた公実の妹である苡子が堀河天皇の女御として鳥羽天皇の生母になり、光子所生の実子や顕隆の妻の悦子がともにその鳥羽天皇の乳母になったことをも考え合せると、この両家は堀河・鳥羽の両天皇の周辺においても緊密に提携していたことになるのである[21]。

したがって、白河院政期において、為房の一家が、勧修寺一門のなかでの栄達の中心になりえた理由は明らかであり、為房の次男に当たる顕隆も、その趨勢に身をおいたことが理解されるのである。そして、結果的には、為房の長男である為隆の子孫である勧修寺家や、為房の次男である顕隆の子孫である葉室家などが、ともに名家として江戸時代まで存続していくことになるが、その性格は蔵人と弁官という実務に深く関わる官職を経て、大・中納言にまで昇進するところにあったとみられている[22]。鳥羽院政期においても、顕隆の孫に当たる光頼は、「数代弁官の家」の出身者

〈藤原為房・為隆・顕隆の略歴表〉

年次	為房	為隆	顕隆
延久4(一〇七二)	12・2 左近将監(蔵人) 12・8 院庁判官代(24歳)		
延久5(一〇七三)	4・30 従五位下(行幸院賞)		
承保2(一〇七五)	正・28 遠江守		
承暦元(一〇七七)	正・29 兼中宮少進		
承暦2(一〇七八)	12・11 服解(父)(30歳)		
承暦4(一〇八〇)	正・5 従五位上(治国) 4・28 正五位下(自関白第行幸堀河院賞)		
永保元(一〇八一)	12・17 中宮権大進 12・22 転中宮大進		
永保3(一〇八三)	2・1 左衛門権佐 12・19 兼防鴨河使		
応徳2(一〇八五)	8・25 蔵人 9・22 止中宮大進(崩日)		
応徳3(一〇八六)	11・20 権左少弁 11・26 更補蔵人	11・26 蔵人(17歳)	
寛治元(一〇八七)		正・5 従五位下 3・28 越前権守	正・30 院庁蔵人(16歳) 12・13 左兵衛尉
寛治2(一〇八八)	正・25 兼周防介	正・25 甲斐守	正・11 蔵人 正・25 左近将監 2・13 従五位下
寛治3(一〇八九)	2・28 左少弁		正・28 宮内権少輔
寛治4(一〇九〇)	6・5 加賀守(使・弁如元)		4・20 従五位上 6・5 勘解由次官

寛治5（一〇九一）	正・22 兼中宮大進		
寛治6（一〇九二）	9・20 止任 9・28 左遷阿波権守（日吉社神民并山僧等訴也）	正・9 従五位上（北円堂供養行事賞）	
寛治7（一〇九三）	6・26 被聴帰京（45歳）		
嘉保元（一〇九四）	3・8 従四位下（弁時春日行幸行事賞） 12・17 修理権大夫	6・13 中宮権大進（25歳）	
嘉保2（一〇九五）	正・5 従四位上（大夫労）		正・2 正五位下（院司賞）
永長元（一〇九六）	2・23 正四位下（上皇御幸京極第賞）		正・24 若狭守（院分）
承徳元（一〇九七）		12・8 正五位下（陽明門院去嘉保元年御給）	正・29 右衛門権左
承徳2（一〇九八）			7・12 左衛門権左 12・17 右少弁（27歳）
康和元（一〇九九）		正・18 蔵人	12・17 左少弁
康和3（一一〇一）			10・28 防鴨河使（30歳）
康和4（一一〇二）	7・20 院庁別当（院別当）		正・23 播磨介
康和5（一一〇三）	8・17 東宮殿上人（55歳）	8・17 東宮殿上人（34歳）	8・17 春宮大進・院庁判官代
長治元（一一〇四）	7・9 兼春宮亮	正・28 木工頭 2・6 中宮権大進如元	2・27 正五位上（賀茂社行幸行事賞）
長治2（一一〇五）	6・18 兼尾張守（亮如元・旧吏）	3・16 右少弁（権大進如元・去木工頭）	
嘉承元（一一〇六）		6・22 中宮大進 12・27 権右中弁 12・28 勧学院別当	12・27 右中弁
嘉承2（一一〇七）	3・8 正四位上（行幸鳥羽殿院別当賞） 7・19 止春宮亮（践祚）、更昇殿 10・12 蔵人頭（于時修理権大夫） 10・22 兼内蔵頭（59歳）	7・19 止蔵人	正・26 備前権介 7・19 蔵人（三事兼帯）

天仁元(一一〇八)			3・5 修理右宮城使
天仁2(一一〇九)	正・22 越前権守 12 辞内蔵頭	正・6 従四位下・率分勾当 正・22 右中弁(大進如元)	正・7 従四位下(佐如元)
天永元(一一一〇)			正・28 内蔵頭(止佐) 3・15 左中弁 8・16 従四位上 9・2 近江守
天永2(一一一一)	正・23 参議(修理権大夫・越前権守等如元)	正・23 兼備中介	
天永3(一一一二)	正・26 兼大蔵卿		
永久元(一一一三)	正・28 兼備中権守 11・26 従三位(稲荷・祇園行幸行事賞)	正・5 従四位上(弁労)	10・12 正四位下
永久2(一一一四)	11・29 正三位(行幸白河阿弥陀堂供養院別当賞)	10・1 止中宮大進(崩日) 11・14 正四位下(行幸賞)	12・29 近江守重任
永久3(一一一五)	4・2 薨去(67歳)	8・13 左中弁	8・13 右大弁・蔵人頭
永久5(一一一七)			正・19 越前権守
元永元(一一一八)			正・26 中宮亮 4・3 辞内蔵頭
元永2(一一一九)		正・18 兼遠江守・造東大寺長官	
保安元(一一二〇)			正・6 従三位(坊官労) 右大弁・中宮亮如元
保安2(一一二一)		12・15 辞遠江守	
保安3(一一二二)		正・23 蔵人頭 9・20 修理左宮城使 12・17 参議(53歳) 12・22 左大弁	正・23 参議(51歳) 12・17 権中納言

保安4(一一二三)		正・22 兼勘解由長官・讃岐権守 正・27 止左大弁 4 左大弁如元	
大治元(一一二六)			12・5 兼按察使
大治2(一一二七)		正・19 兼周防権守	11・14 雅仁親王家勅別当
大治3(一一二八)		4・28 従三位(春日行幸行事賞)	正・5 正三位(納言労)
大治4(一一二九)			正・15 薨去(58歳)
大治5(一一三〇)		9・8 薨去(61歳)	

(人名欄の各行頭は月日の略)

として、その有職故実は尊重されるほどであった。[23] そのうえ、この一門の相互扶助の強さは著名であったようであるが、[24] 彼らはいずれにせよ、院政時代前に摂関家政所の職員として、また一面では官僚として実務の技術を身につけ、院政開始以後には院近臣としての政治的地位を占めるようになったものと総括できるようである。[25]

その過程で、この一流の人々は、日記(記録)や有職故実に関わる著作などを多く残している。たとえば、為房の『大御記(為房卿記)』、その長男である為隆の『永昌記』や次男である顕隆の『顕隆卿記』、また為房の父隆方の『但記』などの日記が残されている。そのほか、為房は『撰集秘記』・『貫首抄』・『装束抄』などの儀式書を著し、顕隆の実弟に当たる重隆は、殿上人の作法書である『蓬莱抄』や宮中での恒例公事の指図書である『雲図抄』を著していることは周知のところであろう。[26] このうち、『貫首抄』は、その奥書によれば、「江州(顕隆)の蒙を散らさんがため」に病没直前期に書き出したものであり、また『雲図抄』も、その奥書によれば、顕隆が蔵人頭に在任しているときに抄出されたものであるという。

このように、この勧修寺流藤原氏の動向を概観してみると、この一門の人々は、摂関家の家人としての一面がある一方、院近臣としての一面もあり、かつ蔵人・弁官としての官僚の面をも有していたことがわかるのである。また、国司重任の成功として、「米万石、絹五千疋、油五十石」を進上する受領的一面をも併有していた。(27)さらに、天皇の乳母の一族としての地位をも占め、それが彼らの政治的基盤ともなっていたのであるが、とはいえ「近代、富人をもって賢者となす。」(28)というような受領への批判は、為房・顕隆らを含むこの一門の人々には、そのままに当てはまらないといえるのである。

三　白河院政下の執事別当

ところで、白河院政が開始されたことで、単なる摂関家の家司・官僚というだけではなく、いわば院近臣として一躍参議にまで昇進した藤原為房の嫡流は、その次男顕隆の子孫と認識されるようになった。(29)これは、為房の没後、その長男為隆が勧修寺長者に就任しながらも、その四年後の元永二年（一一一九）には、「官位の上臈」である弟顕隆に、「当時に随ふ」との理由で、その長者の地位を譲ったことに起因しているようである。(30)すなわち、為隆の方は、「摂政・関白のうしろみ（後見役）」として、その政所下文に署判する家司であったため、中納言就任を待賢門院を通して白河院に要望したときには、「院に候はず。」との理由で却下されたという。(31)為隆自身も、院庁別当に就任した経歴はあるものの、(32)大治四年（一一二九）七月の白河院の崩御直後には、自ら「予は院司に非ず、恩臣に非ず。」とまで他人にもらしている。(33)とはいえ、為隆については、時人も「器量倜儻《てきとう》、才気、人に軼《す》ぐ。職事三代、独歩といふべし。」との評価を与えているので、(34)顕隆と比べて能力的に劣っていたとは考えられないのである。

これに対しての顕隆の方は、その子の顕頼、ついで孫の光頼などとともに、あいついで「仙洞」（院御所）に接近し、「一所」（摂関家）には疎遠となり、(35)また顕隆と顕頼は相談しながら「院中無二の奉公」を致し、さらに「執柄」（摂政・関白）に赴くことはなかったと捉えられるようになる。(36)そのことは、保安元年（一一二〇）十一月十二日に、白河法皇と対立した藤原忠実が内覧・関白を停止されると一層顕著になり、以後の顕隆が、「天下の政、この人の一言にあるなり。威は一天に振るひ、富は四海に満ち、世間の貴賤、首を傾けざるはなし。」と記され、つづいて「公卿の労は八ケ年。齢また五十八。余命来たり尽くし、忽ちにもって頓滅す。この時、本院（白河法皇）・女院（待賢門院）の執行別当として、天下の万事を知る。しかるに去年より、睡眠の病・飲水の病、相共に侵す。つひにもって薨逝す。良臣、国を去る。天下の大なる歎きか。」と記されていることからも窺い知ることができよう。(37)かつ、顕隆の子の顕頼の方も、「累代の名臣、当世の英豪なり。顕要の官を歴て、卿相の位に至り、朝務を鞅掌す。君の腹心として、一院（鳥羽法皇）の御宇、内外に権を執り、際会に人を超ゆ。」と評されているのである。(38)

つまり、これらの記述から、顕隆・顕頼父子は、白河・鳥羽の両院政期において、院政を支えることにより権威を振るったことがわかるのであるが、この葉室家出身者の院政との関わりを物語る一枚の史料が、(39)宮内庁書陵部に所蔵されている。それには、「白河院以来代々執事并執権系図」とも記されているが、「白川院執事、権中納言、正三位」と注記された顕隆から、「崇光院殿執権、権大納言、正二位」と注記された宗顕まで十人が挙げられている。これによると、顕隆の曾孫に当たる宗頼までは、各上皇の「執事」、以後は「執権」と記されているが、この葉室家の南北朝時代に至るまでの立場がよく示されている。

この史料では、「執事」と「執権」の相違については、何の説明もついていないが、当初は「執当の院司」・「執行別

当」などともよばれていた「執事別当」(執事)は、しだいに大臣クラスが就任する役職となっていく傾向がみられ、一方の「執権別当」(執権)は、しだいに大・中納言クラスが就任する役職となっていったようである。[40]そのため、後世において「名家」に分類される葉室家の出身者は、資頼以後は「執権」に就任したようである。とはいえ、執事・執権の各院庁別当は、院務を総理し、伝奏として諸人の奏事を取りつぎ、院の意向・指示を伝達し、院中の評定にあずかったところの典型的な院近臣であることには、[41]異論はないであろう。

そこで、白河院政期における「執事別当」についてみると、最初は藤原実季が就任していたと推察される。応徳三年(一〇八六)十一月二十六日、白河院庁の別当に就任したのは、大納言藤原実季、権大納言源雅実、左大弁大江匡房、尾張守藤原顕季、備中守藤原仲実の五人であったが、[42]このうちの実季、その猶子の顕季、また実季の三男仲実らは、白河上皇の母方の一族・乳母関係者であり、源雅実は白河天皇の中宮賢子の兄弟に当たる。残るひとりの大江匡房も、堀河天皇の乳母を妻としているが、彼の場合はとりわけ碩学として重用されたとみてよいであろう。[43]ともかく、この白河院政開始当初の院庁別当の顔ぶれをみると、白河上皇の院近臣の原型がみてとれるのであるが、その翌々年の寛治二年(一〇八八)二月には、実季が「執当の院司」と記されている。そして、寛治五年(一〇九一)十二月二十四日、大臣就任を望んだこともあったという実季は、[44]急死しているのである。そのとき、藤原為房は、同日の日記に「良臣、国を去る。世もって憐愍す。」と記している。

ついで、嘉保元年(一〇九四)正月十日、その卒去に際して「一院の中、別当として、万事を執行す。」と記されたのが、[45]藤原師信である。彼は、修理権大夫兼播磨守のとき、「飲水病」で没することになるのであるが、注目されるのは、内蔵頭を経験していることである。当時の内蔵頭は、受領のように豊富な財力をもっている者で、かつ上皇・天

皇の親近者であることが一般的条件であったとされるが、(46)その条件は彼の場合にも該当しているといえよう。(47)

つぎには、藤原国明が「執事別当」に就任したことがわかる。その根拠は、長治二年（一一〇五）四月十七日、その卒去に際して「院の執行別当」と記されたことによる。(48)この国明は、嘉保元年（一〇九四）六月二日に院庁別当に補任されているが、これは同年正月十日に前述の藤原師信が卒去したことに関連しているといえよう。ちなみに、国明は師信の甥に当たるのである。また、国明は、白河上皇の乳母子でもあり、源高明の子孫である醍醐源氏とは緊密な血縁関係を有しているが、彼自身も源高明の曾孫に当たる源俊明の養子（猶子）になっている。この源俊明については、後述するところであるが、国明が師信と同じく内蔵頭であったことや、院庁別当に就任してから白河上皇への奏事の取りつぎを頻繁に行うようになったことは注意されてよい。(49)

さて、この藤原国明の養父でもある源俊明については、「執事別当」であったとする明確な記述は残されていないようである。だが、朝廷の公事に通達していたうえ、(50)「御ウシロミ」（後見役）として「サウ（左右）ナキ院別当」といわれた俊明は、嘉承二年（一一〇七）七月十九日の鳥羽天皇の践祚のとき、藤原公実の摂政就任を阻んだとされるが、それは公実が「和漢ノ才」に富んでいるわけでもなく、とりたての「識者」でもないためであったからであると伝えられている。(51)そのためか、当時、摂政に就任することができた藤原忠実とも親交をもっていたようであり、(52)永久二年（一一一四）十二月二日に薨じたときには、大納言兼民部卿であった俊明は、「心性、甚だ直く、朝の重臣たり。良臣、国を去る。」と評されている。(53)したがって、このような摂政決定にも重要な役割を演じた俊明も、「執事別当」として活躍したであろうと推察できる。それは、彼が白河院政期の院近臣の代表として、藤原顕隆・顕頼父子と並び称されていることからも、(54)確かなことであろうと思われる。

それでは、この源俊明のつぎには、誰が「執事別当」として推定できるであろうか。保安元年（一一二〇）七月二十二日に薨去したとき、「心性、誠に時に叶ひ、上皇、万事を仰せ合さる。よって天下の権威、傍若無人なり。」と評され、また「良臣、国を去る」ともいわれた藤原宗通なども、[55]その可能性が全くないわけではないが、彼が阿古丸と号して幼少時より白河院に養育された寵児であったことを考慮すると、[56]その点から権勢を振るったといえなくもない。[57]ところが、源俊明が「数月重悩」[58]という状態に陥った頃から、『中右記』によれば、実に頻繁に法皇への奏事を取りつぐようになった人物が登場する。それは、当時、すでに左中弁兼近江守で、内蔵頭をも兼帯していた藤原顕隆である。その奏事取りつぎは、永久二年（一一一四）三月頃から顕著になっているので、その頃から、「執事別当」としての活躍が始まったものとみられる。なお、大治四年（一一二九）正月十五日の顕隆薨去後の「執事別当」は、藤原基隆であったと思われるが、同年七月七日に白河法皇が没したため、その就任期間は短期間に終わっているようである。[59]

四　院近臣藤原顕隆の院政関与

以上のように、白河院政期の「執事別当」に就任した人々を通観してみると、死去の際に「良臣」と評される者の多いことがわかる。この評価は、前述のように顕隆に対しても与えられていたが、その顕隆は娘を介して叙上の院近臣らとも姻戚関係を取り結んでいたことがわかる。そのうちの九条大相国藤原伊通室は、中納言藤原伊実や九条院（呈子）を産んでいる。[60]この娘の夫伊通の父は、前述の白河院寵童宗通である。また、大蔵卿藤原忠隆室（栄子）[61]は、崇徳天皇の乳母になっている。[62]この栄子の夫忠隆の父は、前述の藤原基隆である。そのほか、徳大寺家の祖に当たる実能の室、[63]後二条関白師通の子である三条悪宰相家政の室[64]なども、顕隆の娘であることが知られている。

一方、顕隆やその兄為隆の母は、源頼光の嫡男頼国の娘である。この頼国の父頼光は、清和源氏のうちでも摂津源氏の祖として著名であり、また頼国の七男国房は、美濃源氏の祖としてよく知られている。[65] しかしながら、頼国自身は、文人貴族的色彩が濃く、藤原道長の一家に奉仕し、その娘のひとりは道長の孫師実にも嫁しているのである。[66] これは、顕隆にとってみれば、父方と同様に母方も院政開始前においては、摂関家への奉仕を行う家柄であったといえるのである。

つまり、このことからみると、顕隆自身もその官途の出発は、摂関家への奉仕から始まったものと考えられるが、実際に永保二年（一〇八二）四月十三日、兄の為隆とともに関白藤原師実に名簿を提出している。[67] そして、寛治二年（一〇八八）正月に、その師実の孫忠実の元服式には瓶子を取るなどの奉仕を勤めてはいるが、[68] その前年正月に院庁蔵人に補任されたことを契機に、白河上皇への奉仕活動を活発化させていくのである。たとえば、白河上皇が寛治四年（一〇九〇）に熊野、翌年に高野山、さらにその翌年に金峰山へ参詣したときには、他の院近臣らとともに扈従している。[69] このような奉仕のなかで、院庁の蔵人から判官代へ昇進し、[70] 寛治四年四月には、位階の面において兄為隆を越えるようになり、以後もその逆転は変わることがなかったのである。ただし、前述したように父為房が寛治六年（一〇九二）から翌年にかけて左遷されたときには、連坐した憾があり、昇叙はみられない。ところが、嘉保二年（一〇九五）頃からは再び昇叙がさかんとなり、この頃から白河上皇への奏上を取りつぐことも、多くはないもののみられるようになる。[71] こうして、永長元年（一〇九六）正月には、「院分」として顕隆は若狭守に任命されることになるが、これに象徴されるように、その昇進は再び順調になっていく。そして、承徳二年（一〇九八）十二月には、二十七歳にして右少弁に任じられたが、このときには世人の耳目を驚かせたという。[72] これは、父祖を越えた異例の昇進であったからで

あろう。ちなみに、『弁官補任』によれば、顕隆の祖父隆方が治暦元年（一〇六五）に右中弁に直任されたのが五十二歳、父の為房が応徳三年（一〇八六）に権左少弁に任じられたのが三十八歳のときのことであった。

その後も、三事を兼帯するなどして順調に官位昇進を続けていくことになるが、康和四年（一一〇二）八月七日、堀河天皇の女御藤原苡子が、顕隆の五条高倉宅に懐妊のため渡御し、(73)翌年正月十六日には同宅で宗仁親王（鳥羽天皇）が生まれている。(74)その際、乳付けは顕隆の妻であり、(75)彼自身はその親王家の「侍職事」となっている。(76)以後、宮中行事や行幸行事、法勝寺の念仏行事、諸社への奉幣行事など、諸種の行事を担当していることは、多く『中右記』にみえている。もちろん、院司としての活躍もみえるが、顕隆の妻藤原悦子は、顕隆の叔母光子やその光子の娘実子らと並んで、鳥羽天皇の典侍であり、かつ乳母であり、嘉承二年（一一〇七）七月以降の鳥羽朝においては、顕隆を裏面から支えることになったことは特筆されることであろう。(77)

これにひきかえて、顕隆の兄為隆の方は、叙位の勘文にその名前が入れられながらも、「顕隆を越ゆべからず」との理由で、四位にはなかなか叙されないありさまであり、(78)院庁別当でもあったが、摂関家の家司としての側面が強かったようである。そのこともあり、白河院政に不満をもらすようになり、(79)その不遇は他人にも認識されるようになっていくのである。(80)もっとも、父為房の方は、白河法皇の要請により、摂政忠実の許可を得て院司になり、(81)既述のように栄達を遂げることになった。

この同じ兄弟でありながらも生じた差違は、その後ますます拡大されていくことになる。具体的には、天永三年（一一一二）七月、顕隆の次男顕能（十六歳）が、成功により大国の讃岐国の守になったことで人々を驚嘆させたり、(82)同年十一月には摂政忠実が、「内（鳥羽天皇）の御乳母の夫」であるということで、顕隆のもとへ「扇廿枚、タキもの（薫物）」

を贈るというような状況をきたした。[83] そして、ついには摂政の家人でありながらも、顕隆の嫡男顕頼を婿に取ったということで、それを笠に着て、主人忠実のことを白河法皇に讒言する者まで出現するありさまとなったのである。[84] こうしたなかで、摂政・関白の地位にあった忠実は、顕隆について、時には「御馬交易使の間の沙汰、不可思議の事、極めて多し。院（白河法皇）の仰せ、内（鳥羽天皇）の仰せ、おのおのもって奇怪か。頭弁顕隆が申す旨、実に神妙なり。」と評価もするが、[85] 新御願寺供養の習礼に臨んだ場合などには、「大略、次第の儀は式の如し。頭顕隆の沙汰なり。ただし、不具の事等、極めて多し。（中略）今日の儀、狼藉もっとも甚し。頭弁（顕隆）、沙汰人として別様極めて多し。」というように、[86] 批判していることも多い。この儀式作法についての批判は、当時の貴族の常としてよく行われるものなので、現在の我々は看過してもよさそうであるが、この批判からは逆に「別様」（新儀）を企図する顕隆の積極的な姿勢が窺えるのではないだろうか。

ともかく、顕隆はしだいに院政の政務自体に深く関与するようになり、廷臣らも顕隆を介して院奏することが多くなっていくようである。そのようなとき、保安元年（一一二〇）十一月、関白忠実が娘泰子の入内を拒み、白河法皇の怒りにふれて内覧を停止される事件が発生するわけであるが、これが「夜の関白」の異名を顕隆に与えることになる契機であったことは否定できない。しかしながら、その素地はすでに存在していたのであり、一夜にして権勢を獲得したというようなものではない。また、京極関白師実の次男である家忠が、その子忠宗の岳父で院近臣でもある藤原家保やその家保の父顕季らと結んで、関白忠実の失脚に乗じて関白に就任しようとしたときには、顕隆が反対してそれを阻止したと伝えられるが、[87] これなどは顕隆の院政関与の一端をよく示しているといえよう。この関白就任を望んだ花山院家忠は、源頼国の娘を母としていたのであり、[88] 顕隆とは母方のいとこの関係にあったのであるが、顕隆は、

四月九日に行われた稲荷祭を見物する桟敷で家忠や顕季らの談合が行われたとの風聞を、白河法皇に上申することにより、法皇の意向を変えさせたという。このときの背景には、同じく院近臣とはいわれながらも、実務担当により奉仕していた顕隆と、歌道にすぐれて六条家の始祖と仰がれた顕季との対抗関係も窺えるようである。(89) 思えば、白河院政開始以来の院庁別当として院に奉仕しながらも非参議のままに沈淪することになる顕季と、目覚ましい昇進を遂げて権中納言にまで昇った顕隆とでは、その官途昇進のうえからも対照的である。

五　結　論

これらのことからみると、白河院政について、「この御時ぞ、昔の跡を興させ給ふことは多く侍りし。人の官《つかさ》などなさせ給ふ事も、よしありて、たはやすくもなさせ給はざりけり。」と評されたことは、意味深長というべきであろう。この文章につづけて、『今鏡』第二には、参議昇進の望みがかなえられなかった顕季と、破格の立身出世で右少弁に就任した顕隆との相違は、漢才の有無に起因していると叙述しているが、実際には和歌に巧みか漢詩に巧みかということではなく、朝儀に対する練達度の有無に起因しているのではないかと推察される。すなわち、白河院による専制的政治形態をもちながらも、その実際は実務に練達した院近臣らに支えられたものであったと考えられるのである。(90) それは、「良臣」とも評されることの多い「執事別当」らによって白河院政が支えられたと同時に、白河院の側にもそのような「良臣」を起用する意図が存在したものといえよう。これは、藤原公実が摂政就任を望んだ場合にも同様であったといえるのである。

したがって、「夜の関白」などと称されても、所詮は白河院を補佐する近習の域は出ないのであろうが、「夜」の語

から連想されるように、裏面から院政を支える実質上の最重要な院近臣が、すなわち「執事別当」として、院政に深く関与したであろうことは明らかなことである。そのため、実務に練達している「執事別当」は、院政という専制的政治が「先例」をあまりに逸脱しないように、諸勢力（諸権門）との均衡と抑制をはかる役割を果たしていたと推察されるのである。

註

(1)林屋辰三郎「院政」（『図説日本文化史大系5平安時代（下）』所収、小学館、一九五七年）五九〜六四頁。
(2)石母田正「古代国家の没落過程」（『古代末期政治史序説』所収、未来社、一九六四年）三六二・三六三頁。
(3)竹内理三『日本の歴史6武士の登場』（中央公論社、一九六五年）一九五頁。
(4)朧谷寿『日本の歴史6王朝と貴族』（集英社、一九九一年）二九二頁。
(5)橋本義彦「院政政権の一考察」（『平安貴族社会の研究』所収、吉川弘文館、一九七六年）五頁では、当時の記録の用例からすると、「院近臣」・「候院之人」・「院近習輩」等の語は、「原則的には上級貴族層の権臣には用いられず、専ら中・下級層出自の上皇近習者に対する語と解釈して大過ない」と述べられているが、院庁別当となっている上級貴族（とくに大臣・納言クラス）や僧侶などでも、上皇の信任をえて活躍した上皇の親近者であれば、院近臣と呼称してさしつかえないものと考えられる。
(6)元木泰雄「信西の出現——院の専制と近臣」（『立命館文学』第五二一号掲載、一九九一年）一二七頁。
(7)『中右記』大治四年正月十五日条。
(8)本稿の「藤原為房・為隆・顕隆の略歴表」参照。この表は、『公卿補任』を中心として作成したが、月日等の異同については、当該期の古記録類の記載を優先している。

(9)橋本義彦「勧修寺流藤原氏の形成とその性格」（註(5)前掲書所収）二九七頁。
(10)本稿の「勧修寺流藤原氏略系図」参照。この略系図は、『尊卑分脈』を中心として作成した。なお、この略系図では、人物名とともに生存中の最終位階を付記し、公卿にまで昇進した人物については、その極官も付記している。また、勧修寺流藤原氏の歴代長者の順序については、橋本義彦氏の註(9)前掲論文二八九頁を参照。
(11)所功「筆者為房の略伝」（『史聚』第一〇号掲載、一九七九年）一三頁。
(12)本稿の「藤原為房・為隆・顕隆の略歴表」参照。
(13)『朝野群載』巻五、興福寺本『僧綱補任』などを参照。
(14)『長秋記』天永二年九月四日条。
(15)『為房卿記』寛治元年九月十五日条。
(16)『中右記』嘉保元年三月八日条。
(17)『中右記』天永二年正月二十四日条。
(18)『兵範記』保元元年七月二日条。
(19)角田文衞『椒庭秘抄――待賢門院璋子の生涯――』（朝日新聞社、一九七五年）二一一～二一三頁。
(20)『愚管抄』巻第四。
(21)角田、註(19)前掲書、一六～一九頁。
(22)『職原鈔』後付（『新校群書類従』第四巻所収）四六頁。
(23)『台記』久安二年八月十一日条。
(24)『山槐記』治承三年正月十日条。
(25)橋本、註(5)前掲論文、一一～一三頁。
(26)所功編『京都御所東山御文庫本撰集秘記』（国書刊行会、一九七九年）五〇六頁。

(27)『中右記』寛治六年九月二十二日条。
(28)『小右記』長元二年七月十一日条。
(29)『尊卑分脈』(新訂増補国史大系本)第二篇六四頁には、顕隆について「彼卿、舎弟たりといへども、一家の継嗣となる」と注記されている。また、同じく第二篇九一頁には、「葉室流、嫡家を称する事」として、以下「顕隆卿、為隆卿、両人嫡庶の事、為隆は舎兄たり、顕隆は舎弟なり。しかれども、父為房卿、顕隆をもって家嫡となすの間、父の卿、永久三年四月に死す。重服の内、同年八月十三日、蔵人頭に補しをはんぬ。為隆卿、保安三年正月、貫首(蔵人頭)に補す。舎兄といへども、後進なり。年齢によらざる嫡庶の所見、古今知るところなり。」と注記されている。また、『諸家伝』七においても、顕隆の子孫である葉室家が為房以来の正嫡の家紋を用いているとの所伝が付箋に記されている。
(30)『永昌記』大治四年七月二十七日条。
(31)『大槐秘抄』。
(32)『中右記』天仁元年十一月五日条、天永三年十二月二十六日条など。
(33)『長秋記』大治四年七月二十六日条。なお、『永昌記』大治元年正月四日条でも、為隆は自らの功労を挙げて、「しかるに一恩もなし。(中略)恩の無きは、これ労を止むの議か。記すこと莫れ。」と記している。
(34)『後拾遺往生伝』下。
(35)『玉葉』文治二年正月二十七日条。
(36)『吉口伝』。
(37)『中右記』大治四年正月十五日条。
(38)『本朝新修往生伝』。
(39)「院執事并執権代々次第——白川院〜崇光院——」(『伏見宮記録』四一二)。
(40)拙稿「院政時代の執事別当と年預別当」(『院政時代史論集』所収、続群書類従完成会、一九九三年)、『洞院家記』巻之

十四。
(41)橋本義彦「院近臣」(『国史大辞典1』所収、吉川弘文館、一九七九年)。
(42)『為房卿記』応徳三年十一月二十六日条。
(43)註(40)前掲拙著三七四頁。
(44)『栄花物語』巻第三十九。
(45)『中右記』嘉保元年正月十日条。
(46)『中右記』承徳元年四月三十日条。
(47)河野房雄『平安末期政治史研究』(東京堂出版、一九七九年)三〇七〜三〇九頁。
(48)『中右記』長治二年四月十七日条。
(49)朧谷寿「藤原国明論」(『古代文化』第二五巻第二・三合併号掲載、一九七三年)、角田文衞「白河天皇の乳母——藤原国明の母について——」(『王朝の明暗』所収、東京堂出版、一九七七年)。
(50)『古事談』第二。
(51)『愚管抄』巻第四。
(52)『殿暦』永久二年十二月二日条。
(53)『中右記』同日条。
(54)『愚管抄』巻第七。
(55)『中右記』保安元年七月二十二日条。
(56)『尊卑分脈』第一篇二六九頁。
(57)角田、註(19)前掲書二六頁。
(58)『中右記』永久二年十月二十四日条。

(59)『長秋記』大治四年七月八日条には、藤原基隆が「院中執事別当」とみえている。他方で、当時の鳥羽院庁の執事別当が、諸記録から推察すれば、藤原実行とみられるので、藤原基隆が白河院政末期の執事別当であったとすることは、妥当な推測であると思う。なお、藤原基隆は、『長秋記』の同年八月九日条では、「年預」とみえるので、白河法皇の崩御後には鳥羽上皇の年預別当に就任したと推測される。この藤原基隆については、河野房雄氏の註(47)前掲書二八三〜二八六頁を参照。

(60)『尊卑分脈』第一篇二七一頁。

(61)『尊卑分脈』第一篇三一五頁。

(62)『長秋記』元永二年五月二十八日条。

(63)『尊卑分脈』第一篇一七七頁。

(64)『尊卑分脈』第一篇四〇三頁。

(65)宮崎康充「古代末期における美濃源氏の動向」(『書陵部紀要』第三〇号掲載、一九七九年)。

(66)朧谷寿「源頼国」(『平安時代史辞典』本編下所収、角川書店、一九九四年)。

(67)『為房卿記』永保二年四月十三日条。

(68)『後二条師通記』寛治二年正月二十一日条。

(69)『中右記』寛治四年正月十六日条、同五年二月十七日条、同六年四月三十日条。

(70)『中右記』寛治六年四月三十日条には、「判官代」と注記されている。

(71)『中右記』嘉保二年十月九日条、同年十二月二十八日条など。

(72)『中右記』承徳二年十二月十七日条。同日条では、「年廿八云々」と記されているが、二十七歳の誤りと思われる。

(73)『中右記』康和四年八月七日条。

(74)『中右記』康和五年正月十六日条。

(75)『中右記』康和五年正月十七日条。
(76)『中右記』康和五年六月九日条。
(77)「日本古代後宮表」（前掲『平安時代史事典』資料・索引編所収）一六九頁。
(78)『弁官補任』嘉承二年条、天仁元年条。
(79)『永昌記』天永元年三月十日条。
(80)『長秋記』天永二年二月十四日条。
(81)『殿暦』天永二年八月二十三日条。
(82)『中右記』天永三年七月二十三日条。
(83)『殿暦』天永三年十一月十二日条。
(84)『殿暦』元永元年閏九月十五日条。
(85)『殿暦』永久五年九月二十七日条。
(86)『殿暦』元永元年十二月十五日条。
(87)『愚管抄』巻第四。
(88)『尊卑分脈』第一篇一九五頁。
(89)河野房雄、註(47)前掲書、三三一頁以下。
(90)『今鏡』第二には、「ことに明らかにおはしまして、はかなき事をはえばえしく感ぜさせ給ひ、やすき事をもきびしくなむおはしましける。」と評された白河院の治政を、顕隆・顕頼父子の奉仕を例に挙げて述べた叙述がある。

Ⅳ　法の関白と院政

一 緒言

院近臣が院政の支柱として不可欠な存在であることは、すでに周知のところであろう。また、その院近臣とは、院庁別当に就任するような廷臣だけとは限らず、古記録に「そもそも件の法師、院近臣たり。」[1]と記されているように、「法師」（僧侶）であることもあったのである。しかしながら、院近臣として活躍したはずの僧侶については、管見の限りでは、これまで院政との関係での本格的な研究が、ほとんどなされていないようである。

そこで、本稿では、白河院政期に東密（真言密教）の僧侶として活躍し、「法関白」[2]あるいは「法師関白」[3]とも称されることのあった大僧正寛助について考察してみたい。そのことで、院近臣というものを、従来のような廷臣側からみたものとは異なる、新たな角度から追究し直し、院政の実態解明をさらに深化させてみたいと思うのである。

二 寛助の出自

天喜五年（一〇五七）、寛助は、宇多源氏に属する源師賢の子として生まれている。曾祖父源済政は、信濃・讃岐・近江・播磨・丹波等の国守を歴任し、藤原道長の家司、上東門院（道長の長女彰子）の女院庁別当などを勤めていた。それには、済政が道長の正室源倫子（彰子・頼通・妍子・教通らの母）を叔母にもっていたことが、大きく関係していたのであろう。かつ、済政およびその子参議資通（寛助の祖父）は、ともに「都の武者」として知られる源頼光（摂津源氏の祖）の娘らを妻としていた。[4]この頼光が備前・美濃・但馬・伊予等の国守や内蔵頭などを歴任し、その蓄財をもって藤原道長の一家に追従していたことは、広く知られているところであろう。[5]すなわち、済政・資通らは、その

ような摂関家の侍でかつ富裕な源頼光との縁戚関係を強く保ちながら、一方では後一条・後朱雀・後冷泉の三代の天皇の摂政・関白であった藤原頼通の外戚の一員として、摂関家に奉仕するかたちで生計を営んでいたのであった。

他方、この寛助の家系は、済政の父大納言源時中のとき以来、管絃の道にすぐれていることで知られ、いわばそれが家業であるとの観さえ呈していたが、寛助の父師賢も、とくに和琴の名手として知られていた。(6)そのうえ、この家系には、風流を解する文人的雰囲気が満ちていたようであり、済政は清少納言と親密であったし、(7)資通は後一条朝から堀河朝にかけて諸事堪能な文人として重きをなした大納言源経信（宇多源氏）の琵琶の師であった。(8)また、資通は、『更級日記』に「世のつねのうちつけのけさうびてなどもいひなさず、世の中のあはれなることどもなど、こまやかにいひ出でて」と記されていることも有名であるが、歌合を開催するなどして文化面で貢献することもあったのである。(9)ただし、師賢のその道での後継者は存在しなかったようであり、師賢の弟政長の子孫が郢曲・和琴などを継承した綾小路流へと繋がっていったのである。(11)

ところで、源師賢は、少納言を経て、治暦元年（一〇六五）十二月八日に右少弁となり、同四年（一〇六八）四月十九日には後三条天皇の五位蔵人となっている。以後、弁官としての昇進を重ね、承暦元年（一〇七七）正月六日に正四位下に叙され、同四年（一〇八〇）八月二十二日に左中弁に転じ、さらに同年十二月六日には白河天皇の蔵人頭に任じられたが、翌永保元年（一〇八一）七月二日に「霍乱一日」の結果、四十七歳で卒去した。この間、木工頭・斎院長官・安芸権介・修理右宮城使なども歴任しているが、全体としてみれば、後三条朝から白河朝にかけての事務官僚として活躍したことが認められる。(12)こうして、師賢は、公卿にまで栄達することを目前にしながらも没したのであり、彼の和琴の技術の後継者が存在しなかったばかりか、官僚になる後継者を残すこともなかったのである。そのほか、

師賢の子としては、『尊卑分脈』・『系図纂要』などの系図類をみる限り、男子としては寛助を記すのみであるが、四条宮（藤原寛子）の女房となった女子もいたようであり、彼女は寛助の妹に当たるらしい。(13)

これに対して、師賢の弟政長の方は、蹴鞠・郢曲・和琴・笛・琵琶などにすぐれ、寛治元年（一〇八七）以来堀河天皇の郢曲と笛の師となっており、若狭・備中等の国守、刑部卿・内蔵頭などを歴任して、承徳元年（一〇九七）閏正月四日に六十歳で没している。(14)なお、政長は、権大納言源経長（経信の兄）の養子になっていたが、その養父経長は、後冷泉朝から後三条朝にかけて上卿として顕著な活動がみられるものの、(15)政長にはその面の継承されている形跡はみえず、ただ管絃の道に長じたことによる、その方面での活躍が著しいと総括してよいであろう。ちなみに、政長には、僧侶の母となった女子が多く、そのことは後述との関係で注目しておく必要がある。すなわち、大納言源師忠（村上源氏）の側室となり、仁和寺の大僧正寛遍を産んだ女子、(16)白河天皇の後宮に入り、その「御寵妾」として園城寺の大僧正行慶を産んだ女子、(17)輔仁親王との間に仁和寺の法務僧正信証を産んだ女子などがあった。(18)そのほか、仁和寺に入寺した法眼兼覚(19)も、政長の子であった。

以上のところが、寛助の実家周辺のおおまかな様子であるが、この情況のなかで寛助が出家した事情は、いったい何であったろうか。これについて詳述した史料は存在しないが、寛助が阿闍梨に補任されたのが十九歳であるところから、(20)その出家は早かったに相違なかろう。とすれば、その出家年齢は、当時の通例からして十歳前後のことと推定できるので、師賢は初めから寛助を自らの後継者にしようとはしていなかったのであろう。そこには師賢の妻すなわち寛助の母と師賢との間の何かしらの複雑な事情もあったものと思われるが、(21)ともかく寛助は、父師賢が没する六年ほど前の承保二年（一〇七五）十月には阿闍梨となり、一年ほど前の承暦四年（一〇八〇）四月には、仁和寺観音院で

〈寛助の略歴表〉

（略歴・備考欄の各行頭は月日の略）

年次	略歴	備考
天喜5（一〇五七）	誕生	
承保2（一〇七五）	10　補阿闍梨（19歳）	
承暦4（一〇八〇）	4・11　於観音院受伝法灌頂（24歳）	
永保3（一〇八三）		2・20　入道親王性信が二品に叙される
応徳2（一〇八五）		2・19　覚念（覚行）が出家する（11歳） 9・27　入道親王性信が薨去する（81歳）
応徳3（一〇八六）		11・26　白河天皇が譲位する（34歳）
永長元（一〇九六）		8・9　白河上皇が出家する（44歳）
康和元（一〇九九）	7・8　任権律師（43歳） 12・30　補仁和寺別当	正・3　覚行が法親王となる（25歳）
長治元（一一〇四）	正・27　任権少僧都（48歳） 8・13　補遍照寺別当	3・17　東寺長者法印大僧都経範が入寂 7・11　行真（覚法）が出家する（14歳）
長治2（一一〇五）	5・19　加東寺三長者	11・18　覚行法親王が薨去する（31歳）
嘉承2（一一〇七）	3・2　至東寺二長者 5・23　転任権大僧都（51歳） 5・23　補仁和寺大教院・円教寺別当 12・21　為鳥羽天皇護持僧	7・19　鳥羽天皇が践祚する（5歳）
天仁2（一一〇九）	3・27　叙法印 5・22　補円乗寺別当	
天永3（一一一二）	4・25　至東寺一長者	12・27　覚法が法親王となる（22歳）
永久元（一一一三）	正・9　兼法務 正・14　任権僧正（57歳）	

永久4（一一一六）	5・23　転任僧正（60歳）	
	5・23　補広隆寺別当	
永久5（一一一七）	正・14　補法勝寺別当	
元永元（一一一八）	4・28　補東大寺別当	
	12・17　補最勝寺別当	
保安2（一一二一）	10・6　任大僧正（65歳）	
天治元（一一二四）	12・22　辞法務	
天治2（一一二五）	正・13　辞退諸職	
	正・15　入寂（69歳）	

伝法阿闍梨に就任している。この伝法阿闍梨とは、東密では密教の最秘奥を伝授された僧職であり、人々に密教を伝授する資格をえた者であったが、この資格は内供奉十禅師や三会已講とともに、僧綱につぐ「有職」でもあった。[22]このことからみると、源師賢は、わが子が官僧として活躍することを確認したうえで没したことになり、当然のことながら、その還俗などは望んでいなかったであろう。

三　寛助の立場と身位

このような事情からみると、寛助は中流貴族の子ではあったが、幼少時より出家することが運命づけられていたとの嫌いがある。そのため、いわば家職とでもいうべき管絃の道を伝授されることもなかったのであろうし、曾祖父済政や祖父資通の頃のような摂関家との強い結びつきも、父師賢のときには失われつつあったのであろう。そのことは、叔父である源政長が、白河天皇やその弟輔仁親王と姻戚関係を結んでいたことにも窺われるところである。おしなべ

て、この宇多源氏の一族は、摂関家にのみ追随するかたちから脱皮していったようにみえるが、そのなかで寛助は、前述のように十歳前後の頃、弘法大師（空海）より八代目の弟子に当たる経範のもとに入室している。この経範は、三河守や木工頭などを経て、従四位上にまで至った源経信（醍醐源氏）の子であり、弘法大師についての研究書とでもいうべき『大師御行状集記』を著したことで知られ、法印・権大僧都・法務兼東寺長者にまで昇進したのであったが、寛助と同じく入道親王性信（大御室）から伝法灌頂を受けたのであった。(23) そのため、真言伝法灌頂の師資相承という点からみると、経範も寛助もともに、入道親王性信の付法の弟子ということになる。

ところで、この入道親王性信は、その父三条上皇の崩御後に仁和寺北院で出家し、同寺観音院において伝法灌頂を受け、真言密教の広沢流を継承することになり、(24) 入道親王叙品の初例としても有名であるが、彼の戒師であり、かつ付法の師でもあったのは、大僧正済信である。そもそも、この広沢流は、宇多法皇の帰依を受けた僧正益信に始まるが、その益信から宇多法皇、ついで権僧正寛空、さらに広沢池の北西に遍照寺を建立した大僧正寛朝（宇多法皇の孫）、そしてその甥に当たる済信（宇多法皇の曾孫）へと伝えられている。このことから、広沢流には、宇多法皇の後裔の多いことがわかるのであるが、おそらくその辺の事情から、宇多源氏の出身である寛助も、この法流に連なることになったのであると思われる。ちなみに、広沢流の名称が仁和寺に程近い広沢池畔に建立された広沢山遍照寺に由来することは、周知のところであろうが、長治元年（一一〇四）三月十七日に経範が入寂すると、同年八月十三日に寛助がその後任として遍照寺別当に補任されているのである。

ともかく、宇多源氏出身であるがゆえに仁和寺へ入寺したのであれば、寛助は、やがては入道親王性信の後継者になるべく出家した可能性が大きく、当初は入道親王性信の弟子経範に入室し、そのもとで修行を積んだのち、入道親

王性信から伝法灌頂を受けたのではなかったであろうか。それは、伝法阿闍梨就任に至るまでの寛助の順調な昇進の過程にもみてとれるのである。また、寛助の付法の弟子らが広沢六流を形成していくとき、それらの法流の祖となった弟子らのなかに、前述した信証（西院流の祖）と寛遍（忍辱山流の祖）の二人が含まれていたことも[25]、彼らが宇多源氏の流れをくんでいることと関係しているように思われるのである。おそらく、この信証と寛遍の二人も、寛助の後継者になることを属望されて出家したのであろう。つまり、これらの師資相承の流れをみると、寛助の場合を含めて、何かしら宇多源氏出身者らが法流形成に主導的立場を維持しようとしていたように思われるのである。また、それは、宇多法皇のとき以来、寺内およびその周辺に御室（当初は宇多法皇の僧房）を初めとして、円融寺（円融天皇の御願寺）、円教寺（一条天皇の御願寺）、円乗寺（後朱雀天皇の御願寺）、円宗寺（後三条天皇の御願寺）などの四円寺が造営・建立され、また宇多源氏出身の源倫子（藤原道長の正室）が灌頂堂を建立し、その娘の太皇太后藤原彰子（上東門院）がその灌頂堂を含む観音院を再建供養するなどした仁和寺[26]が、宇多法皇の後裔に連なる歴代の天皇・皇族らに重んじられたこととも関連するのであろう。いうまでもなく、宇多法皇は日本史上で最初の法皇とされるが、そうであるがゆえに、その存在は仏教界において大きな権威とみなされていったように看取される。そのため、広沢流も権威をもちつづけ、かつ宇多法皇の子孫に当たる宇多源氏が、その継承者として、とりわけ尊重されることになったのではないであろうか。少なくとも、寛助が仁和寺に入寺した背景には、以上のような事情があったものと思われる。

その一方で、永保三年（一〇八三）二月二十日、のちに大御室と称されることになる入道親王性信が、入道親王の身位でありながらも、初めて二品に叙された。そして、それ以後、仁和寺に入寺する皇族のうちで、同寺を代表する中心人物が、尊称として「御室」と称されるようになり、二品に叙されることが慣例化していくことは、よく知られて

いるところであろうが、これは日本の仏教史上では画期的なできごとであった。その当初においては、入道親王性信に対する叙品は、摂政藤原兼家が出家後に准三宮宣旨を与えられた先例に准じた処置であったとされているものの、[27]実際は以後「御室」ないしは「仁和寺宮」と称された入道親王・法親王の社会的地位や権威を、著しく上昇させた契機に相違はなく、広沢流の立場も自然と優位に導かれる結果になったといってよいであろう。ちなみに、入道親王性信は、叙品当時においては七十九歳の高齢であったが、六勝寺中で最大の法勝寺の初代検校に補任されてもいたのであり、[28]白河天皇の信任をえていた結果とみてよいであろう。さらにみると、入道親王性信に迎えられて、仁和寺北院で出家した覚行法親王（白河天皇の第三皇子）は、中御室と称されるように、明らかに入道親王性信の後継者と目されたが、康和元年（一〇九九）正月三日に父の白河法皇の意向から親王宣下されている。この出家後であるにもかかわらず、親王宣下されようとしたときに、関白藤原師通は先例のないことを理由に反対したというが、白河法皇は内親王という称号もあるので、法親王という称号もよかろうと、その反対を退けたと伝えられる。[29]その真偽はともかくとしても、覚行法親王は、その入室の当初から「親王の宣旨を蒙らずといへども、なほ宮と称す。[30]」と記されているように、とりわけ特別な存在として仁和寺に入寺したことが伝えられている。このことなども、白河法皇が、宇多法皇以来の伝統を有する仁和寺と、その中心に位置する御室（仁和寺宮）を尊重し、従来以上にその存在を権威づけようとしていた結果と捉えることができるようである。

もっとも、白河法皇は、真言宗の仁和寺のみを尊重していたわけではなく、永長元年（一〇九六）八月九日に出家したのち、同年十月十七日には権僧正隆明を戒師として受戒しているが、この隆明はその甥増誉とともに大僧正にまで昇進し、「明誉一双」と評されているほど修験に名をえて、ともに白河・堀河両朝の護持僧となるなどして信任されて

いた天台宗寺門派の僧侶であった。[31] また、白河法皇の皇子のうちで出家者は六人知られているが、そのうち覚行法親王・覚法法親王・聖恵法親王らは仁和寺に入寺したものの、大僧正行慶・法眼円行・阿闍梨静証らは園城寺に入寺している。[32] このように白河法皇は、真言宗の仁和寺とともに、天台宗の園城寺も尊重していたことがわかるのである。しかし、それらの皇子らの身位をみると、仁和寺に入寺した皇子らの方が、より重視されていたといってもよいであろう。それは、何よりも天台宗の僧侶に対する親王宣下の最初が、保元三年（一一五八）三月十一日になってからの最雲法親王（堀河天皇の皇子）に対する宣下であったことに示されている。[33] 要するに、寛助が活躍した白河院政期における真言宗仁和寺は、仏教界において明らかに優位に立っていたのである。

それは、当時、天台宗内で延暦寺を中心とする山門派と園城寺を中心とする寺門派が対立・抗争し、さらに山門派内部にも軋轢が生じていたことも影響したはずである。そのうえに、この内部紛争は、周知のように、互いに僧兵を用いての嗷訴をも含む実力行使に発展することが多く、社会不安をかきたてることにもなり、朝廷側としても対処に苦慮していたのである。[34] したがって、そのことが、白河法皇に真言宗仁和寺を尊重することを促したのであろうと思われるのである。とにかく、嘉承元年（一一〇六）九月三十日に乱行をはたらいた澄仁（太政大臣藤原信長の子、当時は比叡山横川に居住し、僧位は法眼）が、日本の仏教史上で初めて僧位を剝奪されたとき、この事件に関して「およそ近代の山僧の濫行、かたがた都鄙に満つ」・「そもそも近日の大衆の事、上皇は全く沙汰せられず」と記されているが、[35] その記述にも当時の状況が端的に示されているといえよう。

さて、そのような状況下で寛助は、入道親王性信（大御室）・覚行法親王（中御室）・覚法法親王（高野御室）らに次々と奉仕することになる。ただし、もちろん、当初からその奉仕者の中心であったわけではなく、応徳二年（一〇八五）

九月二十七日に入道親王性信が薨去したあと、十一歳にすぎなかった仁和寺宮（覚行法親王）を第一に補佐したのは、仁和寺宮大僧都とも称された権大僧都寛意（三条天皇の孫）であった。(36)この寛意は、康和元年（一〇九九）六月に四十八歳で入寂してしまうが、入道親王性信の弟子であり、覚行法親王にとっては入室以来の師として終始一貫その補佐に当たったのである。(37)そのため、寛助は、その当時においては脇役的存在であり、たとえば寛治六年（一〇九二）三月十九日に覚行法親王が伝法灌頂を受けたとき、四十歳以前の大阿闍梨（正式な導師）は先例がないといわれながらも、(38)三十九歳であった寛意が勤めたが、作法を指導する教授阿闍梨は、三十六歳の寛助が勤めたのであった。

ところが、寛意が入寂したことで、寛助は一転して昇進していくことになる。寛意の入寂した翌月の康和元年（一〇九九）七月八日、寛助は四十三歳にして権律師に任命され、僧綱の仲間入りを果たしたのであるが、同年十二月晦日には覚意（参議源基平の子、入道親王性信の弟子）とともに仁和寺別当になっている。(39)さらに、長治元年（一一〇四）正月二十七日には、四十八歳にして権少僧都に任命され、同年五月には東寺三長者になっている。そして、翌年十一月十八日に覚行法親王が三十一歳にして薨去してしまうと、同年十二月には、代わって覚法法親王が十五歳にして仁和寺の寺務を執ることになるが、そのときからは寛助がその中心的補佐役として「扶持したてまつる」ことになったのである。(40)それは、前述のとおりに宇多法皇の時代以降拡大しつづけて、当時すでに巨大な寺院と化していた仁和寺に関する、事実上の大小の寺務を担当することになったことを意味するのである。そのうえ、寛助は、元永元年（一一一八）十二月十七日、覚法法親王が最勝寺長吏に補任されたのと同じ日に同寺別当となるなど、覚法法親王が諸寺の検校・長吏を兼任した場合にも補佐することが多かった模様である。その結果、仁和寺の子院である大教院（後三条天皇の第一皇女聡子内親王の御願寺）を始めとして、円教寺・円乗寺・広隆寺・法勝寺・東大寺・最勝寺などの、多数の寺院の

別当を兼ねることになったのである。そして、保安二年（一一二一）十月六日、六十五歳にして、ついに大僧正に任命されるという栄誉に浴したのであった。この間、真言宗の根本道場として知られる東寺の一長者にもなり、当該期においては僧綱の実権を掌握するようになっていた法務をも兼ねることになったのである。[41]

なお、この間、永長元年（一〇九六）七月七日、寛助の師である経範を導師として、白河上皇御願の図絵の両界曼荼羅が開眼され、それの安置された仁和寺内の成就院は、同上皇の御願寺ともみなされた。[42]ただし、この成就院は、寛助の建立ともいわれ、もとは善阿房ないしは善巧房と号したといい、「代々御室の御沙汰」ともされているが、[43]いずれにしても寛助がしばしば「成就院僧正」と称されているところから、この仁和寺の子院は、寛助の住房であったとみてよいであろう。したがって、寛助は、この住房を本拠としながら、長治元年（一一〇四）七月十一日には、覚法法親王をここで出家させる一方、[44]仁和寺の「寺中管領の人」ともいわれ、[45]ひいては諸寺の寺務にも関与していったものと考えられるが、天永元年（一一一〇）六月十八日には、鳥羽殿における孔雀経御修法の法験の賞として、阿闍梨五人が同院に寄せられることになったことは特筆するべきことであろう。[46]

四　院近臣僧としての活躍

ともかく、寛助は、「法門の棟梁」として、「威は天下に満ち、名は海外に聞ゆ。」[47]といわれた覚行法親王、ついで「天下第一の僧」[48]といわれた覚法法親王を補佐する立場で活躍し、最終的には上級貴族に准じられる大僧正に任じられたが、[49]それだけでは「法の関白」・「法師関白」と称された事情は、十分に明らかになったとはいえない。したがって、寛助の活動内容を、さらに具体的に検討する必要があろう。その場合、たとえば元禄十五年（一七〇二）に成立し

た『本朝高僧伝』巻第五十一では、寛助は孔雀経法・北斗法を修することが約二十度に及び、そのすべてにおいて法験をえたため、「王公士庶」が恭敬しないことはなく、「法の関白」と称されたのであるとの説明をしており、また櫛田良洪氏も、寛助は真言密教の法験を無言のうちに示し、僧俗より帰依を受けて、その結果として「法の関白」と謳われたものとされておられるが、[50]これらの法験にまつわる説明は、後世の付会であろうから、修法以外の面に注目するべきである。というのは、寛助は密教僧であるから、『御室相承記』・『仁和寺御伝』などに記されているように、八度の勧賞を受け、十七度の孔雀経法を修したとされるし、もちろんそれ以外にも公請に応じて数多くの修法をこなしているのである。[51]ただし、それらのこと自体は、当時の他の高僧らと比較してみると、確かに多い方ではあろうが、それは密教の高僧であることを考慮するならば、それほどに特別なことともいえないのである。むしろ何故に「法」(仏法)の「関白」であるのかが、問題であるといえよう。

したがって、修法も無視することはできないとはいえ、まず、東密僧である寛助が、前述のように、鳥羽殿における修法の結果として、天永元年(一一一〇)六月に本房である成就院に五人の阿闍梨を設置でき、白河法皇の皇子である覚法法親王のいわば後見役的な立場にあったことに注目するべきである。この阿闍梨設置と、それ以上に覚法法親王の後見役的立場にあったことは、多数の弟子らを集める結果となり、「果して寛助は広沢一流の元祖となる」と評されるように、[52]広沢流の法流を発展させることになったのである。また、天永三年(一一一二)八月、春日大社の塔建立の地鎮・鎮壇のことが論議をよんだときには、東密の代表としては寛助が摂政藤原忠実の諮問を受けており、「近代・寛助法印只一人長者たり」と記されるほどに、[53]高く評価されている。そして、そのことをもって寛助は、永久元年(一一一三)九月には、東寺恒例の灌頂の労二年を経た阿闍梨は、次第に権律師に補任されるべきことを申請して許され、[54]

同年十一月に東寺に定額僧十人を増任することも申請して許されている。[55]その結果、東寺には五十人の僧侶が止住することになったが、永久四年（一一一六）七月に寛助は、東寺に安居講を再興してもいる。[56]そのうえ、その東寺灌頂は、寛助の申請により朝廷の執り行う毎年の公事とされ、上卿・弁・外記・史以下が参向して開催されることになったのである。[57]このように、寛助は、真言密教の根本道場である東寺の発展に尽力したが、他方では仁和寺においても、白河法皇に申請するかたちで、天仁二年（一一〇九）十月には、教学の発展をはかることを目的に、伝法会を創始することに成功し、[58]また永久二年（一一一四）六月には、鎮守講を創始してもいるのであった。[59]そのほか、東寺長者であった寛助は、十世紀前期の観賢以来のこととして東寺長者が金剛峰寺の座主を兼任する慣例にならって、金剛峰寺の寺務を担当する役割も担ったが、それは単なる名目としての名誉職であったわけではない。たとえば、永久三年（一一一五）二月には、その高野山奥院に修理を加え、元永元年（一一一八）八月からは山籠職を設置するなどして、同年十月までに同寺の供僧を四十八人にまで増加させ、同年十二月には後世の「富者の万灯・貧者の一灯」につながる奥院常灯の点灯を命じている。[60]そして、寛助は、その入寂する三カ月ほど前の天治元年（一一二四）十月にも鳥羽上皇とともに高野山に登り、そこで西塔再興の院宣をえることに成功しているのである。[61]

しかしながら、寛助の希望がそのままにすべてかなえられたというわけではなく、天仁二年（一一〇九）十一月に、広沢流の祖師に当たる故大僧正寛朝（宇多天皇の孫）に対する諡号を要請したものの、ついにその勅許はえられなかった。[62]そうではあるが、寛助が東密の発展に大きな貢献をなしたということには、異論がないところであろうし、その仏教界において果たした手腕は十分に認められるところであろうが、その活動の背後には、「威は四海に満ち、権は一天に振るひ、生涯の営み、仏事にあらざるはなし。[63]」と記された白河法皇の存在のあったことを忘れてはなるまい。こ

の法皇は、法勝寺以下多数の寺院を建立し、それらの寺院内の数多くの堂塔・仏像をつくらせ、「秘法修善千万壇」[64]といわれるほどの善根を積んだとされ、仏教に執心した一面をもっていた。かつ、この白河法皇の時代は、そのような法皇の性格を反映するかのように、あるいはその法皇の意向に添うかのように、秘密修法の爛熟期に当たり、白河法皇自身もそれらの修法を行わせ、しだいに多壇化や新奇特異な別尊法の発達が促されたのであるが[65]、寛助も天永元年（一一一〇）正月に、白河法皇の息災延命を祈るための大北斗法を修し[66]、また永久元年（一一一三）四月に、延暦寺衆徒らの嗷訴などを鎮めるために大威徳調伏法を修したこともあったのである[67]。

要するに、寛助による東密隆盛の背景としては、白河法皇の推進した仏教政策の存在が大きかったと想定できるのである。そして、その仏教政策とは、密教の興隆を中心とするものであったともいえるが、それは前述のように、東密を第一にして台密を第二とするが、その台密のうちでも寺門派をより尊重するもののようである。もう一例をあげれば、「平等院僧正」を通称とし、後世には園城寺中興の祖と仰がれることになった行尊（参議源基平の子、権大僧都覚意の弟）も、寛助とともに鳥羽天皇の護持僧となり、以後は僧綱となって昇進していき、とくに鳥羽上皇や待賢門院（藤原璋子）らの信任をえることになるが、白河院政期においては天台宗内の山門派と寺門派の抗争・対立が災いとなって、寛助より昇進は遅れ、寛助の入寂直後に法務・大僧正に就任しているのである[68]。

ところで、この行尊の場合にもみられることであるが、当該期の高僧のなかには、院近臣的活動を行っている者が存在する。たとえば、行尊の場合、その壇所ないし宿坊が、しばしば廷臣らの「閑談」の場所となり[69]、ときには行尊自身が白河法皇の使者として有仁王（輔仁親王の子）の婚姻の打診を行い[70]、また廷臣らの要望を白河法皇や鳥羽上皇にとりつぐという役割も演ずるなど[71]、世俗のことにも関与している。同様なことは寛助の場合にもみられ、廷臣らは寛

助の僧房や壇所を訪問し、寛助から「院の御気色」を承って帰ることさえあった。(72) それればかりではなく、寛助は、仁和寺およびその所領の支配に関しても、実質上の管領者として活躍している。たとえば、永久二年（一一一四）七月九日に伊予守藤原基隆が仁和寺辺に九体丈六堂を建立・供養し、その同じ日に仁和寺北院の経蔵も再建供養されたが、(73) その直前にそれらの建築資財である材木を仁和寺辺の悪僧らが勝手に交易するなどし、いわば悪僧らによる押領事件が問題化したとき、寛助は白河法皇に上奏するなどして検非違使の動員をはかり、その解決に尽力した。(74) また、同年八月に威儀師賢俊が仁和寺領清水荘の年貢使を殺害した法師をかくまったときも、寛助は白河法皇に報告してその処分を要請した。(75) さらには、同年十一月に、関白藤原忠実の御厩舎人殺害の容疑者らが寛助の管領下の荘園内に滞在しているとのことで、寛助は白河法皇から出頭を命じられてもいる。(76)

そのほかにも、元永元年（一一一八）七月には、阿波国司が同国内の仁和寺宮（覚法法親王）の所領内に千町ほどの加納と山野が取りこめられていることを白河法皇に訴え出ることがあったが、この訴訟解決の過程をみると、当時の仁和寺宮領の実態がある程度は明らかになるのである。(77) すなわち、もともと仁和寺宮（入道親王性信）の「旧荘」であったとの由緒で、天永元年（一一一〇）九月に院庁下文の発給が行われて、阿波国内に改めて仁和寺宮（覚法法親王）領が設定されたという。そして、その当初は威儀師顕俊(78)の「沙汰」であったという。だが、翌年正月には、前蔵人所雑色源実俊(79)に二百余町が預けられ、残りの七十余町は、寛助の申請で顕俊の子である「小僧」に一旦は預けられたというが、まもなく房人（仁和寺宮庁の職員）の僧静兼に預け直されたという。この場合の源実俊と僧静兼とは、いわゆる院領預所(80)に就任したことになるが、その決定に寛助も関与しているわけである。なお、国司側の報告によれば、この荘園は、もともと冷泉院の荘園として免田十一町であったものが、その後の相伝をへて二条関白（藤原教通）に寄進さ

れたときから三十七町になったという。そうであるのに、前国司のときには山野田畠千五六百町もが押入れられたというのであるが、この指摘にはさすがに寛助も反論できなかったらしく、結局はもとの三十七町のみが国免荘として認可されることになったのである。この訴訟事件の際、寛助が阿波国内の仁和寺宮領の実態を仁和寺別当として熟知していたかどうかは不明であるが、荘領拡大の過程はともかくとしても、一旦は山野田畠千五六百町もが寄せられたところから、当時の仁和寺宮の権勢のほどは窺い知られるところである。

そのうえ、この訴訟事件解決の翌年に発生した肥前国藤津荘をめぐる刑事事件(81)をみると、よりいっそう寛助の世俗上の手腕のほどがわかる。その事件の中心地となった藤津荘は、やはり寛助の支配下にあり、当時すでに仁和寺領であったと思われるが(82)、ともかくその荘司（荘官）であった平清澄が何らかのことで寛助によって「勘当」されたことから事件は始まった。すなわち、その「勘当」は、元永元年（一一一八）の冬のことであったというが、平清澄は寛助の命令により京都に召喚され、そのまま拘禁されたのである。そのため、代わりの荘司として僧範誉が藤津荘へ下向したのであるが、その範誉は平清澄の子である直澄を呵責したばかりか、直澄が父の粮料（食料）を京都に送ろうとしたのを、三、四度も抑留してしまったという。そこで、そのことに怒った平直澄は、範誉およびその妻や従者らを捕え、孤島にとじこめたうえ食料も与えず、さらにはその従者のうち、五、六人の首を斬ってしまったのである。こうしたことから、寛助もそのままにはしておけず、善後策をとったのであろうが、前述したところの訴訟事件解決の過程をみると、おそらく白河法皇の裁断を仰いだものであると思われる。それは、結局平正盛に対する「追捕宣旨」の交付というかたちとなり、元永二年（一一一九）十二月二十七日には、平直澄の首とともに、その九州から連行された縁坐・連坐人らが、京都の川原で検非違使側に引き渡されたのであった。このことは、白河法皇の保持するとこ

ろの親衛部隊が動員されたことを意味しているが、[83]その動員は寛助が要請した結果であろうから、そこには寛助の要請で武力発動も可能であった実態が示されているのであり、またそれを可能ならしめた寛助の力量をも認めることができるのである。

そうした寛助の活躍は、仁和寺関係に限ったものではなく、彼が関係した他の寺院に関してもみられるようである。たとえば、天永三年(一一一二)四月二十五日に東寺一長者となった寛助は、同年九月十日に東寺側からの解状を太政官に提出して、東寺領丹波国大山荘の確認を要請している。[84]これに対して、丹波国司藤原忠隆は、荘園整理方針を示して抵抗したが、[85]寛助側は「堀河院の御願」を強調し、[86]結局、永久二年(一一一四)十一月二十六日付太政官牒により、[87]同荘を確保することに成功している。また、この前後にも、寛助は、東寺の末寺化した讃岐国善通寺の解状に対応して、讃岐国司の要求する国役・雑事の納入を停止するべきことを命じ、[88]東寺末寺の大和国弘福寺領広瀬荘使からの要請を受けて、[89]それに対応するべく自己の政所下文を発給し、摂政藤原忠実家領大和国平田荘からの干渉排除に保障を与えてもいる。[90]このような東寺およびその末寺の当該期における活発な動きは、網野善彦氏も指摘しておられるように、[91]寛助の活動によるところが大きく、河内国観心寺領では、「仁和寺僧正御房(寛助)の仰せ」によって、「臨時雑役切物等」を同国司が免除しているし、[92]元永元年(一一一八)四月二十八日に東大寺別当に補任されてからは、東大寺領支配についても活躍が認められるのである。[93]

五　結　論

以上、本稿では、宇多源氏出身の東密僧の立場にありながらも、院近臣として活躍した寛助を中心に検討してみた

にすぎないが、結論からいえば、仏教寺院の内外で活躍した院近臣僧とは、仁和寺を中心とする仏教界編成を推進する白河法皇にとっては、必要不可欠の存在であることがわかった。すなわち、俗人の院近臣などでは十分になしえない寺院内部からの仏教界編成、ひいては仏教興隆策を実現していく場合、院政下においては、そのような院近臣僧がなくてはならなかったといえるのである。それは、より具体的には、白河法皇が、仁和寺宮を中心とする仏教界編成およびその興隆を構想したとき、その内部の僧侶の人事、寺院財政確保、さらには新たな修法創造などについては、白河法皇といえども自分自身ですべてを執り行うことは到底不可能なのであり、それを補佐する存在が必要とされるが、その存在こそが寛助のような院近臣僧であったといえよう。換言すれば、寛助や行尊のような院近臣僧らが、仏教寺院関係のことを差配してこそ、白河法皇による仏教興隆策は機能していったとみられるのである。そして、その院近臣僧のなかでも、白河院政期において特別に目立つ存在であったのが、寛助であったろう。そのため、「法の関白」と称されたのであろうが、その意味するところは、「仏法」（仏教）の興隆に対して、「関白」のごとく法皇を補佐することで、大いに活躍した僧侶であったというほどのものであったろう。ちなみに、寛助が入寂した天治二年（一一二五）正月十五日から、ちょうど四年後の大治四年（一一二九）正月十五日に薨去した権中納言藤原顕隆は、「夜の関白」と称されたというが[94]、その顕隆は「天下の政、この人の一言にあるなり。威は一天に振るひ、富は四海に満ち、世間の貴賤、首を傾けざるはなし。[95]」と評されている。一方、寛助の方は、「僧正までなりて、鳥羽院の御時は生き仏と思しめしければ、世をわがままにして、法師関白とまでいはれ給ひけり。[96]」と評され、顕隆のような俗人ではないため、富の蓄積には言及されてはいないが、やはり「世をわがままに」したとされる。そして、それは「鳥羽院の御時」というから、嘉承二年（一一〇七）七月の鳥羽天皇の践祚以降の寛助の晩年のことであったことになるが、確かにその頃の

寛助の活動には、現存史料からみても、目を見張るものがあるのである。

とはいいながらも、寛助はやはり僧侶であったので、その真摯な信仰心を物語る説話も残されており[97]、すでに指摘したように、まことに多くの修法をも執り行っているのである。そのため、『本朝高僧伝』のなかでも、弘法大師（空海）以後に傑出した僧侶は多いが、寛助のような僧侶は稀有であり、実に「一時の有徳」と評されているほどである。

なお、白河院政期における仏教政策とは、すでに僧尼令的秩序は崩壊し、仏教界は世俗化した当時にあっては[98]、ややもすれば嗷訴を繰り返すような仏教勢力を抑制しつつ、白河法皇側から積極的に仏教界編成を推進していくものであったと思われる。つまり、何よりも「法皇」という称号が、それ自体として示しているように、自らを世俗におけるばかりか宗教界においても、最高権威をもつ存在に位置づけようとしたものであったともいえるのである。それは、かつても指摘したように[99]、白河・鳥羽・後白河の三代院政期における法皇らは、神仏両全思想を背景とした絶対的立場にあることを強調した起請文を作成させているが、当該期の仏教政策も、その指向するところはやはり共通していたものと想定されるのである。

註

(1)『玉葉』養和元年六月五日条。
(2)『尊卑分脈』第三篇三八七頁、『本朝高僧伝』巻第五十一、『仁和寺諸院家記』、『仁和寺諸師年譜』など。
(3)『十訓抄』下、第九ノ一。
(4)鮎沢寿『源頼光』（吉川弘文館、一九六八年）二〇三頁以下。

(5)『小右記』寛仁二年六月二十日・二十八日条、『栄花物語』巻第十四などによれば、源頼光の摂関家への財物をもっての奉仕は、当時の人々からみても並はずれたものであった。
(6)『栄花物語』巻第三十六、『続古事談』第二十、『御遊抄』など。
(7)『枕草子』八十段。
(8)『琵琶血脈』。
(9)萩谷朴編『平安朝歌合大成』四、百五十八。
(10)『尊卑分脈』第三篇三八七頁、『系図纂要』第八冊下などの系図では、師賢は政長の弟とされ、異母兄弟とされているが、『中右記』承徳元年閏正月四日条によれば、師賢の方が兄で、源頼光の娘を母とする同母兄弟とされる。詳細は、註(4)前掲書二一四頁以下参照。
(11)荻美津夫『平安朝音楽制度史』(吉川弘文館、一九九四年)三四頁、『和琴血脈』。
(12)『弁官補任』治暦元年～永保元年条。
(13)『中右記』永久二年三月二十六日条には、「仁証律師母卒去云、権僧正寛助妹并当時内大臣(源雅実)妹云々」と記されている。これは、寛助の母が再婚したためと思われる。すなわち、『尊卑分脈』第一篇六一・二二六頁、『今鏡』第五などによると、寛助の母は、六条右大臣と称された源顕房(雅実の父)とも結婚した経歴をもち、顕房との間に四条宮女房を儲けていることになる。その四条宮女房は、京極関白藤原師実(四条宮寛子の弟)と結婚し、寺門派の法印仁証、興福寺大乗院の大僧正尋範らを産んだらしい。なお、『尊卑分脈』第一篇六〇頁によると、尋範の母は後二条関白藤原師通の母と同じく、右大臣源師房の娘(麗子)と記している。
(14)『大日本史料』第三編之四、六〇九頁以下。
(15)拙稿「後三条政権論」(『院政時代史論集』所収、続群書類従完成会、一九九三年)。
(16)『今鏡』第八。

(17)『尊卑分脈』第三篇三九一頁、『本朝皇胤紹運録』。
(18)『本朝皇胤紹運録』。
(19)『尊卑分脈』第三篇三九〇頁、『僧伝史料』二、一五五頁。
(20)本稿の「寛助の略歴表」参照。この表は、『御室相承記』、『僧歴綜覧』、『僧伝史料』などを中心として作成したが、月日等の異同については、『御室相承記』や古記録類の記載を優先している。
(21)註(13)に同じ。
(22)岡野浩二「伝法阿闍梨職位と有職」(虎尾俊哉編『律令国家の政務と儀礼』所収、吉川弘文館、一九九五年)。
(23)『大日本史料』第三編之七、五三四頁以下。
(24)加来大忍「広沢流」(『平安時代史事典』本編下所収、角川書店、一九九四年)。なお、櫛田良洪『真言密教成立過程の研究』(山喜房仏書林、一九六四年)一四八頁によれば、真言密教の小野流と広沢流が、実態上ではいつ成立したかは不明であるものの、法流の名目は院政時代以後の所産と考えられるようである。
(25)『真言血脈』。
(26)角田文衞「仁和寺」(前掲『平安時代史事典』本編下所収)。
(27)『御室相承記』。
(28)『御室相承記』、『法勝寺金堂造営記』、『水左記』承暦元年十二月十八日条など。
(29)『今鏡』第八。
(30)『中御室御灌頂記』。
(31)『僧歴綜覧』、『護持僧次第』、『寺門高僧記』、『寺門伝記補録』など。
(32)『本朝皇胤紹運録』。
(33)『天台座主記』、『梶井門跡略系譜』。

(34)辻善之助『日本仏教史』第一巻上世篇、八四〇頁以下。
(35)『中右記』嘉承元年十月二十二日条。
(36)『大日本史料』第三編之五、九八四頁以下。
(37)『真言宗派図』の覚行法親王の付記には、「大御室入滅之間、十一歳御寺務云々。一向寛意大僧都御房奉持。」と記されている。
(38)『中右記』寛治六年三月十九日条。
(39)興福寺本『僧綱補任』。
(40)『仁和寺御伝』。
(41)牛山佳幸「僧綱制の変質と惣在庁・公文制の成立」(『古代中世寺院組織の研究』所収、吉川弘文館、一九九〇年)。
(42)『仁和寺諸院家記』。
(43)『仁和寺諸院家記』、『仁和寺諸堂記』など。
(44)『御室相承伝』、『諸門跡伝』。
(45)『御室相承記』。
(46)『大日本史料』第三編之十、九一五頁以下。
(47)『中右記』長治二年十一月十九日条。
(48)『長秋記』長承三年十月二十五日条。
(49)『釈家官班記』によると、建武二年(一三三五)正月の宣旨で、大僧正は「二位大納言」に准ずる身位とされている。また、寛助は、『御室相承記』や『仁和寺御伝』などによると、保安二年十月に大僧正に任じられた拝賀の日、済信大僧正の先例にならって庇車(廂車)が許可されたという。この庇車が上皇・女院・摂政・関白・大臣・大将などの乗用車であったことは、いうまでもない。さらに、『御室相承記』によると、覚法法親王と摂政藤原忠通が寛助の病気を見舞うに

際して、成就院に四足門が立てられたというが、この四足門が親王家・大臣家以上の第宅にのみ許される格式のある門であったことも、これまたいうまでもないことであろう。
(50)櫛田良洪『覚鑁の研究』(吉川弘文館、一九七五年)四六・四七頁。
(51)寛助が、公請に応じて奉仕した修法については、註(50)前掲書五九〜六五頁の表を参照。なお、この表にみるように、寛助の奉仕した修法の祈願の趣旨の多くは、白河法皇の「御祈」・「御願」であったことが確認できる。
(52)『仁和寺諸師年譜』。
(53)『中右記』天永三年八月五日条。
(54)『朝野群載』巻十六、『東宝記』第四、『殿暦』永久元年十月二十九日条。
(55)永久元年十一月十六日付寛助奏上案、同年十一月十九日付太政官牒(ともに「東寺文書」甲号外二)。
(56)『表白表』(『続群書類従』第二十八輯上所収)。
(57)『中右記』永久二年九月二十七日条。
(58)『三僧記類聚』、『初例抄』など。
(59)『仁和寺流記』、『表白表』(『続群書類従』第二十八輯上所収)。また、その『表白表』によれば、同じ永久二年十二月には、仁和寺成就院において仁王講も行われていることがわかる。
(60)『高野山奥院興廃記』。
(61)『高野御幸記(天治元年高野御幸記)』。
(62)『大日本史料』第三編之十、七四八・七四九頁。
(63)『永昌記』大治四年七月七日条。
(64)『中右記』大治四年七月十五日条。
(65)速水侑『平安貴族社会と仏教』(吉川弘文館、一九七五年)一〇四頁以下。

(66)『殿暦』天永元年正月十日条、『東寺長者補任』など。

(67)『永久元年記』永久元年四月十六日条。

(68)『元亨釈書』、『寺門高僧記』、『寺門伝記補録』、近藤潤一『行尊大僧正――和歌と生涯――』(桜楓社、一九七八年)など。

(69)『長秋記』天永二年八月二十七日・同年九月四日・天永三年八月二十三日・同年十二月八日・保延元年二月五日条、『中右記』大治四年八月二十四日・大治五年九月二十一日・長承元年閏四月六日・長承二年二月三日条など。

(70)『長秋記』元永二年八月七日条。

(71)『中右記』大治二年正月九日条、『長秋記』長承二年九月十五日条など。

(72)『中右記』保安元年十二月十九日・二十三日条、『永昌記』天治元年五月四日条など。

(73)『中右記』永久二年七月九日条、『三僧記類聚』。

(74)『中右記』永久二年六月三日・十八日・同年七月四日条。

(75)『中右記』永久二年八月十六日条。

(76)『中右記』永久二年十月二十七日・十一月朔日・七日条。なお、この殺害事件の犯人八人等は、同年十一月七日までに、寛助側から関白藤原忠実のもとへ送られたらしいことがわかる。

(77)『中右記』元永元年七月二十五日・八月五日・七日・十一日・十二日・九月一日・九日・十一日条。なお、『御室相承記』、『仁和寺御伝』、『古事談』第三などによれば、元永元年に問題化した阿波国内の仁和寺宮領とは、同国篠原荘のことであるとみてよいであろう。ちなみに、治暦二年五月二十五日に、藤原教通の背中の腫物を修法により治癒させたことへの謝礼として、同荘は入道親王性信へ教通から進呈されたという。そして、入道親王性信の薨去後、同荘の年貢は、その遠忌用途に充てられたとされる。

(78)この威儀師「顕俊」とは、前出の威儀師「賢俊」と同一人物であろう。とすれば、『中右記』永久二年八月十六日条には「老者不覚者」とみえ、また同記の元永元年八月十二日条によれば、そのときまでの間には「死去」していたことになる。

なお、威儀師とは、いうまでもなく僧綱に昇る前段階に位置する役職で、法会等の際に儀式の容儀を整えることを任務としていたが、当時は法務寛助のもとで僧綱所の実務を担当する役目も担っていたのであろう。詳細は註(41)牛山前掲論文参照。

(79)『尊卑分脈』第三篇一四一頁と『中右記』元永元年八月七日条によれば、源実俊は、源頼光の嫡子頼国の孫に当たり、「もとより相人なり。天下の衆人、皆信受。」と記されたように、著名な相人としても知られていた。また、『僧歴綜覧』や『御室相承記』もみると、この源実俊の子には、仁和寺に入寺し、覚法法親王から灌頂を受けて、その弟子となり、円宗寺執行や法金剛院寺主などに就任した寛実がいる。

(80)拙稿「院領荘園支配機構とその性格」(註(15)前掲書所収)。

(81)『長秋記』元永二年十二月二十七日条。

(82)永仁六年六月十一日付伏見天皇綸旨(「仁和寺文書」、『鎌倉遺文』第二十六巻、一九七〇六号)には、「代々寺家進止」とみえている。また、寛助が伝法灌頂を授けた覚鑁(広沢六派のうち伝法院流の祖)は、肥前国藤津荘の総追捕使伊佐平次兼元の子と伝えられ、その伝記にも「此荘本家仁和寺成就院大僧正御房」とみえている(『興教大師伝記史料全集』第一編伝記四五頁)。

(83)高橋昌明『清盛以前――伊勢平氏の興隆――』(平凡社、一九八四年)一四三頁。

(84)天永三年九月二十三日付官宣旨案(「東寺文書」射、『平安遺文』第四巻一七七三号)。

(85)天永四年二月一日付鳥羽天皇宣旨案(「東寺文書」射、『平安遺文』第四巻一七九〇号)。

(86)天永四年三月七日付東寺所司等解案(『教王護国寺文書』三五号)。

(87)「東寺文書」無号之部・「東寺百合文書」ヤ・「白河本東寺百合文書」一四三号、『平安遺文』第五巻一八一一号。

(88)天永三年九月二十七日付東寺牒(「東寺文書」礼、『平安遺文』第四巻一七七四号)。

(89)天永三年十月九日付弘福寺領大和国広瀬荘使解(「東寺百合文書」せ、『平安遺文』第四巻一七七九号)。

(90)天永三年十一月二日付法印権大僧都房政所下文案（『教王護国寺文書』三四号）。
(91)網野善彦『中世東寺と東寺領荘園』（東京大学出版会、一九七八年）八七頁以下、九九頁の註(60)。
(92)元永二年九月日付河内国司庁宣案（「観心寺文書」、『平安遺文』第五巻一九〇一号）。
(93)元永二年八月三日付東大寺政所下文案（「東大寺文書」四ノ二、『平安遺文』第五巻一九〇〇号）、大治四年十一月二十一日付東大寺所司解（「平岡定海氏所蔵文書」、『平安遺文』第九巻四六九三号）、久安三年五月十六日付官宣旨案（「百巻本東大寺文書」四〇号、『平安遺文』第六巻二六一一号）など。
(94)本書第Ⅲ章。
(95)『中右記』大治四年正月十五日条。
(96)『十訓抄』下、第九ノ一。
(97)『続古事談』第四ノ二十。
(98)平雅行『日本中世の社会と仏教』（塙書房、一九九二年）四六六〜四六九頁。
(99)拙稿「三代起請と院庁牒・院庁下文」（註(15)前掲書所収）。

V　二位法印尊長と院政

——院政時代における院近臣僧の変質——

一　緒　言

安貞元年（一二二七）六月八日、承久の乱の「張本」のひとりである二位法印尊長が没した。[1] それは、実に乱後足掛け七年目に当たり、満六年間にもわたる逃亡・隠遁生活を経てのことであった。他の「張本」等が早々に逮捕されて処罰を受けたことに比較すれば、驚くべきことであろう。

その当時、藤原定家が巷説も交えて記したところによれば、[2] 乱後の尊長は、熊野や鎮西にも赴き、この三年間ほどは洛中に潜伏していたというが、和田義盛の孫である朝盛（兵衛入道）や、その従父兄弟に当たる山法師の伯耆房らを相伴い、あるいは太秦宮（真禎）なども介して、比叡山延暦寺や熊野三山とも連絡をとり、大規模な蜂起を企図していたという。また、朝盛らの裏切りで、六月七日に六波羅探題に密告されて逮捕されるときには、押し寄せた探題側の武士らを傷付けたうえで、腸が出るほどの自害をはかったという。ただし、死にきれずに六波羅へ車で連行されることになるが、到着してからも、早く頭（首）を斬るか、もしくは北条義時の妻が義時に与えた薬で自分を殺害せよと語り、その場の人々を驚かせたという。さらには、共謀者等のことについては口を割らず、「六波羅殿ともあろう者ならば、氷ぐらいはあろう。」と、氷を要求して食したのち、帷に着替え、手に仏を懸けて声高に念仏を唱え、坐しながら臨終を迎えたという。その場の武士らは、往生したと称し、屍臭もないところから讃歎したという。こうして、尊長は、遺言のとおり、川原に曝されることもなく、そのまま東山の円明寺に埋められ、斬首もされずに反って、その周囲の人々に異口同音に称美されたという。

このように記録された尊長の死様は、いくら承久の乱から数年を経た後のこととはいえ、きわめて異例なものと

いってよいのであろう。すなわち、尊長は、単に逃亡・隠遁しつづけたというのではなく、大胆にも六波羅探題という鎌倉幕府の出先機関が所在する洛中にも潜伏し、なお挙兵を計画しつづけていたという行動力・組織力を、乱後も維持していたのである。そのうえに、どの程度の信憑性があるかは別として、北条義時がその妻によって毒殺されたというようなことを口にしているところをみると、世人を驚かすほどの幕府内の機密も把握していた嫌いがあり、その情報収集力もかなり発達していたであろうことを垣間見させてくれるのである。そのようなこともあってか、あるいは自害した潔さに感服してのことか、はたまた執権北条泰時の指示を仰がなければ迂闊には処罰できなかったからか、その詳細な事情については知ることができないものの、六波羅探題（北方は北条時氏、南方は北条時盛）の処置は、いずれにしても結果としては寛大なものであったといえよう。(3)

こうした尊長に対する対応をみると、かつて院近臣僧であった尊長という人物は、単に院に近侍していただけではない、何ものかを持っていた存在のように思われてならない。そして、その死様だけからみても、白河院政期に活躍して「法の関白」とも称された寛助の姿とは、随分な違いがあったといってよいようである。どうも、この両者を対比してみると、少なくとも院政時代の前期と後期とでは、院近臣僧の役割あるいは本質には、大きな差異・変化が生じていたものと認められるのである。

したがって、前稿では寛助についての検討を試みたので、(4)本稿では尊長を中心に院近臣僧というものを、もう一度具体的に検討し直してみることにしたい。

二　出自と身位

そこで、まず、『尊卑分脈』をもとに作成した系図Ⅰによって、(5)尊長の家系をみることにする。

これによると、尊長は、藤原道長の次男頼宗の子孫ということになるが、父の一条能保は源頼朝の義弟に当たり、その信任を得ることに成功し、北条時政に代わって京都守護に就任したことは、周知のとおりである。

ところで、この能保以前に武門との関わりがあったのは、その曾祖父基頼であった。彼は、右大臣俊家の四男に当たり、白河院政開始の頃には院判官代として活躍し、(6)中務大輔を極官としたようであるが、康和五年（一一〇三）十一月に陸奥守に就任すると、(7)翌年五月には鎮守府将軍を兼任している。(8)そして、陸奥守兼鎮守府将軍として、遙任ではなく、自分自身任地へ赴任していたようである。(9)そのため、いうまでもなく、平泉を本拠としていた東北の覇者藤原清衡とも交流をもったはずである。さらに、当時としては異例とされた陸奥守の重任を果たし、(10)その任終に及んでは、大原野神社造営の成功により武蔵守への遷任を望んだこともあったが、(11)『尊卑分脈』の注記では、「越前守、能登守、重任常陸介」とみえ、(12)さらに「武略に達し、出羽・常陸ならびに北国の凶賊を討ち、将軍の宣旨を蒙る。」とみえる。かつ、「弓馬を嗜み、鷹犬を好む。」とも注記されている。これらの記述は、彼の経歴からみると、あながち後世の付会とはいえないように思われるのである。

ついで、注目するべき人物は、その基頼の子で尊長の曾祖父に当たる通基であるが、彼は武蔵守・因幡守・丹波守などの地方官に就任し、(13)一方では待賢門院庁別当、左京権大夫などの京官にも就任して、(14)『尊卑分脈』によれば、最終的には大蔵卿に到達している。こうした経歴をもつ彼は、官位の面からみれば、父基頼よりは一ランクの上昇を果た

〈系図Ⅰ〉

- 道長（摂政・従一位）―頼宗（右大臣・従一位）―俊家（右大臣・正二位）―基頼（中務大輔・正五位下）―通基（大蔵卿・正四位下）
  - 通重（丹波守・従四位下）―能保（権中納言・従二位 母は徳大寺公能の娘）
    - 高能（参議・従三位 母は源義朝の娘）
      - 頼氏（左兵衛督・従二位 母は松殿基房の娘）
      - 能氏（少将 母は左衛門尉有季の娘）
    - 信能（参議・従三位 母は江口遊女）
    - 実雅（参議・従三位 母は家女房・藤原有恒の娘 西園寺公経の養子）
    - 能全（山・律師）
    - 能性（仁・法印 母は仁操の娘）
    - 長能（仁・法印・権少僧都・石山座主）
    - 尊長（山・法印・法勝寺執行）
      - 長覚（山・阿闍梨）
      - 能全（山・僧都）
      - 仙尊（山・阿闍梨）
    - 九条良経の北政所（母は高能に同じ、摂政道家の母）
    - 中院通方の室（内大臣通成の母）
    - 西園寺公経の室〔全子〕（太政大臣実氏の母）
    - 花山院忠経の室〔保子〕（右中将忠頼の母）
    - 円助法親王の母
  - 基家（権中納言・正二位）
  - 良基（山・阿闍梨）

したことになるが、それは中央での活躍に中心を置いていた結果であったろう。その顕著なものは、大治五年（一一三〇）、洛北に安楽光院と称する九品阿弥陀堂を建立した際、その供養には鳥羽院の臨席を仰ぎ、「舞曲・勅禄」があり、「家の眉目」を施したということであったろう。[15]ちなみに、この安楽光院とは、もともと康和年間（一〇九九〜一一〇四）に、基頼が建立していた持明院という持仏堂を、新規に拡張して建立したものであったが、その建築を機に持明院の名称は安楽光院と改称され、代わって以後はその安楽光院に隣接・付属した邸宅の方を新たに持明院と呼称することになったらしい。そのためもあって、基頼は、後世羽林家となる持明院家の祖にされているのである。そして、この仏堂（安楽光院）を伴う持明院という邸宅は、通基の没後には、その未亡人である上西門院の乳母一条に渡り、さらにその子基家へと相伝され、基家の妻（平頼盛の娘）が守貞親王（高倉天皇の皇子、後高倉院）の乳母であった関係から、のちには持明院統（後深草天皇の皇統）の本拠地へと発展していくのである。[16]

他方、通基の未亡人である一条（大蔵卿源師隆の娘）は、息子の通重に先立たれると、通重の子である能保を養育し、この能保には一条室町の邸宅を譲与した。[17]これにより、能保は一条を家名としたのであるが、その父の通重も一条と号していたのであるから、久安四年（一一四八）十月に通基が没したことを機に、一条家と持明院家が分立した形になり、持明院家の方は「馬芸・鷹匠・小弓」などを家業とするに至ったようである。[18]だが、一条能保も、左馬頭や左右兵衛督などを歴任して権中納言にまで昇進していったところをみると、基頼以来武芸を好んだ一門の伝統を引き継いでいるように思われる。とりわけ、清和源氏の嫡流である源義朝の娘婿になっているところには、その傾向が顕著に現われているといえよう。さらには、いまだ鎌倉幕府の基盤が確立していない元暦元年（一一八四）四月頃にも、すでに鎌倉へ下向して、源頼朝と花見・船遊びなどを行い、[19]翌文治元年五月以降は、頼朝の相談役にもなるなど、[20]武家と

の交流を深めていったようである。

ただし、この一族の発展の要因として見逃すことができないことは、皇室との関係であり、前述の上西門院の乳母一条も、もとは夫の通基と共に待賢門院に仕えていたし、[21] それ以前には基頼も娘の能子を鳥羽朝に典侍として出仕させていた。[22] また、通基の娘である休子（七条修理大夫藤原信隆の妻）が産んだ殖子（七条院）は、平徳子（建礼門院）に仕えたのち、高倉天皇の典侍となり、守貞親王（後高倉院）と尊成親王（後鳥羽院）を産んでいる。[23] そして、能保も、文治三年（一一八七）には娘の保子を未婚ながらも乳母として宮中に入れていたのであった。[24] さらに、能保の場合は、後白河院の皇子である道法法親王（後高野御室）と真禎（太秦宮）らを産んだ三条局を妻に迎え、能性を儲けているようであり、[25] 娘のうちでも末子に当たるであろう右衛門督局は、能保の没後かなり後のことであるが、後嵯峨院の皇子である円助法親王を産んでいるのである。[26]

このような中で、尊長は成長していくことになるわけであるが、彼は能保の嫡男ではなく、その母も定かではない。したがって、尊長は、能保の本拠である一条室町の邸宅で、必ずしも育ったというわけではなさそうである。しかしながら、系図Ⅰからもわかるように、能保は複数の妻妾をもってはいたものの、その父通重が「早世」した影響もあってか、その中には有力な公卿層から迎えた妻は存在しなかったようである。そのため、結果的には、源義朝の娘が能保の嫡妻の地位についたと推定されるが、それも能保自身が当初から考慮していたことではなかったとも考えられ、その嫡男能高の昇進過程から推測すれば、源頼朝の登場による影響ともみられる。ともかく、尊長は、父能保の若年時の立場もあってのことか、あるいは母方の影響からか、嫡男とは認められずに、当時の通例として入寺することになったと考えられる。とすれば、その「出家」は、おそらく尊長自身の欲求ではなかったであろう。ちなみに、

女性の姉妹五人は、父能保が鎌倉幕府を背景とした政治力を有することになった影響からか、皇族・摂関・清華家などの有力者と結ばれていくが、男性の方はそうはいかなかったようである。すなわち、その男性の兄弟七人のうち、三人は参議にまで昇進した公卿への道を歩んだが、残りの四人は僧籍に入ることになったのである。

けれども、その四人とも、全くの凡僧としての一生を送ったわけではなく、貴族層出身の僧侶らしく、いずれも僧綱クラスにまでは到達している。具体的には、前述の能性と、その弟と思われる長能の二人は、真言宗仁和寺に入寺し、それぞれ僧位としては最高の法印（法印大和尚位）に叙されている。一方、尊長も、一時は仁和寺に滞在したらしいことは、後述するとおりであるが、のちには正式に天台宗山門派の延暦寺へと所属を変更し、結局のところ、能全と尊長の二人は延暦寺に入寺して、それぞれ律師（僧綱の三等官）と法印になっているのである。なお、『尊卑分脈』では、尊長の子にも「能全」の名前がみえ、その注記には「僧都」（僧綱の二等官）とあるので、『尊卑分脈』では尊長の兄とされている能全は、院近臣僧として活躍した尊長の猶子（あるいは養子）となることで、律師から僧都へと昇進した可能性が大きいとみられる。[27] ともかく、この四人の兄弟は、仁和寺と延暦寺とに分かれて入寺したとはいえ、それぞれ高僧の地位へと登っていったのであるが、院近臣僧として顕著な活動をみせたのは、彼らの中でもただ尊長ひとりであった。

ところで、その父能保が、病気により出家したのが建久五年（一一九四）閏八月二日、[28] そして病没したのが同八年（一一九七）十月十三日のことであるから、[29] いずれにしても尊長は、その頃までには生まれていたことになる。そして、尊長は、『血脈類集記』[30] によれば、同七年（一一九六）三月二十二日、法務権僧正印性の付法の弟子となったことが知られ、さらに同書の注記には、そのとき三十一歳で備前僧都を通称としていたとみえる。ということは、それが正し

ければ、尊長は仁安元年（一一六六）に生まれたことになり、父能保が二十歳のときに儲けた子ということになる。(31)

ところが、『公卿補任』では、能保の「一男」と記されている高能は、建久七年（一一九六）十二月二十五日に参議に任じられたものの、その翌々年九月十七日には、二十三歳で没している。(32)この高能の享年は、『公卿補任』記載の高能の官位昇進過程から判断して、おそらく誤りがないであろうから、高能は安元二年（一一七六）の生まれとみられる。一方、尊長の方も、付法の弟子になるということは、若年ではありえないことであろうから、『血脈類集記』の記載には誤りがないものと思われる。そうであれば、尊長は高能よりも十歳も年長ということになり、『尊卑分脈』の記載順の兄弟関係は、そのままの兄弟順とはならないようである。そうなると、能保は、その男子七人の進路を、必ずしも長幼の順序で決定していたわけではなさそうである。それというのも、少なくとも、尊長と高能とを比較した場合、十歳もの年齢差がありながら、年長者である尊長の方を入寺させているのであり、高能を「一男」ということにして叙爵させたのが、元暦元年（一一八四）十一月十七日のことであったことをみても、(33)明白であるように思われる。

すなわち、高能が叙爵する頃は、いまだに治承・寿永の内乱は収まってはいなかったものの、同年十月に源頼朝は鎌倉において公文所・問注所などを設置して、その基盤を確固としたものにしていたのであり、前述したように、能保はその頃すでに頼朝との関係を深めていたのである。したがって、能保は源頼朝との交流を背景に、高能を叙爵させ、さらにその弟の信能と実雅らを建久四年（一一九三）と建仁三年（一二〇三）に、それぞれ叙爵させているとみられるのである。(34)しかも、「三男」とされる実雅は、『公卿補任』から計算すると、建久七年（一一九六）の生まれということになるので、能保が没する前年ということになるが、当時すでに出家していた能保は、その子の実雅を西園寺公経の猶子として託したようである。(35)このように、能保は、鎌倉幕府との関係が深まるなかで、三子を貴族として成長

させていくことに決したらしく、その三子よりも年長と考えられる尊長は、父の立場からは昇進の見込みがなかったからか、入寺させることにしたと想定されるのである。ともかく、尊長の弟に当たるであろう高能・信能・実雅らは、後述するところからも明らかになるが、当初から鎌倉幕府との関係のなかで、活動していくことになるのである。

なお、実雅を猶子として迎えた西園寺公経は、内大臣実宗の子であるが、母は持明院家の基家の娘であった(36)。また、その実宗の母も、基家の父に当たる通基の娘であったので(37)、実宗・公経の父子は、ともに持明院家を外戚としていることになり、その家系とは元来深い関係にあったことになる。そのうえ、公経は、能保の娘である全子を妻に迎え、嫡男の実氏を儲けているのであるから、今度は持明院家から分立した一条家との縁を結んだことになるが、大局的にみれば、またもや持明院家系との姻戚関係を維持したことになったといえるのである。そして、公経と全子との間に綸子が生まれたのが建久二年（一一九一）、ついで実氏が生まれたのが同五年（一一九四）であるので(38)、その頃までには能保は、西園寺公経を娘婿に迎えていることがわかるのである。さらに、同じ頃、同二年（一一九一）六月二十五日には、能保は「嫡女」の婿に九条良経（兼実の嫡子）を迎え入れ(39)、その他の娘らも中院通方（源通親の子）や花山院忠経の妻となったのである。これらの婚姻のうち、九条家との縁組には、源頼朝がとくに関与していたことが知られ、それは極めて政治的なものであったことを連想させるのである(40)。それに加えて、能保が、治承三年（一一七九）十一月の治承の変の頃から九条兼実との確執がみられる源通親とも(41)姻戚関係をもったことは、注目するべきことであろう。しかも、通親は、花山院忠雅の娘を妻としていたが(42)、その忠雅の孫に当たる忠経は、能保の娘（保子）を妻にしていたのである。そうなると、後白河院近臣・後鳥羽院近臣として知られる花山院家や源通親の一族とも(43)、能保は姻戚関係を深めていたのであり、そこにも政治的思わくの存在が窺われるようである。

要するに、尊長の父である能保は、もともと武門との関わりを有していた持明院家系統の出身であるが、源頼朝の義弟の立場を利用して、当時の政界の有力者らとの姻戚関係を築いたといえるのである。それは、早くから入寺させられていた尊長にも、もちろん大きな影響を及ぼすことになったと考えられ、そのひとつの現われが彼の通称であったといえよう。すなわち、前述したように、尊長は、建久七年（一一九六）三月、法務権僧正印性の付法の弟子になったというが、その当時は「備前僧都」を称していた。それは、父の能保が同四年から同六年頃に備前国の知行主であったことからくるのであろうし、[44]のち「二位法印」と称したのも、父の能保が建久四年（一一九三）正月二十八日に従二位に叙されたことからきていることは疑いえないところである。[45]

三　院近臣僧としての活動

ところで、尊長は、一時は仁和寺に入寺し、真言宗の僧侶であったこともあるようである。それは、前述したように、彼の師が法務権僧正印性であったことによりわかるのである。この印性とは、東寺長者にも就任したが、何よりも仁和寺内の宜秋門院（九条兼実の娘任子）の御願寺ともされる真乗院の開祖にされていることで知られる。[46]また、印性は、両部の秘法を伝受して「性気は俊邁、密学の名あり」[47]とか、承元元年（一二〇七）七月三日の死没に際しては、「末代の法灯」[48]とも評された真言宗僧であった。一方、前掲の『血脈類集記』によれば、建久七年（一一九六）三月当時、その印性の付法の弟子になった尊長も、「備前僧都」と呼称された「阿闍梨」であったというが、弟子の規範ともなる高徳の師という本義の「阿闍梨」などではなかったであろう。おそらく、尊長は、院政時代以降にとくに増加してくる、諸寺において修法灌頂のために置かれた、いわば臨時の阿闍梨であった可能性が高いと思われるのである。[49]

しかも、印性の付法の弟子になる前後から、天台宗僧としての活動が散見されるところをみると、金剛・胎蔵の両界説を説く東密を信奉していたとは思われず、僧位・僧官を獲得する一方便としてのみ、印性の付法を受けたのではないかとさえ思われるのである。すなわち、文治二年（一一八六）五月、例年どおり宮中で行われた最勝講の問者を尊長が勤めていることがわかるが、(50)この最勝講の講師や聴衆（問者）らは、東大寺・興福寺・延暦寺・園城寺の四大寺の学僧から選出されるならいであり、僧綱への登竜門として知られるので、(51)このときも尊長は僧綱候補者となるべく、延暦寺の学僧として参加していたものと思われる。また、同四年（一一八八）十二月十九日、再建された六条殿に後白河院が御所を移す儀式（御移徙）が行われたが、それに先立つ五日に尊長は、その院の新御所において「八湯経」の転読を行っている。(52)同日、天台宗系の法勝寺の学侶三名が仁王講を修しているし、九日には天台座主全玄が安鎮法を修しているので、(53)おそらく尊長も天台宗僧として経供養を行ったものとみられるのである。

ところが、建久七年（一一九六）五月、仁和寺御室の道法法親王が閑院内裏において天変をはらうという大北斗法を修したとき、尊長はその伴僧に名前を連ねているのである。(54)それは、印性の付法を受けてから二カ月ほど後のことではあるが、このときは真言宗僧の中に混じっていたことになる。もっとも、前述したように、尊長と道法法親王とは義兄弟の間柄であるので、その関係から伴僧に入ったとも考えられるが、文治・建久年間の尊長は、天台・真言の両宗に所属する動きをみせているようである。

こうしたなかで、正治二年（一二〇〇）十一月、後鳥羽院が熊野詣に出発する際、尊長は一頭の黒毛の馬を贈ったというが、その当時は「法眼」（法眼和尚位）であったと記されている。(55)そのため、十四世紀半ばに青蓮院門跡尊円入道親王が著した『釈家官班記』の記述どおりとすれば、僧官の方は、いまだ大・少いずれかの僧都であったものと思われ、

承元二年（一二〇八）二月当時も、「僧都」と記されている。[56]だが、尊長は、その頃から院近臣としての姿を鮮明にしてくるようである。すなわち、同年四月には二度も後鳥羽院が、尊長の「春日の宅」・「僧房」に御幸しているのである。[57]この院の御幸を仰いだということは、尊長が公卿でもない僧侶であることを考えると、院との関係の深さを象徴しているように思われる。そのうえ、当時の尊長は、後鳥羽院の御願寺である最勝四天王院の「寺務」を担当し、[58]その義兄弟の道法法親王が同寺院の検校に就任していたのである。[59]そうした関係には、後鳥羽院と仁和寺御室を結びつける院近臣僧としての尊長の役割が、はっきりと見えてくるようである。しかも、この最勝四天王院とは、「三条白川の橋に関東調伏の堂を立てて、最勝四天王院と名付けらる。[60]」とも記されるように、後鳥羽院による鎌倉幕府打倒の祈願寺ともみられたことを考え合わすならば、承久の乱の「張本」となる尊長が、その建立当初から「寺務」を担当したことは、まことに意義深いともいえよう。

また、尊長が、後鳥羽院の近臣僧として頭角を露す背景には、その妻であった春日局の存在も忘れることはできない。この春日局とは、権大納言・正二位にまで昇進した藤原定輔の妹である。[61]ちなみに、その兄の定輔は、詩歌・蹴鞠・琵琶を嗜み、承久の乱後には安貞元年（一二二七）七月に没するまで相撲を管領・興行し、その間には後鳥羽院・順徳院に「謀詐の詞」をもって琵琶の秘曲を授けたともいわれ、その本性は少年の頃より「讒言をもって事となす」とまで評された人物であるが、晩年は子息らとともに、西園寺公経の世話になっていたと伝えられる。[62]ともかく、尊長は、高僧でありながらも妻子をもち、その義兄弟ともども院の親近者であったことを知ることができるのである。

なお、尊長の妻である春日局は、その名前から察すると、本来は院中・宮中に出入りした女官であったと思われるが、後鳥羽院の皇子で青蓮院門跡を継ぐ道覚入道親王の乳母であった。そのため、尊長も道覚入道親王の養育に当た

り、その後見役を勤めたのであるが、その事情は承元四年（一二一〇）十月と建保元年（一二一三）二月の二度にわたって作成された慈円の所職・所領等譲状案[63]によって知ることができる。すなわち、その初度の慈円譲状は、慈円自身の病気が契機で作成されたものであるが、そのなかで後鳥羽院は、「宮々多くおはしますなかに、殊に思ひ奉るは是なり。仁和寺のほか、その例はなしといへども始む。若宮の間、親王宣旨を蒙らしめおはすの後、忽に慈円門跡に渡し奉りをはんぬ。」との仰せを下したことが述べられている。ときに道覚入道親王は、いまだに幼少のため出家するに至らず、西山宮と称されて朝仁親王という身位にあった。彼が出家したのは、建保四年（一二一六）六月二十日、十三歳のときのことであるから、[64]慈円が病没を予想しての処置であったとはいえ、極めて異例な所職・所領等の譲与ということがいえよう。そして、二度目の譲状では、「今においては一向ご成人」であるとのことから、天台座主以下の「御門人等」と相談のうえで、無動寺以下の門跡寺院を運営していくようにと記しているのであるが、その門人の顔ぶれのなかには尊長の名前も含まれている。そこでは、「世間雑事」については、尊長が朝仁親王の「御乳母」（御乳父）であるので、増円とともに、慈円の存命中であっても、憚ることなく一切を思うように処置せよと記されているのである。これらの譲状は、二度目の譲状の礼紙から判断すると、ともに後鳥羽院に提出され、その裁可を仰いだもののようである。

ところで、「密宗事」・「顕宗事」ではなく、尊長とともに、「世間雑事」を担当するように命じられた増円とは、いかなる僧侶であったのであろうか。彼の出自は明らかではないが、二度目の慈円譲状のなかで尊長と共に、「法印」と記されているところをみると、尊長と同様に貴族層の出身ではなかったかと思われる。また、元久元年（一二〇四）十二月、時に延勝寺執行で法眼であった増円は、坊門信清の娘が関東に下向する様子を見物するための後鳥羽院の桟敷

（「松屋」）を造作したが、そのとき前月在京中に病没した北条政範（時政の子）の太刀を、銭三十貫文で買い取ったうえで引出物に献上したという。[65]さらには、建保元年（一二一三）正月の頃、増円は、妻とみられる女性を追放して、「天下の口遊」になったというし、[66]同年五月には娘が再婚したというので、[67]尊長と同様に妻子のあったことがわかる。とすれば、尊長と増円は、共に妻子をもつ「法印」ということになり、顕密両宗の教義自体にはほとんど関与しない僧侶であったといえよう。つまり、彼らは、共に「世間雑事」の担当者として期待されるような存在であったということになり、そのためか、本来は戒律にそむく妻帯も認められていたということになるようである。

こうした立場にあった尊長は、実際、承元元年（一二〇七）四月二日、宮僧都（真禎）の蹴鞠観賞に奉仕したとき、「顕密共に闕き、戒律備はらず。只、縁者の体に倣ひ、近臣の列に加はる。墨染の袴を着して、白砂の上に候ず」[68]と評されている。しかも、見学するにとどまらず、後鳥羽院が催した蹴鞠の見証の役も勤めたりしている。[69]そのほかにも、後鳥羽院が諸道を愛好したことは周知のところであろうが、すぐれた牛馬を好むことも顕著であり、尊長も獅子丸と名付けた駿牛（名牛）を飼い、その牛車での競争で二度も落車することがあったと伝えられる。[70]ちなみに、そのうちの一度は、建暦二年（一二一二）四月二十二日、後鳥羽院が密々に賀茂祭の還立を見物して帰る際に、供奉していた尊長らが牛車で競争したときのことと思われる。そのとき、獅子丸が暴走したことにより、牛童四人は倒され、車は転覆・破損、尊長は頭を破り出血して「小家」に入るということがあったらしい。[71]このエピソードは、院近臣僧である尊長の様子を、まことによく垣間見させてくれるものといえよう。

このような尊長ではあるが、他面では政治問題に関与することもあった。その開始がいつ頃になるかは定かではないが、建永元年（一二〇六）九月に、参議・左大弁藤原公定遠流事件が発生したとき、尊長が摂政近衛家実との間で案

件処理に当たっていることが知られる。(72)そのため、その頃か、あるいは翌承元元年十一月に建立・供養された最勝四天王院の「寺務」を担当した頃かと思われる。ともかく、建暦元年（一二一一）八月には、延暦寺の堂衆と学生との争いに、他の院近臣らと共に関与し、(73)建保元年（一二一三）八月には、延暦寺の末寺に当たる清閑寺と清水寺との境界争いに関与して山法師らの怒りを招き、自らの僧房を焼かれそうになったりもした。(74)また、同二年（一二一四）四月には、日吉祭の神膳をめぐる日吉社神人と大津東浦の長者丸との争いに関与した尊長は、現地へ赴いて後鳥羽院に調査結果を報告している。(75)これらの関与の結果は、当時の寺社勢力の内部対立・抗争の複雑さが背景にあるため、(76)尊長の個人的な力量ではどうにもならなかったようであるが、彼が院近臣僧としての活躍をしている様子は看取できるのである。そのためもあってか、尊長は、父能保と同様に備前国の知行主ともなり、「天台の修理」（延暦寺諸堂修理）に当たっている。(77)そして、順徳天皇の中宮九条立子（兼実・能保の孫、尊長の姪）の御産祈禱修法にも参加し、(78)建保三年（一二一五）五月当時には、法勝寺・蓮華王院・歓喜光院・最勝四天王院の各執行を兼任するまでになっていたのである。(79)

ちなみに、これらの寺院は、いずれも院・女院の御願寺であるが、そのうちの最大のものは法勝寺であった。その法勝寺は、白河院の御願寺として建立されて以来、八角九重の塔をシンボルとして方四町の規模を誇らかし、度々の雷火などに襲われることがありながらも、建保元年（一二一三）の再建で創建当初の姿に一応は戻ることになった。(80)その再建推進者は、承元二年（一二〇八）五月、八角九重の塔が焼失したことを機に、同寺執行に補任された尊長であったが、(81)この「国王の氏寺」(82)ともいわれた法勝寺の執行の地位にかつてあった俊寛は、「大伽藍の寺務職として、八十余カ所の荘務掌り給へりしかば、京極御坊・白河御坊・鹿谷の山荘まで、塵もつけじと作りみがかれて、棟門・平門の中に、二、三百人の所従・眷属に囲繞せられてこそ過給しか。(83)」と伝えられている。このような状態は、尊長の場合に

も当てはまるのであろう。

また、『尊卑分脈』をもとにして作成した系図Ⅱ・Ⅲは、尊長と同じく法勝寺執行を勤めた経歴をもつ能円の親族・縁者を示すものである。この系図上では、能円が母方の縁で、平時忠・時子（平清盛の嫡妻）の異父兄に当たることはみえないが、寿永二年（一一八三）七月の平家一門の都落ちに際して、養育中の尊成親王（後鳥羽院）と妻を都に残したまま平家に同行したことなどは、よく知られているとおりである。(84) それはともかく、この二つの系図からは、後鳥羽院の後継者である土御門院・順徳院の関係者も、能円の周辺に登場していることがわかる。かつ、能円の娘のなかには、一条能保の妻になった信子も出ており、しかも彼女は土御門院の乳母であったのである。ということは、おそらく彼女の産んだ子もいたことであろうから、その子が尊長の兄弟に当たる能全や長能、あるいは尊長に当たるのではなかろうか。いずれにしても、尊長が、能円の娘である信子を媒介として、後鳥羽院を中心とする皇室との深いつながりを有していたことは想像に難くないところであり、それがまた院近臣僧としての彼の立場を、より一層強固なものとしていたに相違ないのである。

さて、こうした立場をも背景にして活躍した尊長であるから、後鳥羽院の御幸の際には、公卿らに混じって供奉することもよくあったらしく、承元二年（一二〇八）六月三日の後鳥羽院の熊野詣出発の際、「殿上人前行、公卿ならびに尊長僧都の供奉、例のごとし。(85)」と記されている。それは、前述したように、後鳥羽院が尊長宅に二度も御幸してから一カ月半たらず、法勝寺執行に抜擢されてから半月たらずのことである。

このような公卿らに混じっての僧侶の供奉ということ自体、特異なことのようにも感じられるが、これよりも奇異なことが記録されている。それは、正治二年（一二〇〇）七月のことであり、後鳥羽院政期に入って一カ年半がようや

〈系図Ⅱ〉

- 説孝（左大弁・正四位下）—頼明（右大弁・従四位下）—憲輔（宮内卿・正四位上）—盛実（治部卿・正四位下）
  - 顕憲（左少弁・正四位下）
    - 盛憲（少納言・正五位下）—清房（出羽守・正五位下）
    - 憲親（皇后宮権大進・従五位下）
    - 経憲（佐渡守・従五位下）
    - 憲忠（六位蔵人・従五位下）
    - 盛能（八条院判官代・従五位下）
    - 憲保（皇后宮大進・従五位下）
    - 玄顕（興・得業）
    - 顕覚（山）
    - 実暹（本名は憲覚）
    - 隆慶（興）
    - 能円（山・法印・法勝寺執行）
      - 元信（興・法印・得業）
      - 弘円（山・法印・大僧都・法勝寺執行）
      - 静誉（山・法印・大僧都・蓮華王院執行）
      - 乗信（興・法印・興福寺別当、実は藤原泰通の子）
      - 道伊（権少僧都）
      - 承明門院〔在子〕（土御門院の母）
      - 督局〔時子〕
      - 一条能保の室〔信子〕（土御門院の乳母）
      - 藤原忠季の室
    - 憲範（興）
    - 皇嘉門院女房
    - 藤原憲方の室
    - 大宮院女房
    - 藤原清成の妻
    - 吉田経房の妾
    - 徳大寺定能の妾

〈系図Ⅲ〉

- 永頼（皇太后宮権大夫・従三位）
  - 能通（左兵衛佐・従四位上）
    - 実範（大学頭・従四位上）
      - 成季（大学頭・能通の養子）
      - 季兼（尾張国目代・能通の養子）
        - 季範（熱田大宮司・従四位下）
          - 源頼朝の母
      - 季綱（大学頭・従四位上）
        - 友実（勘解由次官・従五位下）
          - 能兼（式部少輔・従四位下）
            - 範兼（刑部卿・従三位）
              - 範光（権中納言・従二位）
              - 能円（法勝寺執行）＝範子
                - 承明門院〔在子〕
              - 範子（刑部卿三位）＝源通親（内大臣・正二位）
                - 通光（太政大臣・従一位）
                - 定通（内大臣・正二位）
                - 通方（大納言・正二位）
              - 兼子（卿二位）＝葉室宗頼（権大納言・正二位）
                - ＝大炊御門頼実（太政大臣・従一位）
            - 範季（式部少輔・従二位）
              - 修明門院〔範子〕（順徳院の母）

く過ぎた頃のことであるが、入道前左大臣花山院兼雅の葬儀に参列した尊長は、数十騎の武者を率いて、自らは輿に乗っていたという。(86)このとき、彼が引率した数十人の騎馬武者とは、いったい何であったのか。もとより、その詳細は知りえないが、当時の彼は「法眼」の地位にありながら、単なる従者というより私兵という方がふさわしい「家人」らを、少なくとも数十人は有していたことがわかるのである。これより三年前に没している能保も、公卿の仲間入りを果たした晩年になってから、ようやく多くの諸大夫・侍らを有するようになったらしいので、(87)ある程度の地位や財力がなければ、多数の「家人」を擁することは不可能とみられるのである。

ちなみに、建久三年(一一九二)十一月、能保は亡き妻(源頼朝の妹)の遺領(平家没官領の一部)二十カ所を、自分の男女の子らに分配しているし、(88)能保自身もそれなりの所領を遺領として残したとは思うが、系図Iにみえるように男女合せて十二人に及ぶ子がいたわけであり、たとえ均等な分割相続が行われたとしても、尊長に渡った遺領は、それほど厖大であったとは思われない。そうであるならば、そのほかにも彼独自の財源があったはずであるが、その一部は承久の乱の決戦直前、承久三年(一二二一)六月十日、尊長が敗戦を予想して西山宮(朝仁親王、道覚入道親王)に譲与した所領群九カ所であったのではなかろうか。(89)ここで、その一部というのは、尊長は妻子にも所領を譲与していたであろうと思われるからである。それは、それとしても、西山宮に譲与した所領群のなかには、仁和寺の院家のひとつである京都東山の円城寺(のち円成寺)も含まれており、(90)真言宗とも関わりをもっていた尊長らしい一面もみえている。また、『吾妻鏡』が承久の乱の原因として挙げている摂津国長江・倉橋両荘の地頭解任問題は有名であるが、その「倉橋荘」と何らかの関係があるであろう「摂津国頭陀寺領(号椋橋荘)」も西山宮へ譲られており、興味深いものがある。(91)

いずれにしても、尊長は、天台宗のみならず真言宗の寺領にも関わりをもち、そのなかから僧兵も含む武士団を形成したものと想定することができよう。そして、その武士団は、早くも後鳥羽院政期の初期には存在していたことがわかるのであり、それを輿に乗りながら指揮していたのである。ともかくその頃から、すでに承久の乱の「張本」となるべき姿を示しているようにも感じられる。おそらく、後鳥羽院もまた、尊長のそのような姿を目の辺りにすることが多かったであろうから、北条義時を討伐することを決意したときには、最も頼りにしたのは、尊長であったろうと思われるのである。

また、建保元年（一二一三）十一月十八日、日吉祭に初めて勅使（殿上使）が派遣されたとき、またもや尊長は、数多の武士らを引率して社頭に向かい、覚翫をなしたという[92]。この日吉祭に初めて勅使が派遣されることになった背景は、清閑寺と清水寺の境相論に端を発した同年八月の延暦寺衆徒の蜂起鎮撫にあったが、それは前述したように、尊長自身が関与した事件であり、この年十二月には、「天台の修理」を名目に備前国を知行するまでになったのであった。このように、承久の乱の直前期には、西山宮（道覚入道親王）の後見を勤め、法勝寺以下の諸寺の執行でもあった尊長の勢力が大きなものになっていたことは、疑いえないところである。

四　承久の乱以降の活動

こうして、承久三年（一二二一）五月十四日、承久の乱が発生すると、尊長の最初の行動は、深い血縁関係にありながらも、親幕派と目されていた西園寺公経・実氏父子を「召籠」（拘束・監禁）することであったらしい[93]。それは、一条能保の生存中から鎌倉幕府と親交のあった一条家出身の尊長であればこそ、この父子の動静を把握できたものと思わ

れ、当時の幕府側の情報を聞き出すにも、その任務は適任であったといえよう。

ところが、尊長の実家の一条家内からも、離反者が出ることになった。これは、逆に当時の幕府と親交があった一条家出身であるからこそというべきであろうが、一条能保の嫡孫頼氏は、二日後の十六日に出京し、鎌倉へ赴き京内情勢を幕府に報告することになる。(94) この行動が乱勃発の直後でないところをみると、頼氏自身も監視を受けて、自由に行動できなかったのか、あるいは身の危険を感じたことによる突発的行為であったのかは定かではないが、尊長にとっては、予想外のことであったかもしれない。それでも、能保の子である一条宰相中将信能は、尊長と共に十四日に開催された討幕会議に出席しており、(95) 尊長の実家である一条家は分裂した観を呈しながらも、官軍の中心人物を二人まで出すことになった。しかしながら、日を追って、幕府側の東軍が洛中に近付き、官軍の敗色が濃厚になってくる。そうなると、身内から裏切り者を出したということもあってか、尊長自身が本来は深い縁のある西園寺公経を殺害しようと企てたとも伝えられている。(96) これは、公経・実氏父子と尊長との反目が強まった結果というよりは、尊長ら京方の焦燥を示すエピソードといえよう。

ともあれ、そのような状況下でも、六月八日、後鳥羽・土御門・順徳の三上皇らは、泉房と号した尊長の押小路河原の宅に参入して軍評定を行った後に比叡山上に赴き、尊長も義兄定輔らと甲冑姿で同行したというが、(97) 尊長が後鳥羽院らに信頼をいかに寄せられていたかを物語るものといえよう。だが、種々の事情から山門派などの寺社勢力の全面的協力が得られないことが明白になると、六月十二日、尊長は信能らと芋洗方面において東軍を防禦することになった。

このとき、尊長が執行を勤める蓮華王院の所領である周防国楊井荘の住人藤原朝兼（入道名は覚念）が、その配下に

あったことが知られるので、[98] 尊長は私兵的「家人」らはもとより、自らの管理していた御願寺を含む寺院領から募集した軍勢を率いて臨んだものと思われるが、その軍勢は一千余騎であったと、『承久記』には記されている。けれども、衆寡敵せず、宇治方面の官軍が瓦解すると、ほとんど戦うことなく敗走している。その場所は、芋洗方面でも、『承久記』が記すように、宇治川が流れこんだ巨椋池の西方、淀の東方の木津川との合流地点に当たる「大渡」であったろうと考えられる。そこは、宇治方面とともに、京都南方の防衛拠点であったはずであるが、六月十三日には宇治方面で激戦が行われ、翌十四日には官軍の宇治川防衛網は東軍に突破されてしまう。それにともない、毛利季光・三浦義村らの率いる東軍も、淀・芋洗の要害を突破することになる。それは、『承久兵乱記』によると、官軍は「一いくさもせず、みなおちにけり。」という様子であったと伝えられる。こうして、官軍の敗北は決定的となり、戦乱は終息に向かうことになる。

このような状況下で、尊長は逃避行を始めることになった。そのなかで、南都の寺院を頼って身を隠したこともあったのか、次のような六波羅探題北条時房書状[99]が残されている。

尊長法印事、被捜尋之程、令猶予候之処、甲乙之輩寄事於左右、非啻致濫吹、剰不拘制法時者、満寺合力可令搦取其身給。若猶梟悪余於不堪禁遏者、注給交名、可令尋沙汰候。恐々謹言。

七月十三日　　　　　相模守（花押）上

興福寺別当僧正御房

この史料は年欠であるが、もしも承久三年（一二二一）ないしはその翌年の貞応元年のものであるならば、充所の興福寺別当とは、大僧正雅縁ということになる。[100] この雅縁は、四度も同寺別当を勤め、「未曾有の珍事」と称されたよう

であるが、娘を後鳥羽院の女房にしようとしたり、卿二位（藤原兼子）に対して水田三十町を贈るなどして接近をはかったことが知られ、(101)ともすると尊長とも相知る仲であったのかもしれない。ともかく、この史料には、北条時房側の興福寺別当への不審感が見て取れるようであり、同様な内容を有する書状は、他の有力寺社へも発給されたであろう。そして、当初は、諸寺社の「悪僧」らが尊長を隠匿することも、可能性としては十分に存在したはずである。

そのため、六波羅探題も、その点を考慮して執拗な探索をつづけたのであろうが、「張本」のうちでは尊長の行方のみは不明であったらしい。一方、他の「張本」らの処罰は順調に行われ、承久三年九月十日、尊長と同じく僧侶身分でありながらも、乱の「張本」とされた刑部僧正長厳も、陸奥国へ流された。(102)そうして、その一週間後の十七日には、尊長等の京方残党の逮捕を命ずる宣下が行われ、(103)公的な形式での全国捜査のかたちをとることになったのである。そのような中で、同年十二月頃には、尊長の義兄藤原定輔が「隠籠」（隠匿）しているとの風聞が立ち、六波羅探題派遣の武士らが、早暁にその邸内に打ち入るという騒ぎも発生したらしい。(104)当時、定輔は、前述したように、西園寺公経の庇護の下で、承久の乱時における罪をほとんど問われずに、(105)相撲を管領・興行していたのであるが、その妹で尊長の妻であった春日局を媒介として、尊長と何らかの接触はあったのかもしれない。

しかし、承久の乱の直後はともかく、尊長は、『承久兵乱記』が述べているように、吉野・十津川方面へ逃亡したようである。その状況が、巷説というかたちで次第に明るみに出るようになったのは、安貞元年（一二二七）に入ってからのことであるらしい。その年正月、京都では群盗が横行し、「年始早速怖畏の世」(106)などといわれ、六波羅探題も対応に当たったが、「群盗度々襲来し、火を放つと云々。武士の巡検、詮無き事なり。」(107)、「警衛の聞え有りと雖も、群盗連夜人を害すと云々。」(108)というありさまであった。そのような社会不安の昂るなかで、巷説は広まったものらしい。

それによると、尊長は、刑部僧正長厳の弟子らと会合を繰り返し、吉野の奥の「戸津河」（十津川）において現地の黒太郎なる者と挙兵を計画し、その荘園内八郷のうち、五郷までの同意を得ていたとされる。だが、黒太郎の弟は、熊野に押し寄せ、そこの甲冑を奪い取り、阿波国へ渡ろうとする計画に対しては、熊野の神威を恐れて反対したという。そのため、その弟は、殺されそうになって、熊野の人に密告したのだといわれ、そうした結果、熊野では厳戒体制をとっているのだという。(110) また、その巷説流布から一カ月半ほど過ぎた三月半ば頃には、尊長は烏帽子を戴いて鬢をかき、十津川の住人の聟（婿）となって居住しているとも伝えられている。(111)

これらを総合すると、尊長は、大和国吉野郡の山間部に当たる十津川方面に居住し、紀伊国熊野方面への進出を計画していたらしい。それは、翌年七月、尊長および新兵衛尉（和田朝盛）らを隠匿した罪科により、熊野別当琳快が流罪に処せられているところをみると、(112) 実は熊野の中にも尊長の計画に内応していた勢力のあったらしいことがわかるので、予想以上の計画であった可能性がある。そして、実際、安貞元年（一二二七）二月には、熊野の衆徒らが蜂起し、神体を奉じて入洛しようとし、六波羅探題軍との間で合戦に及んだという。(113) そのうえ、同年閏三月には、「熊野の悪党」が、「阿波院」（土御門院）を迎え奉ろうと兵船三十隻ほどで阿波国に押し寄せ、守護代らと御所前において合戦に及び、守護「小笠原太郎」（長経）も馳せ下ったという巷説が立ち、(114) のち合戦はなかったともいわれ、あるいは熊野の辺りを航行する船は全て奪われてしまうだとか、険阻な山などには「石弩」（石弓）が備えられて城郭が構えられただとか、とにかく様々な風聞が流れ、真相は不明に陥ってしまったようである。(115) さらに、同月末頃にも、熊野太郎という者が、阿波の守護代に九日付の書状を送り、我が方に付くか、守護方に付くかと迫ったために、「国中周章馳走し、騒動極まりなし」という状態になったというが、実はたいしたことはなく、去る十五日に海人が魚を釣るための

漁火が多く見えたことから、敵襲と勘違いして騒動があっただけで、守護方の軍兵が「阿波院」の御所を厳重に警備しているとも伝えられている。(116)

このような話が語られたこと自体、尊長を中心として挙兵を計画したグループが存在したことを物語り、熊野別当琳快が解任・流罪になったことも、その証左になると思われるのである。そして、そのグループのなかには、承久の乱当時に京方に味方した新兵衛尉（和田朝盛）、十津川や熊野の残党などが含まれることは疑いのないところであるが、尊長は「年来、熊野、又洛中、鎮西等を経廻」(117)とも記されているところをみると、西日本の広範囲で活動していたとも考えられる。その一端は、同年六月七日に尊長が逮捕された場所が、鷹司油小路の「大炊助入道後見肥後房之宅」(118)とされていることである。この「大炊助入道」とは、大友能直の嫡男である親秀とも考えられ、(119)彼は相模国大友郷地頭職を譲与されてはいたが、(120)父の没後に鎮西の奉行を継承している。(121)また、親秀は、尊長の義理の姪を娶っていることも知られる。(122)そのため、尊長は、その後見役を勤めていた肥後房なる人物を介して、鎮西方面の討幕派と連絡をとっていた可能性も考えられるのである。ちなみに、親秀は、たまたま武士を預って遠江か関東方面にいて、尊長が逮捕されたときには、京都に滞在していなかったので、罪科は免れたらしい。(123)

このようにみてくると、逃亡・隠遁中の尊長とはいえ、十津川という「人馬不通の深山」(124)の中に何年も居住しつづけていたわけではなかろうと思われるが、たとえ、そこに居住しつづけたとしても、玉置山三所権現に出入りする修験者（山伏）を通して、京都・鎌倉を含む全国の政治情報等を得ることができたはずである。(125)それは、彼自身が、出羽国羽黒山総長吏に任じられていたことからも、(126)修験者らとの交流があったろうことは、当然考えられるところである。しかも、彼の妻である春日局や義兄弟に当たる太秦宮（真禎）らが、尊長逮捕の直後にやはり逮捕されているが、

どうも尊長の計画に荷担していたものらしい。[127]そのほか、尊長の弟に当たる一条実雅は、西園寺公経の養子となり、北条義時の後室伊賀氏の娘婿であったが、伊賀氏は有力御家人の三浦義村を味方につけて、実雅の将軍擁立をはかっている。[128]結果は、北条政子が三浦義村を説得したことで、伊賀氏側の敗北に終わっているものの、その背後において和田朝盛などが尊長の主導の下で暗躍していたようにも思われる。[129]

付言すれば、その実雅将軍擁立未遂事件直前の元仁元年（一二二四）六月十三日、執権北条義時が突如没している。それについて、『吾妻鏡』の同日条は、その死因を「日ごろ脚気の上、霍乱計会云々。」と記しているが、前述したように、尊長は義時の妻（伊賀氏）による毒殺だと指摘したという。いずれにしても、義時は急死したのであり、その死因は謎なのであるが、その直後の事件との関わりは、やはり気にかかるところであり、[130]そのような情報を入手した尊長の情報網が相当に発達していたであろうことだけは、動かない事実であると想定されるのである。

五　結　論

以上、尊長の出自から説き始めて、彼が院近臣として活躍した様子、さらには承久の乱後も再起を期して挙兵ないしは鎌倉幕府の変革などを画策していたらしいことを述べてきた。おそらく、その尊長の目的は、後鳥羽・土御門・順徳の三院らを京都に迎え入れることであったろう。その姿は、宗教家としての僧侶というよりは、超一流の為政者とでもいうべきものであり、乱後も依然として院近臣でありつづけようとするものであったろう。彼は、おそらく幼少時に入寺して得度し、一応はひととおりの修行にも努めたのであろうと思われるので、在俗生活を続けた入道者とは本来的には異なるはずである。ただし、妻子を持ち、寺院経営ばかりか、私兵までも擁し、あまつさえ、駿牛競争

に興ずるという姿は、とても僧綱という役職にあった僧侶にはみえない。

もっとも、当時、僧侶が妻帯して俗人化したことや、代々僧侶である家系が存在したことは、よく知られている通りであるし、[131]入道親王ばかりか法親王という、寺院内に世俗の権威を持ち込んだ存在もあるにはあった。たとえば、『春日権現験記絵』巻十五には、興福寺大乗院の実尊大僧正が寺務を勤めていた頃、すなわち実尊が興福寺別当（春日社・興福寺寺務職）に就任した嘉禄二年（一二二六）七月以降、その没する嘉禎二年（一二三六）二月までの頃の修理[132]の目代であった紀伊寺主という僧侶が、自分の屋形内で妻と同じ衾を引きかぶって寝入っている場面が描かれているが、その枕もとには太刀が壁に立て掛けてある。その絵からは、興福寺の三綱クラスの僧侶でも、妻帯していることはわかるし、護身用か威儀を正すためのものか、太刀をも所持していたことが確認できるのである。さらに、その絵には、その僧侶夫妻の娘か、あるいは侍女が臨室で眠り、室外の縁側上では警固の武士が甲冑を枕に眠っている様子が描かれている。この絵巻物は、延慶二年（一三〇九）三月に完成されたとみられるので、[133]尊長の生存した時期からは少し後のものであるが、尊長の姿をも連想させてくれるものである。

ともかく、当時の高僧のなかには、俗人さながらの者が少なからず存在していたわけであるが、尊長の場合は「顕密共に闕き、戒律備はらず。」と評されたことに象徴されるように極端な嫌いがある。そこには、かつて白河院が「法皇」として推進した仏教興隆策に協力した、寛助や行尊というような院近臣僧とは異なる姿があったといえよう。尊長も、多少は修法を執り行ったことが記録されているが、寛助や行尊らの修法実施回数とは比すべくもないほどに少ないものであり、彼らのような真摯な信仰心を物語る説話も残されてはいないのである。代わりに如実にみえてくるのは、父祖・兄弟・縁者を媒介としての「強縁」関係であり、それを背景として存在した院近臣の姿である。したがっ

て、承久の乱に敗北したとはいえ、再起をめざすことを企図するほどの「強縁」をめぐらしていたことも、留意されるべきであろう。要するに、尊長が院近臣僧としてありえたのは、彼が就任していた僧綱・寺務職（執行）などの役職により支えられていたというのでは必ずしもなく、彼の出自・縁者を通して形成されていた「強縁」関係によるものであるといえよう。

そして、文暦元年（一二三四）八月、尊長の霊が取り憑き邪気となって、「京畿厳重の霊」のひとつに数えられた。[134]また、尊長と同じく後鳥羽院の近臣僧として知られた長厳は、建長四年（一二五二）正月十二日、死霊となって鎌倉において十三歳の少女に取り憑き、「承久年中の旨の語り事」を述べ、尊長の兄に当たると思われる長能僧都[135]との面会を求め、また自分は「隠岐法皇」（後鳥羽院）の御使として関東に下向したとも述べたと伝えられる。[136]実に、承久の乱から三十年以上も経たときにも、このような話が出現するほど、尊長・長厳らの存在意義は大きかったのであろう。そこには、白河院政開始期には考えられなかったほどのネットワークをはりめぐらした中核としての院近臣像が浮かび上がってくるように思われる。とくに、尊長の場合は、鎌倉幕府が成立したこともあり、公武両政権にわたり、また宗派も超えたようなネットワークをはりめぐらしていたように看取され、血縁関係、荘園所職の領有関係、各宗派の師資相承関係、その他にも皇室関係者との各種主従関係などの上に、院近臣として存在していたといえるのである。

註

(1)尊長が死没した年月日については、国書刊行会本『明月記』によれば、安貞元年四月八日ということになり、村山修一『藤原定家』（吉川弘文館、一九六二年）一五五・一五六頁も、それに従っている。ただし、広橋経光が記した『民経記』、

および鎌倉後期に編纂された『百練抄』や『吾妻鏡』は、安貞元年六月八日のことと記している。また、国書刊行会本『明月記』でも、安貞元年四月条末の校訂者の注記において、この四月条には錯簡が多いことが述べられているので、本稿では『大日本史料』第五編之三と同様に、尊長の死没は安貞元年六月八日のことと、一応みなしておくことにする。したがって、村山修一『藤原定家』巻頭口絵写真で紹介されている東大寺図書館所蔵の手鑑中の『明月記』断簡(七日・八日条)も、安貞元年の四月ではなく、六月の条文と判断して、本稿では利用することにする。

(2)『明月記』安貞元年六月七日・八日・十一日条。

(3)久保田和彦「六波羅探題発給文書の研究――北条時氏・時盛探題期について――」(『年報三田中世史研究』第七号掲載、二〇〇〇年)によれば、北条時氏・時盛が新探題として上洛した貞応三年七月から、時氏が病気により六波羅を出発する寛喜二年三月に至る約六年間の六波羅探題は、鎌倉幕府の出先機関であるとともに、朝廷・公家政権の命令を受けて行動する機関でもあったとしている。ただし、六波羅探題は、あくまで軍事・警察権などを有する鎌倉幕府の出先機関として存在していたのであろう。したがって、六波羅探題は、重事については独断専行することができず、逮捕した尊長の処置についても、即断することができなかったように看取されるのである。

(4)本書第Ⅳ章。

(5)『尊卑分脈』第一篇二四五～二六一頁。

(6)『中右記』寛治六年七月二日条。

(7)『本朝世紀』康和五年十一月一日条。

(8)『中右記』長治元年五月二日条。この条文には、「去春の除目にて陸奥守に任ずるなり」と注記されているが、前註(7)にみえるとおり、前年の「冬」には陸奥守に就任していたはずであるので、記主藤原宗忠の誤認と思われる。

(9)『中右記』長治元年五月三日条。

(10)『中右記』天仁元年十二月三十日条。また、『新古今和歌集』巻第九に、「陸奥国守基頼の朝臣、久しく逢ひみぬよし申し

て、いつ上るべしともいはず侍ければ」の詞書を有する藤原基俊の和歌「帰り来むほど思ふにも武隈のまつわが身こそいたく老いぬれ」が収められている。
(11)『長秋記』天永二年十二月二日条。
(12)宮崎康充編『国司補任』第五（続群書類従完成会、一九九一年）によると、藤原基頼の越前守・常陸介就任はみえないが、能登守には永久元年頃と元永元・二年頃の二度就任していることがみえる。
(13)『中右記』大治二年十二月七日条、『二中歴』第十、前掲『国司補任』第五など。
(14)保延元年五月日付待賢門院庁下文案（「東大寺文書」四―三十一、『平安遺文』第五巻二三二四号）。
(15)『尊卑分脈』第一篇二五八頁。
(16)角田文衞「持明院」（『平安時代史事典』本編上所収、角川書店、一九九三年）。
(17)角田文衞「一条」（前掲『平安時代史事典』本編上所収）。
(18)『尊卑分脈』第一篇二五八～二六一頁。
(19)『吾妻鏡』元暦元年四月四日・五月十九日条。
(20)『吾妻鏡』文治元年五月二十一日・十月三日条など。
(21)『尊卑分脈』第一篇二五九頁。
(22)『中右記』天永三年四月十一日条。
(23)『山槐記』治承三年二月二十八日条、『女院次第』、『増鏡』など。
(24)『吾妻鏡』文治三年七月四日条、『玉葉』・『百練抄』建久二年十一月九日条など。なお、保子は、『尊卑分脈』第一篇二六一頁によれば、のち花山院忠経と結婚していることがわかる。
(25)『本朝皇胤紹運録』では、道法法親王と真禎の二人の母は「三条局」であり、彼女は「法印応仁女」と注記されている。ちなみに、この「法印応仁」とは、『尊卑分脈』第三篇五六七・五六八頁によれば、輔仁親王の子に当たり、山門派の少

僧都と記され、のち「仁操」と改名した僧侶であることがわかる。また、『明月記』承元元年四月二日条によると、「宮僧都」（真禎）が「御鞠」を見物に参入したおり、尊長が自ら迎えたというが、その割注には「弟能性は彼の宮の同胞なり。その好と云々。」とあるので、道法法親王・真禎の二人と能性は、いずれも同母関係にあったらしいことがわかる。しかも、『玉葉』建久六年正月十三日条によれば、真禎の譲りで、能性が権律師になっていることがわかり、彼らは同母兄弟としてかなり親密であったろうことが推測できる。なお、『尊卑分脈』第一篇二六〇頁では、能性が尊長の兄に相当するように記されており、『明月記』の割注に反するが、他に徴証はなく、この両者の兄弟順は不詳としかいえない。また、『山槐記』治承四年十二月二十八日条には、この日の勧賞で法眼に叙された真禎の割注に、「一院御子、女房丹波局腹」とみえている。この「丹波局」とは、『本朝皇胤紹運録』の中で、承仁法親王の母としてみえる「丹波局、仁操僧都女」と同一人物であるとも思われるが、前出の「三条局」と、この「丹波局」との関係も含めて、確実な決め手がなく不詳である。しかしながら、後白河院の皇子らのうちで僧籍にあった二、三人と尊長が義兄弟の関係にあったことは、疑いのないところである。

(26)『本朝皇胤紹運録』は、円助法親王の母について、「左衛門督中納言能保卿女」と記している。ところが、『勘仲記』弘安五年八月十二日条によると、その日没した円助法親王の享年は「四十七歳」とみえるので、逆算すると、円助法親王は嘉禎二年（一二三六）に生まれたことになる。したがって、一条能保が建久八年（一一九七）十月十三日に没していることを考えると、円助法親王の母となった右衛門督局は、一条能保の最晩年頃に生まれた末娘と推測されるのである。

(27)『明月記』建保元年四月二十六日条によれば、法勝寺御塔供養の勧賞において、修理別当尊長の譲りで、能全は権律師となっている。そのため、その頃には、能全は尊長の猶子（あるいは養子）になっていたものと推定される。

(28)『公卿補任』建久五年条。

(29)『愚管抄』巻第六。

(30)『大日本史料』第五編之三、八四七頁。

(31)一条能保は、『公卿補任』・『尊卑分脈』によると、久安三年に生まれ、建久八年に五十一歳で没したことがわかる。
(32)『尊卑分脈』第一篇二五九頁。
(33)『公卿補任』建久七年条。
(34)『公卿補任』承久二年・貞応元年条。
(35)『公卿補任』貞応元年条。
(36)『公卿補任』建久九年条、『尊卑分脈』第一篇一五〇頁。
(37)『公卿補任』安元二年条、『尊卑分脈』第一篇一四六頁。
(38)『百練抄』建長三年十一月十四日条、『吾妻鏡』同月十八日条、『公卿補任』建暦元年〜文応元年条、『尊卑分脈』第一篇一五一頁など。それぞれ、没年から誕生年を逆算することができる。なお、九条道家の嫡妻となった准三后「綸子」の名前は、前掲『百練抄』の条文では、「淑子」と記しているが、同一人物であることは確実である。
(39)『玉葉』建久二年六月二十五日条、『愚管抄』巻第六など。
(40)『玉葉』建久二年六月二日・七日条、『吾妻鏡』同年六月九日条。
(41)拙稿「土御門通親」(『別冊歴史読本』第十五巻第二十八号掲載、一九九〇年)。
(42)『公卿補任』建久九年条、『尊卑分脈』第一篇一九七頁。
(43)後白河院政後期に花山院兼雅(忠雅の子、忠経の父)、後鳥羽院政前期には源通親やその弟通資らが院庁の「執事」として活躍していることは、拙著『院政時代史論集』(続群書類従完成会、一九九三年)一七四・一七五・二四六・二四七頁など。
(44)『玉葉』建久四年四月十日・十六日条、『三長記』同六年十月七日条など。なお、後述するところであるが、建保元年十二月に尊長自身が備前国の知行主になっている。だが、当時、尊長はすでに法印に叙されていたので、「備前僧都」という呼称の「備前」は、その父能保の知行国名から採用したものといえる。

(45)『公卿補任』建久四年条。なお、能保が病気により出家したのは建久五年閏八月、ついで没したのが同八年十月であったことは、すでに述べたとおりであるが、僧都就任時代の尊長は「備前僧都」、法印に昇叙されてからの尊長は「二位法印」を称したものと想定される。
(46)『伝灯広録』、『仁和寺諸院家記』など。
(47)『本朝高僧伝』巻第五十三。
(48)『明月記』承元元年七月七日条。
(49)櫛田良洪「阿闍梨」(『国史大辞典1』所収、吉川弘文館、一九七九年)。
(50)『玉葉』文治二年五月二十六日条。
(51)曾根正人「最勝講」(前掲『平安時代史事典』本編上所収)。
(52)『仙洞御移徙部類記』所収の『山丞記(定長卿記)』文治四年十二月五日条。なお、「八湯経」の「八湯」とは、『仁王経』受持品などにみえる「依他八喩(えたのはちゆ)」の「八喩」をさしているものであろう。
(53)『仙洞御移徙部類記』所収の『山丞記(定長卿記)』・『吉大記(吉記)』文治四年十二月五日・九日条。
(54)『御室相承記』、『明月記』建久七年五月二十三日条。
(55)『明月記』正治二年十一月二十七日条。
(56)『明月記』承元二年二月六日条。
(57)『明月記』承元二年四月二十三日・二十七日条。
(58)註(56)に同じ。
(59)『仁和寺御伝』によれば、承元二年二月九日、道法法親王は、最勝四天王院検校に補任されていることがわかる。
(60)古活字本『承久記』上。
(61)『明月記』安貞元年六月八日条。前掲の村山修一『藤原定家』巻頭口絵写真の釈文では、「尊長本妻」の下の割書部分を

「仙洞春日、定輔卿女」と記しているが、「定輔卿」の「女」ではなく、「定輔卿」の「妹」と読むことができる。また、『尊卑分脈』第一篇三二六〜三二八頁でも、「尊長法印室」は、定輔の姉妹とわかる。ちなみに、「尊長法印室」は、初めは「藤原教成の室」、ついで「藤原朝経の妻」と記されているので、尊長とは再々婚ということになる。

(62)『公卿補任』貞応二年条、『御琵琶御伝業宸記』(『歴代残闕日記』第二冊所収)正和二年十二月二十二日条、『明月記』安貞元年七月九日条など。

(63)『大日本史料』第四編之十二、三七九〜三八八頁所収の『華頂要略』五十五上(古証文集)。

(64)青蓮院本『門葉記』、『天台座主記』、『釈家官班記』など。

(65)『明月記』・『仲資王記』元久元年十二月十日条。また、『古今著聞集』巻第十六によれば、醍醐寺の桜会見物の際、桜の根本で鞠を蹴るという非常識な行動をとった増円は、醍醐法師らに追い回されて嫌われ、「うとめ増円」とよばれたと伝えられているが、彼の俗物ぶりをよく示すエピソードであろう。

(66)『明月記』建保元年正月二十八日条。

(67)『明月記』建保元年五月七日・八月十八日条。

(68)『明月記』承元元年四月二日条。

(69)『道家公鞠日記』建保六年四月八日条。後鳥羽院政期に後鳥羽院の蹴鞠熱から蹴鞠が隆盛を極めていたことは、渡辺融・桑山浩然『蹴鞠の研究――公家鞠の成立――』(東京大学出版会、一九九四年)六五頁〜七四頁。

(70)『駿牛絵詞』。

(71)『明月記』建暦二年四月二十二日条。

(72)『明月記』建永元年九月十七日条。

(73)『玉蘂』建暦元年八月十八日条。

(74)『明月記』建保元年八月六日・十七日条。

(75)『後鳥羽院宸記』建保二年四月十五日条。
(76)辻善之助『日本仏教史』第二巻(岩波書店、一九四七年)四〇頁以下、村山修一『比叡山史』(東京美術、一九九四年)二三五頁以下など。
(77)『明月記』建保元年十二月十日・十五日条。
(78)『御産御祈記』建保五年二月二十六日条。
(79)『御逆修部類記』(『伏見宮記録』利五十八所収)、『鎌倉遺文』第四巻二一六二号。
(80)杉山信三「法勝寺」(前掲『平安時代史事典』本編下所収)。
(81)『明月記』承元二年五月十八日条。
(82)『愚管抄』巻第二・巻第四。
(83)応永書写延慶本『平家物語』三(第二本)。
(84)上横手雅敬「幕府と京都」(『鎌倉時代政治史研究』所収、吉川弘文館、一九九一年、初出は一九七一年)。
(85)『明月記』承元二年六月三日条。
(86)『明月記』正治二年七月二十日条。
(87)『古今著聞集』巻第十六。
(88)『吾妻鏡』建久三年十二月十四日条。
(89)『大日本史料』第五編之三、八四七・八四八頁所収の『華頂要略』五十五上(寺領目録)。
(90)『京都市の地名』(平凡社、一九七九年)一五〇・一五一頁。
(91)摂津国椋橋荘については、月輪理「椋橋荘」(前掲『平安時代史事典』本編上所収)が詳しい。それによると、本来は豊島郡に摂関家領として成立したのが、平安末期までに川辺郡への出作により拡張され、前者が東荘、後者が西荘となり、それぞれ別々に相伝されたという。また、青山幹哉「亀菊」(『日本史大事典2』所収、平凡社、一九九三年)は、同地

が京都と瀬戸内海を結ぶ要衝であったことも、倒幕を意図する後鳥羽院にとって重要であったのであろうと指摘され、慈光寺本『承久記』によると、同地の地頭は北条義時であったことも指摘されている。なお、建長五年十月二十一日の近衛家所領目録（「近衛家文書」、『鎌倉遺文』第十巻七六三一号）によると、東荘は鎌倉時代には近衛家実・兼経父子が伝領し、西荘は「請所」として、「年貢、春日局沙汰」と記されている。この「春日局」とは、尊長旧妻の「春日局」と同一人物であろうか。

(92)『明月記』建保元年十一月十七日条。

(93)『吾妻鏡』承久三年五月十九日条によると、西園寺公経・実氏父子は、弓馬殿に「召籠」になったというが、『承久記』上では、馬場殿に「押籠」（幽閉）になったと記す。これらは、ともに尊長の行動としているが、『明月記』天福元年二月十日条によれば、藤原秀康が公経の一条西殿に馳せ来たって、「召籠」にしたのだと伝えている。だが、最初はともあれ、いずれにしても、尊長が西園寺父子拘禁の担当責任者になったと考えられる。

(94)『吾妻鏡』承久三年五月二十一日条。なお、一条頼氏の兄弟能氏の母方に当たる糟屋有久（後鳥羽院武者所）・有長兄弟は、『糟谷系図』（『続群書類従』第六輯下所収）によれば、京方に味方して、共に討死している。

(95)『承久記』上。

(96)同右。

(97)『吾妻鏡』承久三年六月八日条。

(98)寛元二年四月日付僧源尊重申状案（「内閣文庫所蔵周防国古文書」、『鎌倉遺文』第九巻六三一七号）。

(99)『春日大社文書』第二巻五二六号、『鎌倉遺文』第五巻二七六八号。

(100)『興福寺別当次第』、『興福寺院家伝』。

(101)村山修一、註(1)前掲『藤原定家』一六五頁、藤井崇「伊賀国黒田荘と大和国長瀬荘の堺論」（『日本社会史研究』第四十九号掲載、二〇〇〇年）六頁。

(102)『吾妻鏡』承久三年九月十日条、『承久記』下。なお、『吾妻鏡』の記す「長賢」は、「長厳」の誤りである。
(103)『百練抄』承久三年九月十七日条。
(104)『承久三年四年日次記』承久三年十二月九日条。
(105)『大日本史料』第五編之一、九五・九六頁によれば、藤原定輔は、承久三年七月二十日、恐懼に処されているが、ほどなく許されたようである。
(106)『明月記』安貞元年正月五日条。
(107)『明月記』安貞元年正月二十七日条。
(108)『明月記』安貞元年正月二十九日条。
(109)刑部僧正長厳については、前掲註(1)の村山修一『藤原定家』一五八〜一六二頁が詳しい。それによると、長厳は、修験者の出身であるらしい。後鳥羽院の誕生の際に祈禱を行って効験があったということで、最初は後鳥羽院の母である七条院の知遇を得、大和国檜牧荘を七条院に寄進することもあり、次第に後鳥羽院にも接近していったものと思われる。一時は仁和寺南勝院主でもあったらしく、尊長と同様に真言宗僧の時代もあったのである。やがて、長厳は、後鳥羽院や七条院の熊野御幸の先達を勤めるようになると、熊野三山の支配をめざすようになり、初めは熊野の僧徒らの抵抗もあったらしいが、承元元年には、ついに念願の熊野三山検校職に就任することになった。これは、それまでの園城寺長吏が就任する慣例を破ったものであったが、同三年の新宮炎上の後は阿波国を賜って再建に努め、合せて本宮の造営も行った。そのため、彼は、次第に熊野において力を蓄積していったものと思われるのである。
(110)『明月記』安貞元年正月二十八日条。
(111)『明月記』安貞元年三月十八日条。
(112)『熊野別当代々次第』(『熊野速玉大社古文書古記録』所収)。なお、この史料では、「安貞三年(戊子)七月」、琳快は下野国足利に流されたと記されているが、安貞三年は三月五日に寛喜と改元されているし、戊子年は安貞二年に当たり、

さらに琳快は貞応元年六月より「治山七年」とも記されているので、琳快の流罪が行われたのは安貞二年であったとみられる。

(113)『吾妻鏡』安貞元年二月二十九日条。なお、同年三月一日条によれば、鎌倉幕府は評定を開いて、もし熊野の神輿が入洛しそうな動きがあれば、「京畿御家人等」を徴集して阻止するよう決定したとされる。
(114)『明月記』安貞元年閏三月十五日条。
(115)『明月記』安貞元年閏三月十九日条。
(116)『明月記』安貞元年閏三月二十七日条。
(117)『明月記』安貞元年六月十一日条。
(118)『吾妻鏡』安貞元年六月十四日条。
(119)大友能直・親秀父子については、渡辺澄夫『増訂豊後大友氏の研究』(第一法規、一九八二年)、芥川龍男『豊後大友一族』(新人物往来社、一九九〇年)など。なお、『明月記』嘉禎元年三月二十八日条には、同月二十六日に、大炊入道(大友親秀)の所従らが、日向前司(藤原宣親)を殺害した事件についての記述があるが、大炊入道について「不知実名、筑紫大鞆の子なり。」と注記されている。
(120)「志賀文書」、『豊後国大野荘史料』一〇・一三号。
(121)『吾妻鏡』貞応二年十一月二十七日条。
(122)『尊卑分脈』第一篇三二七頁。
(123)『明月記』安貞元年八月十二日条。
(124)『吾妻鏡』文治元年十一月二十九日条。
(125)司馬遼太郎「十津川街道」(『司馬遼太郎全集』55所収、文藝春秋、一九九九年)三六一・三六二頁。
(126)『仁和寺日次記』承久二年十二月十二日条。

(127)『明月記』安貞元年六月八日・十一日条。なお、同年八月十二日条によれば、尊長の「暦書日記」が発見されたということなので、おそらくそれに名前のみえた人々が連坐したものと思われる。
(128)『吾妻鏡』元仁元年六月二十八日～閏七月三日条。
(129)新兵衛尉（和田朝盛）は、『浅羽本系図』（『大日本史料』第五編之三、八四四・八四五頁）によれば、佐久間家村の養子としてみえるが、その注記によれば、承久の乱で敗北後、越後国奥山荘や尾張国御器曾保などに潜伏していたとされる。だが、彼は、第一節で述べたように、京都において、尊長を密告しながらも逮捕されているので、尊長との接触を有していたわけである。
(130)石井進「伊賀氏の変」（『国史大辞典1』所収、吉川弘文館、一九七九年）でも、尊長が語った伊賀氏による北条義時毒殺説は、案外真実をついているかもしれず、少なくとも伊賀氏らが一条実雅を通じて承久の乱の京方の残党の動きと結びついていたことは、十分に考えられるとしている。
(131)竹島寛「寺院の師資相続と血統相続」（『王朝時代皇室史の研究』所収、右文書院、一九三六年）、西口順子『女の力――古代の女性と仏教――』（平凡社、一九八七年）第四章など。
(132)『興福寺別当次第』、『元大乗院松園家譜』など。
(133)『続日本の絵巻14春日権現験記絵下』（中央公論社、一九九一年）五六頁。
(134)『明月記』文暦元年八月十五日条。
(135)『吾妻鏡』宝治元年四月二十八日条によると、将軍九条頼嗣の室（御台所）に邪気が取り憑いたということで、長能僧都が修験者として祗候したという。また、建長四年正月十二日条によれば、長能は鎌倉の大倉の坊に居住していたことがわかる。
(136)『吾妻鏡』建長四年正月十二日条。この条文でも、「刑部僧正長賢」と記されているが、註(102)でも述べたように、「刑部僧正長厳」の誤りである。

Ⅵ　院政時代における預所職

一　緒　言

院政時代に設定された荘園が、ほとんどすべて寄進形式により設定された寄進型荘園であることは、周知のところであろう。

ところで、その寄進型荘園については、中田薫氏が肥後国鹿子木荘のいわゆる「鹿子木荘事書」に注目されて以来、(1)数多くの研究成果が蓄積されてきたが、今日では一般に図式Ⅰのような支配組織をもっていたものと説明されている。(2)あるいは、永原慶二氏は、図式Ⅱのように簡略化され、本家から預所までが中央領主で、下司が現地領主（寄進主）と説明しておられる。(3)

〔図式Ⅰ〕

本家（本所）――領家（領主）――預所――下司（地頭）――公文

〔図式Ⅱ〕

本家――領家――預所――下司

これらは、ともに荘園領主の性格や時代的差異などを捨象しているといえようが、院政時代に限定してみると、これらの図式中の「預所」の扱いが大いに気にかかる。それは、院政時代においては、本家（本所）のもとにある領家が、しばしば「預所」とよばれ、預所は領家と同義に用いられているからである。(4)また、預所には、「地頭預所」等と

も称されるものがあり、それは領家とは明らかに異なり、下司クラスのものであろうことは、私も以前に指摘したことがある。(5)

しかしながら、依然として図式Ⅰ・Ⅱのように説明されているのが現状であり、高等学校用教科書でも、「鹿子木荘事書」の中にみえる「預所職」について、「ふつう預所は下司・公文などの下級荘官を指揮して現地を管理・支配する荘園領主の代官。」と説明されている。(6) そのうえ、近年では、鹿子木荘の場合に「領家職から分化した預所職」という解釈もされている。(7)

したがって、本稿では、これまでも寄進型荘園の典型として扱われてきた肥後国鹿子木荘の事例を検討し、預所職に関する私見を再度具体的に提示することにしたい。

二　鹿子木荘の成立事情

さて、その肥後国鹿子木荘に関する史料のうち、立荘に関する基本史料としては、次の二通があげられる。

〔史料一〕 中原親貞解案(8)

（端裏書）「本□

本公験紛失状依二紛失一㋑領家願西立二証験一案　自二寿妙一至二親貞一相伝手継案　初度申状具書四内」

鹿子木荘㋺検校職者、親貞相伝由緒、本自皆知置之上、申旨明白也。早以二此状一可レ為二後代公験一者。

沙弥（願西）在判

（異筆）「永仁二　八　九　校正了」

中原親貞解　申請　領家（ハ）政所裁事
請レ被下殊蒙二　鴻恩一、鹿子木御荘預所職（ニ）次第相伝文書等、為二盗人一依レ被二引失一、為レ備二向後証拠一、成中下　御
判上子細状。

右、謹検二案内一、件預所職（ホ）相伝由来者、根本領主沙弥寿妙也。彼寿妙譲二嫡男重方一、次重方譲二嫡男高方一、次高方譲二養子重俊一、次重俊譲二聟行親一、次行親譲二嫡男親貞一、次第相伝如レ此。而高方之時、為レ被レ停二止国衙之非法一、去応徳三年冬比、相二具調度文書一、奉レ寄二進大弐殿実政御領一畢。仍於二地頭預所職（ヘ）一者、以二本領主高方之子々孫々一、永可レ為二重代伝領之職一之由、賜二彼家下文一、代々所二相伝来一也。然間親貞為二御使一下二向彼御荘一之刻、相伝所帯之文書等、雖レ可レ置二私宿所一、成二盗人之恐一、納二置　殿御倉一、罷下之間、去十一月廿二日夜、数多群盗乱入、打二開御倉一、不レ残二一物一掠取畢。其内私文書等少皮古同被二取失一畢。若雖二末代一、帯二件文書一有下致二濫訴一之輩上者、処二被《ヒ》〇（彼）盗犯伴類一、可レ被レ行二罪科一也。但如レ此引二失田園文書一之時、立二紛失状一、取二国司判行〔形〕一者、承前之例也。而今於二親貞文書一者、年来知二食子細一之上、於二御倉一失畢。何及二他人判行〔形〕一哉。只恐申二下　領家（ト）御判一、欲レ備二後代之証文一。望請　鴻恩、垂二御賢察一、早被レ成二下　御判一者。将レ仰二　正理之貴一矣。仍勒二子細一、以解。

長寛二年十二月廿七日　　中原親貞上

〔史料二〕鹿子木荘文書目録案（9）
（端裏書）「寛杲給二賢勝一文書目録」
肥後国鹿子木荘文書目録
合拾通内

一通二枚　根本領主沙弥寿妙本公験長元二年十月日
一通十一枚　寿妙嫡男重方領掌公験長暦二年二月日、永保四年二月日
一通二十枚　荘号時院使主典代俊弘立券保延五年十一月日
一通五枚　院宣并府宣・施行宣・国在庁請文等案保延五年三月二日
一通四枚　津屋沙汰国司庁宣等同六年四月六日
一通四枚　故入道両度譲状案初度保元二年正月日、第二度承安二年十一月廿日
一通三枚　付㆓播磨局所時（マヽ）院宣状㆒、故入道在日陳状案承安五年三月日
一通二枚　予以㆓預所職㆒㋠、永補㆓賢勝㆒状安元二年三月二日
右、鹿子木荘預所職㋷、且任㆓親直契状㆒、且依㆓年来随遂〔逐カ〕之恩顧㆒、向後更為㆑令㆑無㆓相違㆒、注㆓文書目録㆒、永所㆑譲㆓与賢勝㆒如㆑件。

安元二年三月二日

（史料中の傍線および㋑・㋺・㋩などの記号は、後述の便宜上付したものである。以下も同様である。）

この二通により、まず、鹿子木荘の「根本領主」あるいは「本領主」とよばれる「沙弥寿妙」が、その「本公験」を獲得したのは、長元二年（一〇二九）十月であったことが知られる。その場合、寿妙が獲得した権限がどのようなものであったかについては、現存史料だけからは容易に判定することは困難であるが、(10)ともかくその権限は寿妙の嫡男重方へ、さらに重方からその嫡男高方へと相伝されたのである。そして、その高方のとき、すなわち応徳三年（一〇八六）の冬の頃、高方は国衙の非法を停止するために調度文書を添えて、大宰大弐藤原実政の「御領」に「寄進」したの

である。[11]この「寄進」の際に、のちに検討する史料六（「鹿子木荘事書」）の(2)によると、藤原実政を領家と号して年貢四百石がその得分（収入）の額と定められたというが、この「寄進」によって成立した関係も、寛治二年（一〇八八）の藤原実政の配流事件[12]によって、一旦は全く反古の状態になってしまったと考えられる。

つまり、この配流事件とは、正八幡宮の神輿を藤原実政の従者等が射たことにより惹起されたとみられるが、もとよりその背景には正八幡宮や、その支配権を有する宇佐八幡宮と大宰府との対立があったであろうことは、当然想定されるところであり、[13]当該期の寺社勢力の動向と必ずや関連があったものと考えられる。[14]だが、それはともかく、その結果、前参議、従二位藤原実政は、大宰大弐を辞して帰京していたにもかかわらず、伊豆国への遠流と決定され、途中の近江国で出家してもなお許されず、寛治七年（一〇九三）二月十八日、結局、配所において七十五歳で没した。また、実政の子である左少弁敦宗も縁坐に処せられ、左少弁とともに兼任していた修理左宮城使・文章博士・摂津守を解任されている。さらに、目代として実政に仕えたと考えられる肥後前司源時綱[15]は安房国へ配流、実政の従者であったと考えられる庁官ら八人は土佐国へ配流されたのである。こうして、実政の犯した罪が「大逆」[16]と判定された以上、おそらく実政の領家としての権益は没官されたものと考えられる。[17]

あるいは、高方による再度の「寄進」が行われたものとも考えられるが、後掲の史料四・五から知られるように、実政の領家としての権益は、一旦は没官されたうえで、寛治二年（一〇八八）の実政配流後、白河上皇からその近臣である藤原公実に与えられた可能性がもっとも高いと思われる。[18]ともかく、公実が獲得した権益は、やがて彼の女婿である藤原経実、ついでその子の隆通（法名は願西）へと伝領されたのであるが、その隆通のときに立券荘号が行われたのである。それは、後掲の史料六の(4)から「高陽院内親王」家領としての立券荘号であったことがわかる。そして、

その時期は、史料二から保延五年（一一三九）十一月頃であったことがわかる。しかも、その時の立荘が鳥羽上皇の院宣により行われ、院使として主典代が現地に派遣されていること、あるいは後掲の史料四に「鳥羽院庁御下文案一通保延五年」とみえることなどから、この時の立荘は、いわば院領荘園としての立荘であったことは確実である。

なお、石井進氏は、その時の領家が公実・経実・隆通のうちの誰であるかは不明であるとされているが、[19]後掲の史料六の(4)によれば、隆通（法名は願西）であったことが知られるのである。[20]そして、その隆通がどのようにして鳥羽上皇や高陽院内親王と関係をもったのかということについては明確な史料はないものの、保延五年（一一三九）十二月二十七日に元服式を挙行した雅仁親王の妃となったのが、隆通の姉妹の懿子であったことや、[21]彼の娘のひとりが高陽院女房であったことと無関係ではあるまい。すなわち、後掲の史料五・六などから知られるように、鹿子木荘はのちに勝功徳院領となっているのであるが、その勝功徳院は高陽院内親王の遺骨を安置・供養するために、内親王の養母である高陽院（藤原泰子）によって建立されたものであることなども考慮することにより、[22]鳥羽上皇の皇子雅仁親王妃となった懿子や鳥羽上皇の夫人（皇后）である高陽院に奉仕した女房が、立荘過程に介在したであろうことは推察することができよう。

三　鹿子木荘の伝領過程

つぎに、以上のような鹿子木荘の院領荘園としての立荘過程の考察を踏まえて、さらにその「預所職」（「地頭預所職」）の伝領過程および「領家職」の伝領過程を検討することにする。

まず、「預所職」については、前掲の史料一により、高方以来の系譜を知ることができるが、それは㊁・㋭の「預所

職」の「次第相伝」であった。そして、その「預所職」とは㋠・㋷にもみえるが、正確には㋬の「地頭預所職」と称するものであり、本来「大弐殿実政御領」、あるいは㋑・㋩・㋣などの「領家」に対しての呼称である。また、それは、史料一の外題にある㋺の「検校職」とも称されたのであるが、高方以来、重俊・行親を経て親貞に伝領されたものであった。その後は誰がその「預所職」を相伝したかは判然としないものの、史料二から推定すれば親直であったとみられる。さらに、同じく史料二によれば、その親直についで賢勝がその「預所職」に補任されたことが知られるが、それは親直の契状により寛杲が補任したものであった。

　一方、後掲の史料五の㋾や史料六の㋻・㋟・㋹・㋞・㋤などの「領家」、すなわち史料六の㋰にみえる「領家職」は、前述のとおり実政から公実・経実を経て隆通へと伝領されたが、この隆通のときに至って伝領をめぐる問題が惹起されたのである。その原因については、石井進氏が詳述しておられるが、[23] その最大の原因は、隆通自身が、その三人の子供たちに、それぞれ領家職を悔返しながら複雑に譲与したことにあるとみられる。

　そこで、それに関連する基本史料三通を、つぎに掲げる。

〔史料三〕 比丘尼清浄解[24]

比丘尼清浄解　申進陳状事

弁下申藤原氏称レ得二故大納言局譲状一、構競二㋦望預所職一不□上。

副進

院庁御下文案一通

御室庁御下文案一通

返進本解幷副文等

右、得二藤原氏二月　日解状一云、云々者。就二件証文幷解状一、謹検□〔案内カ〕、a 親父願西与大納言局存生之時、被二不孝一畢。仍悔二返彼文□〔幷カ〕願西之譲状一。故　鳥羽院御代申二建于故美福門院一□〔経カ〕二院奏一無二裁許一。願西之知行無二牢籠一。然間彼大納言局先□〔年比カ〕夭亡畢。爰比丘尼清浄令レ相二承彼荘一元者。b 国司長光朝□〔臣停カ〕二荘号一、依レ令二国領一、願西忽失二途世之計一。c 示二談清浄一云、相憑□〔荘者カ〕被二顛倒一畢。付二本寺一雖二訴申一、御室更無二御沙汰一、何為哉。□〔汝者カ〕祗候人也。且存二父之孝養一。経二　院奏一、如レ本令二直立一哉。件□〔御荘カ〕儀、且可二相承一之故也云々。如レ此清談之後、依レ賜二契状一、願西□〔依涕カ〕d 泣令レ奏二達　建春門院御方一之処、有二御哀憐一、預裁□〔許畢カ〕。随二身　庁御下文一庁官修理属兼元、改打二牓示一堺四□〔至已カ〕畢。雖レ然於二荘務知行一者、任二願西一令レ致二沙汰一之間、阿闍□　□之気色□当今□致□〔種々結構カ〕、e 以二通子一清浄之女号也。知二行荘務一、可レ致二孝養一之旨、賜二預院庁御□〔下文御カ〕室庁御下文等一、領掌年尚。而今藤原氏号レ相二伝大納言□〔局譲状カ〕一、横競二(ル)望預所職一之条、不レ知二案内一左道事也。望請　天□〔裁カ〕永被レ停二止彼氏妄訴一者、将レ仰二憲法之貴一矣。謹陳解。

治承四年三月　日　　比丘尼清□〔浄〕

【史料四】 深賢申文(25)

伝灯法師深賢誠惶誠恐謹言

請レ被下特蒙二　天恩一、任二官符幷院宣等状一、重賜二　官符一、且備二永代証文一、且停中□〔止〕狼戻上。f 為二当国司一敦綱朝臣構二新儀一、称レ有二加納余田一、致二濫妨一仁和寺内□〔勝功徳院〕御領管肥後国鹿子木荘子□〔細〕。

副進

保元元年官符案一通

鳥羽院庁御下文案一通保延五年

後白河院庁御下文案一通

右、深賢謹検二案内一、件荘者、本是春宮大夫(藤原公実)家領也。次二位大納言(藤原経実)家伝領。次長〔承カ〕□刑部大輔隆通領知。次女子通子。次深賢依レ譲領掌。次第伝知之間、敢無牢〔籠　而カ〕□g国司長光朝臣之時、暫停二廃荘内半分一、暗以収公。仍入道雖二訴申一、寺家〔乍　愁カ〕□送二年月一之間、去承安元年之比、h通子経二院奏一之処、不日有二御沙汰一。且任二奏状一、召二預府宣・庁宣一。其上忝成二賜　院庁御下文一、差二遣庁官一。更被二立券一〔已　畢カ〕□。全無二加納余田一、知行来尚。子細見二　院庁御下文一。而敦綱朝臣去年猥乖聖〔旨　企カ〕□二新儀一、称レ停二廃加納一、忽相二語記録所問状使一、引二率数輩府使国使等一、無二左〔右〕□一於二荘家一擬二顚倒一之間、使等祇候。其費不レ可二勝計一。有レ限仏聖灯油料皆〔闕　怠カ〕□。罪業之至何事如レ之。奸濫之甚、無二物于取一喩歟。加レ之、法皇御遷〔化　之カ〕□後、違二背先例一。不レ用二証文一、宇佐造宮用途・同勅使雑事并阿蘇大〔明　神カ〕□課役等、任レ法切懸。連々譴責、難レ堪次第也。荘号以後、件等所役未レ知二勤〔仕　之〕□例一。望請　天恩、任二証文一、永可レ停二止自由非法一之由、被二　宣下一者。将レ備二万歳〔之　亀〕□鏡一矣。深賢誠惶誠恐謹言。

建久六年四月　日　　伝灯法師深賢

〔史料五〕 鹿子木荘領家相伝次第(26)

(端裏書)「鹿子木《ヲ》領家事」

肥後国鹿子木荘相伝次第

本領主参議実政卿──春宮大夫公実卿──大納言経実卿──刑部大輔隆通出家法名願西、此時寄二進勝功徳院一。──阿闍梨寛杲願西子息

──法橋覚暹──法眼定寛──法橋定暁──定胤──法印権大僧都房弁──遍誉──千寿丸──乙鶴丸

堀河大相〔国〕押領次第（源基具）

　通子願西息女、願西一期之後、可レ譲二与之由、雖レ令二約諾一、不議〔義〕之企非レ一之間、父願西変二約諾一之間、相二具調度文書等一、永譲二与子息寛杲阿闍梨一了。

　法印深賢通子養子、不レ帯二一紙証文一、称レ有二通子之譲一、横令二押妨一之間、覚暹就二訴申一、被レ尋二下文書之真偽一之時、悉焼失之由、申レ之。仍不実之趣、委被レ載二建久　宣旨一、覚暹預二裁許一了。而猶康業深賢兄弟被二濫妨一之間、須レ停二止之由、建久二年被レ下二院宣并官庁〔宮〕御教書一了。

　石蔵（岩倉）入道内大臣家（源具実）称二深賢譲一、掠申之間、自レ院、依レ被二執申一、雖レ有二御計一、定暁捧二相伝文書一、訴申之間、去正元々年十月定暁預二裁許一了。

　堀川大相国

以上の三史料から知られるように、隆通から「領家職」を一回ずつ譲与された三者、あるいはそのそれぞれの後継者らは、互いにその権益を主張して相論を繰り返したのである。そのとき、最初に脱落したのは、高陽院女房の系統であった。そのことは、史料五から明らかなように、十三世紀後半期には、高陽院女房の系統は他の二系統からは問題にされていなかったことから知られる。しかしながら、高陽院女房の系統も十二世紀末期まではまだ脱落してはいなかった。そこで、つぎにその三者の相剋について考察するが、それに関する「領家職」をめぐる三系統の関係図を便宜上十三世紀初頭頃までに限ってつぎに示しておく。[27]

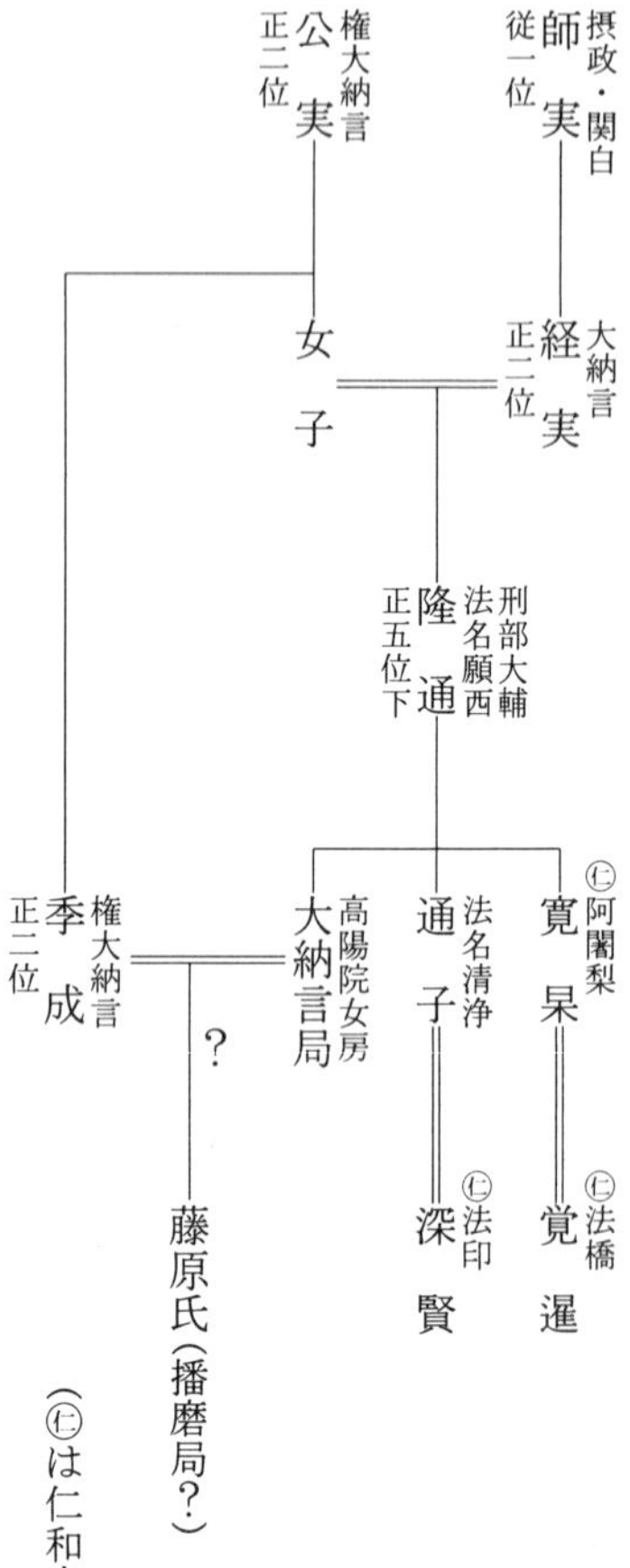

（(仁)は仁和寺の僧侶であることを示す。）

さて、まず史料三によると、通子（法名は清浄）と「藤原氏」との間における相剋がみられる。それは、aによれば、隆通は高陽院女房である「大納言局」に一旦は「領家職」を譲与したが、彼女が孝養を怠ったために悔返したという。そして、彼女が美福門院に申請して院奏を経たものの、隆通の知行には変わりはなかったという。ところが、bによると、国司長光が収公をはかったという。それは、gによれば、荘内半分の収公であったというが、隆通はたちまちに「途世の計らひ」を失い、すぐに御室庁に訴えたが、何の沙汰もなく、通子に頼って荘園を再興しようとしたらしい。その事情は、cにみえるとおりである。そこで、通子は、隆通の有する「領家職」を相承する約束で、d・hのように建春門院を介して荘園の再興に成功した。ただし、fにあるように、その後も国司による「濫妨」は存在したようであるが、ともかくその時点ではeのように、荘務を知行して隆通に孝養を尽くすようにとの院庁下文と御室庁下文などを賜ったのである。それでも、またもや「藤原氏」による訴訟が発生したことは、史料三にみえるとお

りである。だが、その後の経過については不明である。他方、寛杲の系統はiのように主張する。すなわち、通子はその後「不議（義）の企て一に非ざる」状態であったので、隆通はさらに通子との約束を解消して、その「領家職」を寛杲に譲与したというのである。

四　鹿子木荘事書の虚実

ところで、以上の考察経過から当然気づくことと思われるが、史料三にみえる㋦・㋸の「預所職」とは、前述の「地頭預所職」とは異なる系統の職、すなわち「領家職」であることが判明するのである。このことは、従来ほとんど留意されていなかったように思う。たとえば、石井進氏は、㋦・㋸の「預所職」について、「この『預所職』と、根本領主の系統をひく『地頭預所職』とは別なものであって、いわば領家職の権限を分与された内容のものと考えられる」と述べておられる。(28) また、副田秀二氏は、「領家職」を争っている尼清浄系と阿闍梨寛杲系は、それぞれ異なった荘園支配上の権利を持っているものとされたうえで、尼清浄系が開発領主である沙弥寿妙系を排除するため、それまでの「領家職」から「預所職」へと名称を変えたものとみておられる。(29)

しかし、「預所職」という語句は、その上級所職である「本家」ないしは「領家」に対して、相対的に使用される語句である。(30) とりわけ、「領家職の権限を分与された内容のもの」という表現は、不適当であろう。なぜなら、第一に、もし石井氏の見解に従えば、史料三にみえる隆通が「大納言局」に与えた「譲状」を悔返したという部分が理解困難となるし、第二には、「鹿子木領家事」という端裏書をもつ史料五も理解困難となるからである。つまり、鹿子木荘の場合には、隆通以後の「領家職」をめぐる相剋のなかで、二様の意味で「預所職」の語句が使用されているのである。

すなわち、通子（法名は清浄）系において、あるいは高陽院女房系においても、勝功徳院あるいはそれを管理下におく御室庁に対して、「預所職」と称しているのに対して、寛杲系の史料（東寺文書）である史料一・二では、実政が領家として設定された時点での、「地頭預所職」あるいは「検校職」と称された所職を、「預所職」と称しているのである。したがって、その点に留意すれば、高方以来の「預所職」とは、一般には「下司職」と称されるべき内容のものであったに相違ない。

そこで、つぎに問題の「鹿子木荘事書」をみることにする。

〔史料六〕 鹿子木荘事書案(31)

「事書《端裏書》　奉行遣了」

鹿子木事

(1)一当寺相承者、開発領主沙弥寿妙嫡々相伝之次第也。

(2)一寿妙之末流高方之時、為レ避レ借二権威一、以二実政卿一号二領家一㋻以二年貢四百石一割二分之一。高方者為二∩《荘家》領掌進退之預㋕所職一。

(3)一実政卿作二証文一賜二高方一。其意云、j於二預㋵所職幷荘務領掌一者、一向高方之末流可二進退一。若背二此義一者、我末流不レ可レ為二領家㋟一云々。

(4)一実政之末流願西微力之間、不レ防二国衙之乱妨一、k是故願西以二領家㋹得分二百∩《石》一、寄二進高陽院内親王一、件宮薨去之後、為二御菩一被レ∩《立》二勝功徳院一、被レ寄二彼二百石一。其後為二美福門院御計一、被レ進二付御室一。是則本家之始也。

(5)一㋞領家願西之〔嫡子〕末流寛杲阿闍梨以ニ代々文書一、賜ニ㋡預所高方之末葉賢勝一。剰作ニ証文一、重賜レ之。其意云、於ニ1㋧預所職一、若為ニ違乱一輩者、非ニ我末流一、頗不レ知レ恩之人也。不レ可レ為ニ㋤領家一云々。

(6)一寛杲之末流覚暹上座背ニ寛杲之契状一、㋶預所職三方之内、以ニ西荘一方一押ニ取之一了。実政卿・寛杲等之契状分明也。違ニ背▨此一之上者、覚暹何為ニ㋰領家職一乎。▨於レ今者併㋒預所可ニ一円領掌一之条、道理顕然也。

(7)一願西之時、所レ立本家職之年貢二百石者、永代不レ可ニ違失一、願西之時無レ枉レ法、本家又無ニ違約一故也。

凡弘仁格云、空閑之地自レ今以後賜ニ冀申輩一。為ニ常地一、若授レ地人、二年不レ開者、改賜ニ他人一。遂以ニ開熟之人一、永為ニ地主一。

天平式云、墾田自レ今以後任為ニ私財一。

説者云、開発田地皆以ニ開熟人一、永為ニ私財一、以ニ次第手継一、可レ令ニ領掌一。

この史料六の成立については、石井進氏がすでに検討されておられるように、[32]十三世紀末期の永仁二～四年（一二九四～一二九六）頃に成立したと推定され、またその作成目的は、「東寺供僧等申文」[33]にみられるように、「地頭領主職」すなわち「地頭預所職」を相伝したという、「藤原氏女」と「約諾」を結んだ東寺供僧が、その彼女の有する権益を史料六のjやlのように主張するためであった。その彼女の有する権益とは、具体的には史料六の㋕・㋵・㋧・㋶の「預所職」、そして㋡・㋒の「預所」としての権益である。要するに、「藤原氏女」は、その権益の確保のため、当荘の「預所職」を東寺に寄進する代わりに、それまでの領家を排除することを、東寺に要求しているわけである。そこで、東寺の側では、「鹿子木荘事書」などの書類を作成し、裁判に及んだものと思われる。[34]ここでは、領家の下の

所職である預所に荘園領有の実権があるとの主張がみられるが、それは史料六の(1)から(7)までにみごとに理論構成されているのである。そして、史料六の最後には、『法曹至要抄』からの引用と思われる法的根拠が示されてはいるが、鹿子木荘が院領荘園として立券された当時の実態とは、あまりにかけ離れた主張といわざるをえない。ただし、kの部分では、その年貢額の確認はできないものの、事実関係を述べているように思われる。また、(7)の項目から判断すると、「本家」である仁和寺（御室）の受け取る年貢額が、少なくとも十三世紀末期頃には二百石であったらしいことはわかるのである。そのため、「鹿子木荘事書」が、全くの虚偽を記しているとも思えないのである。

五　結　論

このように、鹿子木荘の場合には、同じ「預所職」の名称を有する所職でも、その指し示す実体は明らかに二種類あることが確認できたのであり、その点では図式Ⅰ・Ⅱは、少なくとも院政時代の荘園支配の構造を示しているとはいえないのである。

換言すれば、寄進関係により生じた上級領主に対して「預所」あるいは「預所職」と称するのであり、反対にその際の上級領主は、その下級領主に対して「領家」あるいは「領家職」と称するのである。また、さらに上級の「本家」を設定した場合には、その「本家」に対して、前述の「領家」・「領家職」は「預所」・「預所職」と称することもあるのである。したがって、その後者の場合には、その「本家」自体も、領有者の意味から「領家」と称されることはあったのである。

つまり、荘園制度上の呼称は、公法的制度上の呼称とは異なり、相対的にも使用されることはあったのであり、そ

のことは現地の荘官の呼称がさまざまであることにもよく示されているといえよう。従来は、とかく史料上の文言自体に囚われてきた嫌いがあるが、時代的な差異にも留意しながら検討してみれば、本稿の結論に達するものと思う。なお、図式Ⅰ・Ⅱの支配構造とは、承久の乱以後、すなわち院政時代終了以後の実態に近いものと思われる。とくに鎌倉時代の東寺供僧の供料荘支配の場合などにみられる実態に近いものと思われるが、それは院政時代の実態を示しているとはいいがたい。[35][36]また、副田秀二氏は、根本領主である寿妙の家系が在地に根を張った者ではなく、実は「国司クラスの中級貴族層」であったと主張されているが、[37]「中級貴族」とはいえなくとも、荘官には中央の官人も多く、彼らが多くの開発領主の組織者であったことは、私も以前に指摘したことがある。[38]

註

(1)中田薫「王朝時代の庄園に関する研究」(『国家学会雑誌』第二〇巻第三号～第一二号掲載、一九〇六年、のち『法制史論集』第二巻所収、岩波書店、一九三八年)。
(2)石井進「荘園の領有体系」(『講座日本荘園史2荘園の成立と領有』所収、吉川弘文館、一九九一年。以下、石井a論文)九八頁。
(3)永原慶二『若い世代と語る日本の歴史12荘園』(評論社、一九七八年)一〇三頁。
(4)上島有「預所」(『国史大辞典1』所収、吉川弘文館、一九七九年)。
(5)拙稿「院領荘園支配機構とその性格」(『学習院史学』第十八号掲載、一九八一年、のち『院政時代史論集』所収、続群書類従完成会、一九九三年)二〇〇・二〇一頁。
(6)石井進、ほか十四名共著『詳説日本史』(山川出版社、一九九四年)七八頁。

(7)工藤敬一「預所」(『日本史大事典1』所収、平凡社、一九九二年)。
(8)「東寺百合文書」そ、『平安遺文』第七巻三三二二号。
(9)「白河本東寺百合文書」一〇七、『平安遺文』第七巻三七四八号。
(10)寿妙が獲得した権限の内容については、従来、二説が対立している。そのひとつは、中田薫氏が主張されて以来多くの支持をえてきたものであるが、領主としての寿妙は、その所領に対して全一的な形で支配権を獲得したとする説である。一方、永原慶二氏は、「開発領主」である寿妙が、その「開発私領」に対して全一的支配権を獲得したとは考えられないとする説を提唱されている(「荘園制の歴史的位置」、『日本封建制成立過程の研究』所収、岩波書店、一九六一年)。また、石井進氏は、寿妙の獲得した権限の内容は明らかではないとされながらも、おそらく国衙領内の郡司職・郷司職のようなものであろうと推測されている(「荘園寄進文書の史料批判をめぐって――『鹿子木荘事書』の成立――」、『中世史を考える――社会論・史料論・都市論――』所収、校倉書房、一九九一年、初出は『鹿子木荘事書』の成立をめぐって」、『史学雑誌』第七十九編第七号掲載、一九七〇年。以下、石井b論文)。私見では、史料二の文書目録のなかにみられる寿妙の嫡男重方が有したという長暦二年(一〇三八)二月日付と、永保四年(一〇八四)二月日付の十一枚にのぼる「領掌公験」の存在にも留意する必要があると思う。すなわち、寿妙の獲得した権限は、「開発私領」としての権限であれ、国衙の公権に関わる権限であれ、のちにみるような広大な面積を占める所領に対する権限ではなかったと思われるのであり、嫡男重方、嫡孫高方と世代を重ねるなかで、所領が拡大していき、「寄進」の必要に迫られたものと思う。要するに、私見では、永原説を妥当と考えるが、寿妙やその嫡男重方のときには、「国衙の非法」を回避するための「寄進」という行為が必要でなかったことだけは確認しておきたい。
(11)この時の「寄進」の実体について、中田薫氏と永原慶二氏との見解には、註(10)でみた両氏の説とも関連して、大きな差異がみられる。それについては、石井進氏が、それぞれの側の主張を整理しておられる(石井b論文、一九一・一九二頁)。

(12)藤原実政の配流事件に関する基本史料は、次のとおりである。
(A)『帥記』寛治二年十一月三十日条。
(B)『中右記』同日条。
(C)『百練抄』同年十一月二十九日条。
(D)『百練抄』同年十二月二十四日条。
(E)『扶桑略記』同年十二月一日条。
(F)『十三代要略』同年十一月三十日条。
(G)『一代要記』参議従二位藤原実政の後付。
(H)『公卿補任』寛治二年藤原実政の後付。
(I)『弁官補任』寛治二年条。
なお、(C)・(F)・(G)・(H)にみえる「正八幡宮」を、石井進氏は、大隅正八幡宮のこととみておられるが(石井b論文、一九八頁)、(E)に「依二宇佐宮愁一也」とあることからも知られるように、現在の福岡県行橋市草野にある正八幡宮と推定される。詳細は『神社辞典』(東京堂、一九七九年)の「正八幡神社」の項参照。

(13)藤原実政の配流事件が発生したときは、宇佐八幡宮の勢威が拡大し、その勢力がもっとも充実した時代であった。その詳細については、中野幡能『宇佐宮』(吉川弘文館、一九八五年)一一一・一一二頁参照。

(14)当該期の寺社勢力の動向については、黒田俊雄『寺社勢力——もう一つの中世社会——』(岩波書店、一九八〇年)四九頁以下参照。

(15)『尊卑分脈』第三篇三七四頁によると、時綱は、光孝源氏であり、その付記には「肥後守・従五上」とみえる。また、その子昌真の付記には、「坐」事配二伊豆国一、自害云々」とみえるので、時綱の子息も事件に縁坐していることがわかる。一方、『尊卑分脈』同頁によると、時綱の父である信忠にも「肥後守・従五上」と付記されているところから、この信忠・

時綱の父子と肥後国の在地勢力との関わりが想定できる。このうち信忠については、いつ頃に肥後守であったかは不明であるが、時綱の方は、宮崎康充編『国司補任』第五の五八八頁によると、承暦年間（一〇七七～一〇八一）の頃に肥後守であったことがわかる。そのため、寿妙の嫡男重方と時綱の関わりが想定でき、さらに重方の嫡男高方が時綱を媒介として、実政に対して所領の「寄進」を行った可能性が極めて大きいと推察されるのである。

(16)『百練抄』寛治二年十二月二十四日条には、「実政犯二真大逆一之由、諸卿定申」と記されている。

(17)賊盗律では、「謀反及大逆者、（中略）資財・田宅・並没官」と規定されている。また、崇徳朝頃に成立したと考えられる『法曹至要抄』も、法意には何らの変更も記していない。また、『兵範記』保元元年七月十八日・保元二年三月二十九日条にみられるように、保元の乱後、「謀叛人」らの「田宅・資財」は没官されている。

(18)藤原公実が白河上皇の近臣として、いかに大きな力を有していたかについては、角田文衞『椒庭秘抄——待賢門院璋子の生涯——』（朝日新聞社、一九七五年）参照。

(19)石井b論文、一九九頁。

(20)なお、藤原公実が薨去したのは、嘉承二年（一一〇七）のことであり、藤原経実が薨去したのが、天承元年（一一三一）のことであることは、『公卿補任』などを参照すればわかることであり、保延五年（一一三九）十一月当時の領家が藤原隆通であることは明白である。

(21)雅仁親王（後白河天皇）と藤原懿子との関係については、角田文衞氏の註(18)前掲書二三九・二四〇頁参照。

(22)高陽院内親王は、本名を叡子内親王といい、鳥羽上皇と美濃局との間に生まれている。彼女および勝功徳院についての詳細は、杉山信三『院家建築の研究』（吉川弘文館、一九八一年）九一～九三頁参照。

(23)石井b論文、二〇〇～二〇二頁。

(24)「僧綱申文紙背文書」、『平安遺文』第十巻五〇六四号。

(25)「僧綱申文紙背文書」、『鎌倉遺文』第二巻七八〇号。

(26)『教王護国寺文書』巻一、六一号。
(27)史料二・三・四・五および『尊卑分脈』第一篇一二一・一八五・二〇七頁などを参照して作成した。なお、史料二にみえる「播磨局」や史料三にみえる「藤原氏」については比定が困難である。
(28)石井b論文、二〇三頁。
(29)副田秀二「肥後国鹿子木荘についての再検討」(『熊本史学』第六六・六七合併号掲載、一九九〇年)六一頁。
(30)註(5)拙稿二〇一頁。
(31)「東寺百合文書」し、杉本尚雄編『肥後国鹿子木・人吉荘史料』三四号、『新熊本市史』史料編第二巻所収「東寺百合文書」一九号。
(32)石井b論文、二〇七・二〇八頁。
(33)「東寺長者補任巻第二下紙背文書」。この文書は、石井b論文の二〇六頁に所載。
(34)その際、史料五の「鹿子木荘領家相伝次第」、「鹿子木荘文書目録」(『教王護国寺文書』巻一、三二〇号)なども作成され、史料一・二などとともに提出されたものと考えられる。
(35)網野善彦「東寺供僧と供料荘の発展」(『中世東寺と東寺領荘園』所収、東京大学出版会、一九七八年)。
(36)石井a論文では、中田薫氏の法史学の方法を批判しているが、図式I自体の批判には及んでいない。
(37)副田秀二、註(29)論文、七二頁。
(38)註(5)拙稿二二四～二二六頁。

Ⅶ　荘園群編成とその経営形態

——荘園領主経済の実態分析——

一 緒 言

律令制的封禄制度が変質・崩壊したあとの貴族層の経済活動に関する研究は、主に公家領荘園の検討を通して進展してきたといえようが、荘園史研究全般の動向のなかでは、遅れをとっているようである。[(1)] これには、従来の荘園研究において、内部構造派と伝領派が二大潮流をなしていたことと、[(2)] 領主制理論をめぐる論争が活発化していたことが影響し、さらにはいわゆる社会史研究が盛行してきたことも、大きく影響していると思われる。[(3)] しかし、歴史を総体として捉えようとする場合には、国政上の主導的立場にあって、直接的にせよ間接的にせよ、政治に関与していたはずの貴族層の経済活動を追究しておくことは、けっして等閑に付すべきことではないはずである。

ところで、これまでは、竹内理三氏、[(4)] 橋本義彦氏、[(5)] 元木泰雄氏[(6)] らによって、貴族政権の構造やその経済的基盤について研究され、永原慶二氏[(7)] や佐々木銀弥氏[(8)] らによっては、院政時代の荘園領主は、その支配下の荘園を家産制的に編成し、その所課をもって自給的な経済活動を営んでいたことが指摘されている。そして、井原今朝男氏は、その公家領における自給的家産経済論をさらに発展させて、国政と家政の制度的分析から、荘園所課と諸国所課とに依存していた公家権門の領主経済が、公事・国役体制を基盤にしていたことを指摘されているのである。[(9)]

しかしながら、こうしたなかにあっても、永原・佐々木両氏の所説に対して、荘園的土地所有は個々分散的なものであり、自給的家産経済として完結できるものではなく、京都という都市を媒介とした荘園領主間の商品流通（交換経済）が想定しうるのであるから、荘園領主が計画的に荘園編成を行うことは困難であるとの批判もある。[(10)] また、寄進地系荘園（寄進型荘園）においては、受寄者である荘園領主は、もとより文字通り受身で荘園の寄進を受けるので

あるから、その領主的立場は弱く、年貢物は荘園領主の要求によって定まるものではないとの学説さえ根強く存在するのである。(11)

そのうえ、永原・佐々木両氏の史料操作には、かなり強引に思える部分がみえる。たとえば、永原氏の場合、応永十四年（一四〇七）作成の長講堂領目録でさえ、年貢得分等に関する記載は、ほぼ十二世紀末期の長講堂成立当時の状況を示すものと考えられるとして扱っておられる。他方、佐々木氏にしても、年未詳の「荘々所済日記」（『安楽寿院古文書』所収）、正中二年（一三二五）の「最勝光院荘園目録案」（宮内庁書陵部所蔵）、前出の応永十四年の長講堂領目録の内容を分析されて、これら三皇室領における貢納物分布によって、中世前期の地域的分業や産業構造の一端を窺うことができるかもしれないとされたうえで、荘園領主経済の論述を行われているのである。このように、両氏は、時代的相違（時間的経過）をあまりにも度外視しすぎているように思われる。すなわち、安楽寿院・最勝光院・長講堂などが成立した十二世紀のいわゆる院政時代当時と、承久の乱・元寇・南北朝の動乱などを経たあととでは、政治的状況はもちろんのことであるが、貨幣経済のなお一層の進展なども考慮に入れるならば、経済的状況もかなり相違しているものと想定する方が妥当であろう。ところが、それらのことが結果的にはないまぜにされているのである。

さらに、井原氏の場合も、摂関家の家政機関やその年中行事執行に関しては詳細な検討がみられるが、院（上皇・法皇）の関係については、やや不充分な嫌いがある。たとえば、「上皇家」でも、安楽寿院・最勝光院などの「国王の氏寺」とは区別された家の寺院では、諸国所課ではなく院領荘園の所課に依存したと思われるとしながらも、建久二年（一一九一）の長講堂所領注文で、荘園年貢・雑公事によって編成された諸用途は、御殿御装束に用いられる会場設営費・禄物布施料などの人件費・廻御菜・百種物など節料や、掃除人夫・御倉兵士などの人夫役に限定されているとし、

そこには長講堂の諸堂仏事に必要な仏供料、僧供料、灯油料、公卿・諸大夫らの饗禄など、一般に諸国所課とされる経費が一切計上されていないとされている。そして、それは、長講堂の領主経済が荘園所課のみでは完結しえなかったことを意味しているものとされておられるが、後述するように、この見解には、いささか従いがたい部分がある。そのほかにも、従来は一般的に行われてきたことではあるが、そもそも院領・摂関家領、その他の公卿家領などを一括して公家領と呼称して、それらを同様なものとして検討してよいのかどうかも問題であるといえよう。(12)

そこで、本稿では、以上の問題点を踏まえて、院政時代の院領荘園の経営形態を、とくにその荘園群編成に焦点を絞るかたちで検討することにしたい。その結果、荘園領主経済の実態を、多少なりとも明らかにしたいと考える。

二　院領荘園群の編成

院政時代に編成された荘園群といえば、古来著名なものとして、八条院領と長講堂領の名称をあげることができる。それは、この両荘園群が鎌倉後期以降、それぞれ大覚寺統と持明院統に伝領され、その両皇統の経済基盤として知られているからである。そして、その荘園数は、八条院領で約二二〇カ所、長講堂領で約一八〇カ所に及んだとされている。

しかしながら、この両大荘園群も、その成立時には、それだけの数量ではなかったことにまず注目してみたい。すなわち、八条院領の方は、永治元年（一一四一）三月の当初は、わずかに十二カ所を数えるばかりであったと推定される。(13)そのとき、八条院（暲子内親王）は、いまだ五歳であり、もちろん女院の立場ではなく、内親王の身位にあったにすぎないが、父の鳥羽上皇が出家して法皇になるに際して、荘園群を譲与してくれたものであった。その後、保元元

年（一一五六）七月に父が没し、永暦元年（一一六〇）十一月に母の美福門院（藤原得子）が没すると、その父母の遺領を伝領し、また応保元年（一一六一）十二月に院号宣下を受けて女院になったのち、仏法に帰依したところから、承安四年（一一七四）二月には、仁和寺内に蓮華心院を建立すると、その荘園群も加えて、平安末期における八条院領荘園群が、ほぼ成立したとみられている。[14] その数量は、安元二年（一一七六）二月日付の八条院領目録[15]によれば、一〇〇カ所ほどになる。[16] これらの大部分は、おそらく父母から伝領したものと想定することが自然と思われるが、八条院在世中にも、その近臣らを媒介として加えられたもののあることにも留意しておく必要があろう。

たとえば、文治二年（一一八六）十月、八条院女房の弁局が丹後国大内郷吉囲荘の預所職に補任されているが、この立荘は、弁局が八条院にその「相伝私領」である同国大内郷を寄進した結果であった。[17] しかも、寿永三年（一一八四）四月十六日付平辰清所領寄進状案[18]によれば、この立荘に先立って、寿永三年四月十六日（同日、元暦と改元）に、「散位平朝臣辰清」なる者が、その「所領大内郷」を「八条院女房弁殿御局」（弁局）に寄進し、その所領の「地頭職」を確保しようとしたことがわかる。その行為自体は、所領保護のために行う「職権留保付領主権寄進」の一例として、すでに著名なことではあるが、[19] 同年二月に摂津国で一の谷の戦いが発生したあと、翌三月頃には「平家没官領注文」が源頼朝に与えられることになっていたというような、背景にも注目しておく必要があろう。そして、同年四月初旬には、八条院を「本所」と仰ぐ平頼盛の家領が源頼朝より返還されていたことも、[20] 平辰清による「職権留保付領主権寄進」の動機のひとつとは考えられないであろうか。そこには、そのような時期的なものを考えれば、何とかして「職権留保」を行いたい平辰清の本心が全くなかったとはいいきれないように思われる。また、吉囲荘が所在した丹後国が当時、八条院分国であり、その国守が寿永二年（一一八三）以来十年以上もその任にあった八条院近臣の藤原長経で

あったことも、[21]立荘に際して関係があったことは当然である。それは、文治二年十月十六日付八条院庁下文案[22]の宛所をよくみると、実は「丹後国大内郷吉囲荘」と記されていることからも窺われる。すなわち、そこでは、「大内郷」と「吉囲荘」が並立的に記されているとも解釈できるのであるが、前後の事情からみれば、「大内郷」が「吉囲荘」と呼称されたにすぎないのである。ちなみに、約二年半前の元暦元年（一一八四）四月に、平辰清が弁局に寄進した際の寄進状には、確かに「所領大内郷」としか記されていなかったのであるから、大内郷内が二分されたのではなく、そのまま「吉囲荘」として立荘されたのである。もちろん、その立荘の際には、国司の認可、ひいては八条院の領承が必要であったはずである。

さらに、この立荘の際に吉囲荘の預所職を認められた弁局は、八条院に女房（上級の官女）として仕えていたわけだが、その名称からは弁官就任者と親子関係か婚姻関係かがあった女性であろうと推定される以外、具体的人物名を知りえない。そして、おそらく弁局とは、政治上の立場では、八条院に頼る以外の方策をもちえなかったのではないかと思われるのである。したがって、弁局に対して所領寄進を行って「地頭職」を確保した平辰清にしても、八条院にその所領の「本家職」を寄進した弁局にしても、その所領確保を行う上での八条院の政治上の存在は、きわめて大きかったことになる。それは、前出の文治二年十月十六日付八条院庁下文案のなかに、「限り有る御年貢備進の外《ほか》、預所職においては、知行領掌相違すべからず。」とし、また「子孫相伝せしむべし。」と記されているが、八条院側から「由緒有りと称し、その煩ひを成されば、更に寄進の限りにあらず。」と記されていることにより明らかである。すなわち、大切な年貢を八条院に納入する限りにおいては、弁局は「預所職」を確保することが許され、その職の「子孫相伝」は認められるが、年貢納入に「煩ひ」のある行為をなした場合には、八条院への「寄進」行為自体が全面的に無効と

された、その所職保有も無効とされることを明記しているのである。

なお、この弁局については、次のような注目しておくべき承安三年（一一七三）九月二十日付八条院庁下文案[23]が存在する。

八条院庁下　興善院所領等
　可下早以二弁局一執中行荘務上事
山城国　拝志荘
近江国　石灰荘
　自余所領等略レ之
右、彼弁局今月十日解状偁、件荘郷村敷地等十六ケ所、或八条院御領、或民部卿三位局并惟方卿弁局等相伝之地也。仍所レ寄二進彼寺一也。彼局後胤令二荘務一、永代為レ無二失墜一、所レ仰如レ件。御荘官等、宜二承知一、敢不レ可二違失一。故以下。
　承安三年九月廿日　主典代散位大江朝臣在判
別当権大納言藤原朝臣在判
　前権中納言藤原朝臣在判
　前近江守藤原朝臣在判

この文中には「惟方卿弁局」とみえるが、この人物は時期的にも前出の弁局と同一人物とみてよいのではないかと思われる。そして、安楽寿院領への諸使乱入と「大小国役」（「国郡課役」）等の禁止を命令する、換言すれば、安楽寿院

領に対して、いわゆる不輸・不入の特権を与える、康治二年（一一四三）八月十九日付太政官牒案[24]をも参照すれば、その文中にみえる「興善院」が、もともと「九条民部卿」と号した代表的院近臣藤原顕頼[25]の建立した寺院であること、また文中の「惟方卿」がその顕頼の子であること[26]、さらに「興善院」は康治二年当時すでに安楽寿院の末寺として、その寺領ともども安楽寿院領であったことがわかる。そうであれば、弁局は、永暦元年（一一六〇）三月に藤原惟方が長門国へ配流とされた頃には[27]、おそらく惟方の親近者・縁者としての立場から、惟方の旧所領を伝領して保持していたものと思われるのである。しかも、この承安三年九月の八条院庁下文案によれば、このとき興善院の所領となった十六カ所が、それ以前において、すでに弁局ひとりによって保持されていたことがわかる。このことは、弁局が八条院女房として有力な存在であることを窺うに充分であるが、さらに興味深いのは、康治二年（一一四三）当時には、わずかに三カ所だった興善院領が、承安三年（一一七三）には十六カ所に増大している事実である。

この興善院領荘園群が増大しているという現象は、八条院領が増大していく現象を考える場合には重要な注目点であろう。前述の丹後国の「大内郷」の場合も、文治二年十月十六日付八条院庁下文案のなかで、「吉囲荘」と同格の関係で記載され、その本文中では「右荘」・「荘家」とみえているのであり、荘園としての扱いとなっている。そのうえ、承久二年（一二二〇）十一月七日付につち譲状案[28]によれば、この「大内郷」が「につち」なる人物から「さゑもんのかみのとのゝ御つほね」（左衛門督殿の御局）に譲与されていることがわかるが、さらに弘安七年（一二八四）三月十一日付宝覚所職譲状案[29]でも、つぎのように述べられている。

譲渡　丹後国大内郷預所職事

右荘者、宝覚重代相伝私領也。而相〻副開発領主出羽権守平辰清寄進状并八条院庁御下文・弁殿御局御譲状等正

文一、永代所レ奉レ譲二藤原氏女一実正也。向後更不レ可レ有二他妨一。兼又左衛門督局譲状者、依レ為二惣領之譲一、案文仁封レ裏進レ之。若云二子孫中一、云二他人之輩一、称レ有二宝覚之譲一、全成二違乱煩一之仁者、於二公家・武家一、不日令レ申二行重科一給者也。仍為二後代亀鏡一、譲渡之状如レ件。

弘安七年三月十一日　　　　権律師宝覚在判

これによれば、「につち」とは実は弁局をさしていると想定されるが、その「につち」から左衛門督局、ついで権律師宝覚、さらに藤原氏女へと、大内郷が相伝されていったことがわかる。そして、ここでも、やはり「大内郷」は荘園という扱いになっているのである。また、この史料によれば、大内郷の元来の寄進主体であった平辰清は、「開発領主」と記され、「出羽権守」であったこともわかるのである。

このように、「大内郷」とは記載されても、実質上は荘園として扱われた所領の存在したことがわかり、実際に正応元年（一二八八）八月日付丹後国田数帳[30]には、「大内荘九拾七町弐反三百歩」と記されているし、応長二年（一三一二）六月十一日付後伏見上皇院宣案[31]にも、「丹後国大内荘預所職事」と記されている。なお、文治二年十月十六日付八条院庁下文案には、確かに「大内郷」は「吉囲荘」と並立して記載されていたにもかかわらず、その後はその荘名がしばらく見当らなくなるのである。それは、正応元年に一応は成立したはずの丹後国田数帳にもみえないのである。ところが、建武五年（一三三八）正月日付源時重・左衛門尉政茂所領寄進状[32]、同年五月十八日付源時重領主職寄進状[33]には、再び「丹後国大内郷吉園荘」と記されている。ちなみに、文治二年十月十六日付八条院庁下文案では、厳密には「丹後国大内郷吉圍荘」とあり、「園」が「圍（囲）」になっているのである[34]。だが、それはともかく、この両文書では、「建武五年」と当時の北朝（持明院統）の年号を用いているところをみると、八条院領荘園群を伝領していたはずの南朝（大

覚寺統）とは敵対する立場に立っていたと思われる二人による寄進状であることがわかる。したがって、そのことに注意は必要であるが、正和四年（一三一五）七月十日付藤原氏女領主職譲状[35]によって、彼ら二人が、宝覚から大内郷を相伝していたはずの藤原氏女より、その領主職を譲与されていたことは確認できるのである。そうであれば、彼らが再び「大内郷吉園荘」の用語を用いているのは、文治二年十月十六日付八条院庁下文案にみえる用語を用いようとし、誤写したまでのことであろうが、「吉園荘」あるいは「吉囲荘」というのは、元来一種の仮名であったように思われる。そして、ここで確認しておきたいことは、周知のところであろうが、たとえば丹後国有頭郷が立荘されて有頭荘（宇津荘）となり、さらに平治の乱後に当荘を伝領した後白河院の近臣藤原成親が、同国の知行国主時代[36]に神吉・八代・熊田・志摩・刑部などの五郷も加えて、承安四年（一一七四）には後白河院御願の法華堂領として寄進し、吉富荘という「一円之荘号」を称したことである[37]。この場合にも、後白河院を背景とした院近臣が郷を荘園化し、めでたい荘名をつけているが、それは八条院を背景として、その女房が吉囲荘を立荘したことと軌を一にしているといえよう。こうして、このような形態で立荘することが可能であったのであれば、院や女院の御願にかかる寺社領荘園群の設定は、想像以上に容易であったことになる。そして、それは、院宮分国制や知行国制が一般化したことを、最大の背景にしているものと想定されるのである。

そのため、以前に述べたことではあるが[38]、院政時代初期の頃、たとえば尊勝寺建立の際には、まずは「御封」（封戸）を提供し、なお寺用の経費が不足する場合に限って荘園を設定するべきことを、白河法皇が指示したことがわかり、「貢進人」の希望のみに沿って立荘してはならない方針が明示されたこととは[39]、やや異なる現象がみられるようになったことを予想させる。また、平治元年（一一五九）九月二十九日付太政官牒案[40]に引用されている美福門院奏状にも、

次のように述べられている。

なかんづく院宮建立の堂塔は、新たに公領を寄せ、更に仏事に宛て、不輸の官符を申し賜はるは、あに承前の恒規にあらざらむや。当御塔に至りては、且は朝憲の新制を恐れむがため、且は国用の少減を顧みむがため、不輸の旧領をもって、莫大の御願を施さむ。信は潔白を表し、事は倹約に渉り、宣下の処、何ぞ恩許を滞らむや。

ここには、院宮御願の寺院の堂塔領としては、新たに公領が寄進された場合、不輸の権を認可する太政官符が交付されるのが通例であるが、今回の安楽寿院新御塔建立の場合は、「朝憲の新制」（おそらく保元元年新制に含まれる荘園整理令[41]）を尊重し、「国用の少減」を防ぐため、すでに不輸の権を認められている「旧領」をもって荘園群を設定すると明言されているのである。ここで、公領を仏事用途費をまかなうために寄進することを、「承前の恒規」と述べていて、「不輸の官符」の交付を受けるということは、いわば公領（国衙領）の荘園化を述べているのであろうが、封戸のことについて言及されていないことは、注目してよいのではないだろうか。すなわち、鳥羽院政期頃には、御願寺建立の際に封戸を給与することがなくなり、代わって公領の荘園化が行われているらしいのである。とはいっても、白河・鳥羽両院政期以後においても、いまだに立荘には寛容ではない姿勢が濃厚にみられるのである。

ところで、たとえば安楽寿院領の場合、前出の安元二年二月日付八条院領目録[42]によれば、三十二カ所ほどが記載されていたが、承久の乱後に後高倉上皇に鎌倉幕府より進上された「八条院御遺跡御願寺荘々等目録[43]」には、四十八カ所と記載され、嘉元四年（一三〇六）六月十二日付後宇多院領目録（後宇多院処分状[44]）には、六十三カ所の記載がみえる。もっとも、これらの史料にみえる荘園名などを比較検討してみると、安元二年（一一七六）の目録には、前出の康治二年（一一四三）八月十九日付太政官牒案や平治元年（一一五九）九月二十九日付太政官牒案にみえる、安楽寿院周

辺の山城国芹川荘・真幡木荘・久世荘が記載されていないなど、多少不審な点もある。そのため、安元二年の八条院領目録作成の意図は判然としない面もあるが、荘園群編成の進展ぶりは確認されるのである。

しかも、八条院領の場合、「八条院御遺跡御願寺荘々等目録」では、確かに二二〇カ所ほどの所領数を記しているし、長講堂領の場合も、建久二年（一一九一）十月日付長講堂所領注文では八十九カ所を数えるが、[45]寛元四年（一二四六）から文永九年（一二七二）にかけての後嵯峨院政期頃には一八〇カ所にも及んでいたらしい。[46]これらのことは、要するに、白河・鳥羽両院政期を過ぎてからの後白河・後鳥羽両院政期においても、安易な設定とはいえないが、その院領荘園は多数設定されていたことを物語るのである。そして、その設定が、「吉囲荘」という仮名を有していたと考えられる、丹後国大内郷（大内荘）の場合にみられたように、新立であった場合も多かったのではないかと想定されるのである。また、前述の弁局が、承安三年（一一七三）九月に興善院領十六カ所を設定した場合も、安楽寿院の末寺という名目で多数の荘園群を編成しているのであり、その内訳には、すでに「八条院御領」であったものもみえるが、自己の親近者・縁者から伝領した所領も、同時に「寄進」の形式で、八条院から安堵されたものもあったのである。

このようなかたちで荘園群編成がなされるならば、院庁の院司や女院庁の女院司、あるいは院近臣、女院の女房らのなかには、当然のことながら弁局のように、多くの荘園群の預所職に補任された者も多かったはずである。それは、本来、院領荘園における預所が、院近臣やその親近者・縁者らで構成されていたことからも、[47]必然的なことであったといえる。

三　荘園群所課の特質

それでは、このような要因から増大した院領荘園群は、どのようなかたちで経営されたのであろうか。そのことを考える場合に、好個の史料が、前出の建久二年（一一九一）十月日付長講堂所領注文である。これによって、各所領に対する賦課内容を知ることができる。それは、まず「御寺役」とその他に大別できるが、その「御寺役」とは、元三用の簾が二十六間分、当時とくに上質として知られた伊予簾[48]が三十枚、小文半帖が二枚、畳が九十二枚（紫縁十三枚、大文縁十七枚、小文縁六十二枚）、月充兵士が各月二人ずつという内容である。これは、当時の法皇が住居（院御所）の隣に仏堂を建てることを通例としていた慣例を考えれば[49]、長講堂の仏堂分のみの所課ということになろう。

つぎに「御寺役」以外についてみると、正月元三雑事として、簾が二六三間分、伊予簾が八十枚、御座畳が二九六枚（黄縁二枚、繧繝《うげん》縁五枚、紫縁九十一枚、大文縁四十八枚、小文縁一五〇枚）、砂金が三九二両、そのほか台所上・下口、宮方台所、常御所御湯殿、二位殿方御湯殿、侍所など所々の垂布が三十七反、さらに別に十間分が課されている。この垂布の一反とは、しばしば「六丈」との注記がみられるので、通常よりはかなり長いようである。その他、正月元三に牛飼に支給する衣服二具、上絹五疋、綿五〇両、六丈布五反が計上されているのである。

ついで、「節器物」として、白瓷鉢（白磁鉢）が十一口、鉢が十六口、酒瓶が九口、酢瓶が九口、合子《ごうし》が九一〇（大二五〇、小六六〇）、盤が十七枚、尺支（杓子）が九支、斗納鍋が九口、鉄輪が九脚、楾《はんぞう》手洗《てあらい》が二具納入されることになっていたが、季節ごとには以下のものがある。第一に、更衣料畳として、四月料分が五十九枚（黄縁四枚、紫縁二十七枚、小文縁二十六枚、宮御方小文縁二枚）、十月料分が六十三枚（黄縁二枚、紫縁三十二枚、小文縁二十五枚、宮御方

小文縁四枚）で、合せて一二二枚が計上されている。正月元三雑事のなかにも畳があったので、必ずしも毎回すべての畳替えを行っているわけではないらしい。なお、四月の更衣料として、弾碁・囲碁局が各二具、黄楊木《つげ》と柞《ははそ》が各一切（長さは各三尺）、木賊《とくさ》が五連課されている。ちなみに、五月五日の端午の節供用には、菖蒲五駄と艾《よもぎ》も課されている。

第二には、季節ごとの雑人料として、節供雑菓子が五〇〇余合（五月五日の端午の節供分三〇〇合、七月七日の七夕の節供分一〇〇余合、九月九日の重陽の節供分一〇〇合）、七月七日の七夕の節供用の索餅《さくべい》が五櫃となっている。この雑人料に類するものとしては、雑仕装束・次雑仕装束が各八具（正月元三・五月五日・七月七日・九月九日料各二具）、半物《はしたもの》装束が八具課されている。

また、とくに季節には関係なく賦課されているものには、月充続松《ついまつ》（松明《たいまつ》）があり、閏月分も含めれば、合計で一万九〇〇〇把になる。これを月別にみれば、正月分二五〇〇把、二月分一五〇〇把、三月分一〇〇〇把、四月分一〇〇〇把、五月分一七〇〇把、六月分一〇〇〇把、七月分一七〇〇把、八月分一〇〇〇把、九月分一七〇〇把、十月分一〇〇〇把、十一月分一〇〇〇把、十二月分二二〇〇把、閏月分一七〇〇把となる。これを、季節別にみると、春分五〇〇〇把、夏分三七〇〇把、秋分四四〇〇把、冬分四二〇〇把となるが、正月分と十二月分の多いことと合せて、やはり夜の長さに合せての徴収が行われたことがわかる。

そのほかの年間経費としては、「廻御菜」として毎月の日別の賦課がみられるが、召使給物として上絹十二疋・米四十五石、御牛三頭用途料能米（粥料内）として八十九石七斗六升、月充御殿油《おとのあぶら》として一石四斗九升五合（七月料四斗、八月料一石九升五合）がある。また、長講堂の三月御八講用途の砂金が二五七両、二月・八月料の彼岸御布施用途の六丈布が合せて二二八反、五月・九月料の御供花御布施用途の六丈布が合せて十反、四月・十一月料の御神祭神籬《まがき》が合

せて十三具みられる。ちなみに、移花紙が合せて一一〇〇枚も計上されている。

さらに、以上の物品以外には、図Ⅰに示したように、長講堂と院御所を含む六条殿には、正解な位置は不明であるが、おおむねこのような配置で五つの門があったことがわかり、それぞれ毎日各門を三人ずつの門兵士が守備していたことがみえる。それ以外にも月充仕丁が六～九人、御倉兵士が月ごとに一～三人、長日役として御外居持夫が一人、また臨時役（臨時召）の人夫として、長講堂の「御八講」（法華八講）・歳末掃除、七月の御瓫供舁、日吉御幸・宮行啓など、行幸・御幸・行啓などの人夫が徴収されることになっていたのであった。

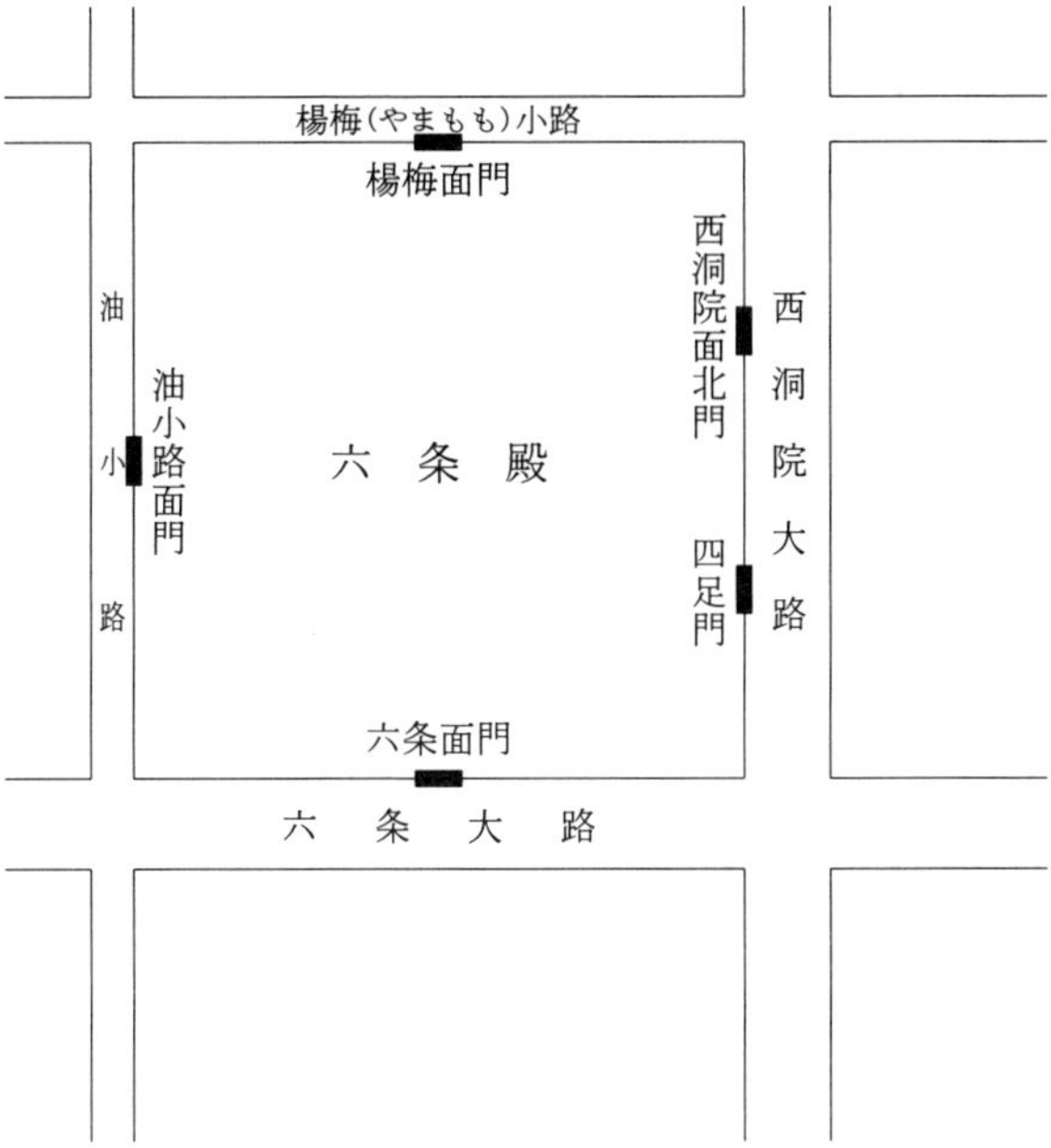

図Ⅰ　六条殿の五門

これらのほかにも、この長講堂所領注文には、追記として御舎利講百種物（二月・五月分各一〇〇坏）、御厩舎人・中間装束などが若干みられる。ただし、それらを除外して、本来の記載にもとづいて、建久二年（一一九一）十月当時の所課に限ってみると、全体としては長講堂それ自体にかかる経費を計上しているというよりは、院御所運営費の

方に圧倒的な比重をおいて計上していることがわかる。それは、長講堂というものが、本来的に後白河法皇の持仏堂であったことにもよるが、当時、長講堂を含む六条殿が後白河法皇にとっての本所（本拠地）であったことによるのであろう。すなわち、後白河法皇は、応保元年（一一六一）四月以来、長らく法住寺殿を本所とし、そこには法皇の正室である建春門院（平滋子）の御願にかかる最勝光院、法皇自身の御願にかかる蓮華王院なども存在していたが、寿永二年（一一八三）十一月十九日の源義仲による襲撃事件が発生すると、以後は基本的には六条殿に本所を移すことになっていた。(50) ただし、その当初の六条殿は、文治四年（一一八八）四月十三日に、宝蔵と御倉以外焼失してしまう。(51) そこで、さっそく源頼朝も造営に協力することを申請することになったが、その際に長講堂のかたわらに「褻《け》」（日常）の御所の造営が要請されたのであった。(52) その再建は、「四分一宅」を「一町」に拡張して行うため、多額の経費がかかったのであろうが、源頼朝らの負担以外に、諸国賦課の形態がとられたのである。(53) その結果、同年十二月十九日には、後白河法皇が移住することになるが、その建築分担や移徙雑事、殿上装束・饗などの雑事分担、当時の六条殿の様子は、『仙洞御移徙部類記』によって詳しく知ることができる。そのため、その記載をもとに、太田静六氏は、図Ⅱのような推定復原図を作成しておられる。(54)

だが、この図Ⅱについては、ひとつ大きな疑問点がある。それは、前述の長講堂所領注文の分析によれば、前掲の図Ⅰのような五門のみが存在していたはずであるが、(55) 太田氏は『仙洞御移徙部類記』所収の『山丞記』の解釈のみから図Ⅱのように八門と推定されていることである。おそらく、これは「東面、四足・棟門」、「南面、棟門土門」、「西面、唐門土門」、「北面、土門」と記されている部分の誤釈によるものであろう。ちなみに、もともと『山丞記』にも、北面には「土門」ひとつしか記されていない。そのうえに、南面の「棟門土門」とはいわゆる上土門《あげつちもん》のことであり、

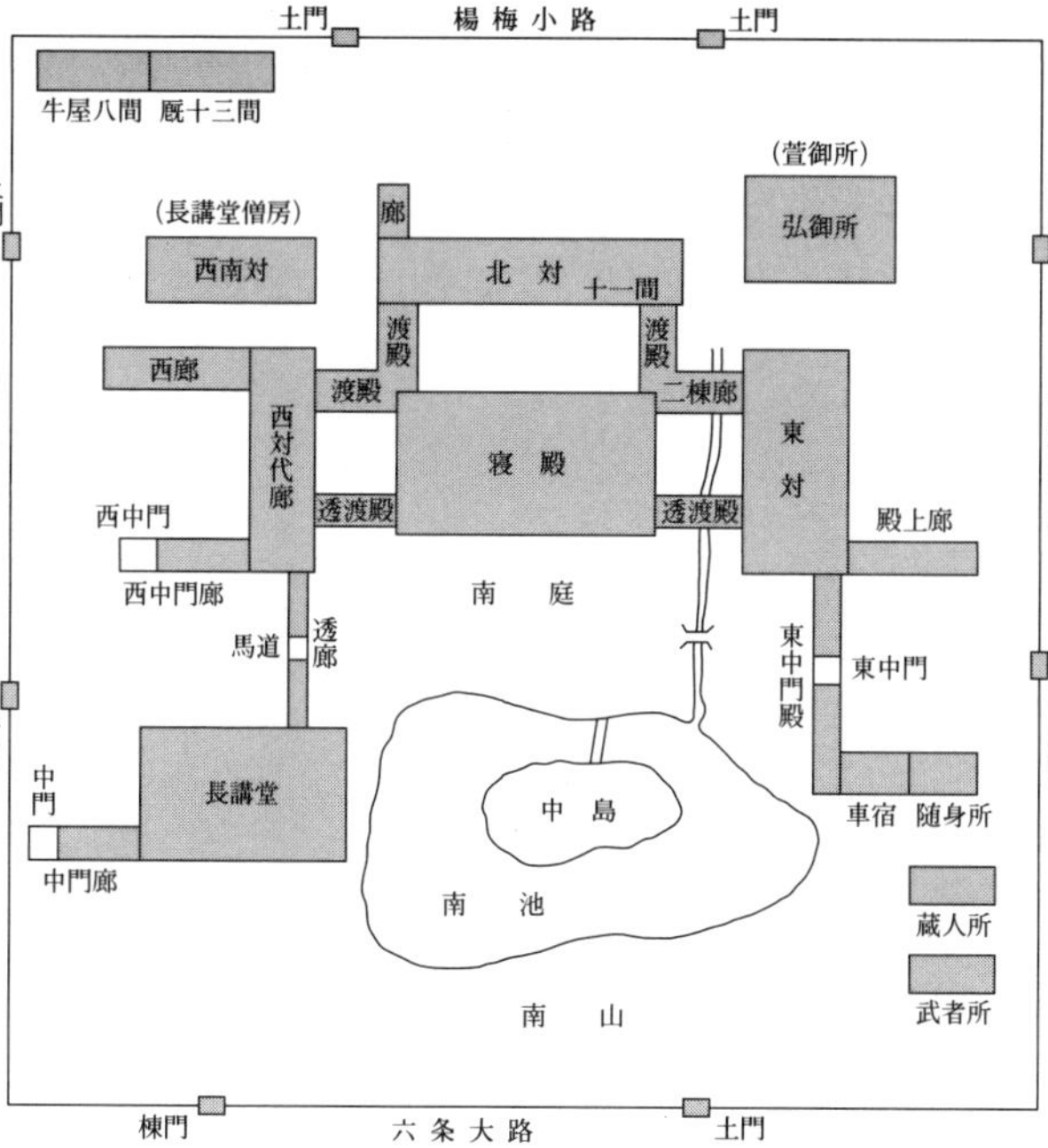

図Ⅱ　後白河法皇の六条殿推定復現図
(太田静六『寝殿造の研究』599 頁より転載)

西面の「唐門土門」とは唐破《からは》風《ふう》を付けた土門のことであったと推定されるのである。[56]また、図Ⅱには、確かに存在したはずの「御倉」の記載がなく、「台所」・「御湯殿」などの位置も明確にされてはいない。

ただし、それらのことはともかく、図Ⅱによってもわかるように、長講堂の御堂やその所属僧侶らの僧房が六条殿内に占める割合は、かなり低いのであり、それは長講堂所領注文の分析でもみたとおりである。ということは、長講堂領とはいうものの、実際は長講堂に隣接する院御所の経費を、まかなう割合が高いことを示すものである。このような傾向は、院政時代の他の院御所をともなう御願寺社領などにも、おおむね共通するものと想定されるのである。また、長講堂所領注文の分析によれば、従来は年

中行事の所課であることが強調されたが、実は正月元三のほかに、端午・七夕・重陽の節日に合せて、換言すれば春夏秋冬の四季の初旬に合せて、六条殿内で働いている雑人らに装束・「召使給物」が支給されるほか、雑人料として菓子などが支給されているだけなのである。確かに、艾のような節供用の物品も若干みえたが、それはとるに足らないほどのごく一部分でしかないといえる。

そして、長講堂所領注文によってみると、六条殿は後白河法皇とその後妻で、かつ寵姫である丹後局（高階栄子）、またその両者の間に生まれた宣陽門院（覲子内親王）の三人のための御所であったと見受けられるのである。たとえば、前掲の『仙洞御移徙部類記』所収の『山丞記』・『吉大記』（『吉記』）の両記録の文治四年（一一八八）十二月十九日条には、それぞれ「三品局」・「三位殿局」が六条殿内の建築上特筆されているし、建久二年（一一九一）十月日付長講堂所領注文のなかにも、「二位殿方御湯殿」・「宮方台所」などとみえている。この「三品」・「三位殿」、「二位殿」とは、文治三年（一一八七）二月十九日に従三位、建久二年（一一九一）六月二十六日には覲子内親王が十一歳で宣陽門院の院号宣下を受けると、同日従二位に叙された丹後局であることは、いうまでもないところであろう。(57) また、「宮方」とは、覲子内親王であることも明らかである。

ともかく、長講堂所領注文に計上されている所課は、長講堂を含む六条殿における一年間の必要経費を示し、必要以上の徴収は、ほとんどみられないように思われる。そのためか、長講堂所領注文に記載された八十九カ所のうち、十三カ所もが「不所課荘々」として、所領名のみの列挙になっているのである。しかしながら、荘園領主側も、それについて無関心ではなかったであろうと考えられる。たとえば、建久六年（一一九五）三月に、源頼朝は上洛して東大寺再建供養会に臨むことがあったが、その帰途に宣陽門院と面会した際、長講堂領七カ所の「乃貢」（年貢）の納

入を要請されている。[58] それは、「故院遺勅」（後白河法皇の遺勅）による要請とされているので、おそらく建久三年（一一九二）正月に作成された後白河院庁起請文[59]にもとづく要請であったと思われる。すなわち、その七カ所が、いわゆる「三代御起請符地」[60]であることを理由にした要請であったろうが、それらは当時の関東御分国[61]に含まれる信濃国住吉荘・市村高田荘、越後国吉河荘、駿河国富士荘、伊豆国仁科荘、相模国山内荘の六荘と、文治五年（一一八九）の奥州藤原氏滅亡後に奥州総奉行が管理していた出羽国内の大泉荘であったはずである。ちなみに、この七カ所のうち、信濃・越後両国以外の荘園は、建久二年（一一九一）十月当時、すでに「不所課荘々」のなかに含まれている。このように、治承・寿永の内乱や、その後の鎌倉幕府の確立していく過程のなかで、課役賦課が見合わされていたものもあったらしいのである。

それでは、そのほかの「不所課荘々」とは、荘園領主である後白河法皇や、その後継者である宣陽門院にとっては、どのような存在であったのであろうか。その列挙された「不所課」の十三カ所をみると、とくに関東地方に集中しているわけではなく、全国的に分布しているのである。そして、そのなかには、「新立」と注記されたものも二カ所あるが、たとえば「伊与弓削荘」と記された伊予国弓削島荘、「穴唯荘」と記された阿波国宍咋《ししくい》荘、「周防二島」と記された周防国秋穂二島荘の三カ所は、当時の預所が高倉天皇・建礼門院（平徳子）の乳母として知られる従三位藤原綱子、およびその養母の源氏（比丘尼真性）であったことが知られ、なかでも弓削島荘については、承安元年（一一七一）以来、藤原綱子の所領であったことに相違がなく、文治四年（一一八八）から翌年にかけて綿密な検注が実施されていたのである。[62] そのため、もちろん「新立」ではないし、荘園領主側にもその荘園の実態は充分に把握されていたわけである。そうであるならば、それらが「不所課」とされた理由とは、おそらく弓削島荘など三カ所が藤原綱子と、そ

の養母に一種の「給与」として預けられていたからであると推察される。取りも直さず、弓削島荘が、宣陽門院によって東寺に寄進される延応元年（一二三九）十二月以前に作成されたはずの宣陽門院所領目録断簡(63)のなかには、「庁分」などと並んで「女房別当三位家領」として、弓削島荘などがみえているのである。したがって、このようなことから考えれば、藤原綱子とその養母は、後白河法皇、ついで宣陽門院に女房あるいは「女房別当」として仕えていたはずであり、長講堂所領注文で「不所課荘々」と記されたもののなかに、ほかにも院近臣らへのいわば「給与」とされ、かつ所課が免除されていた荘園があったのではないかと思われるのである。そのため、長講堂所領注文のなかで、備後国因島荘について、「臨時の所課ならびに預所得分を募り、女房の外居を勤仕」と記されているのも、「臨時所課」や「預所得分」に代えて、六条殿内の院御所における女房らに奉仕する外居の夫役を賦課するものであったはずである。こうして、長講堂領の所領に対する「課役」をみてくると、荘園領主側の必要に応じて賦課が行われ、あるいはその免除により、一種の「給与」が与えられたり、雑多な夫役が課せられていることもわかった。また、年欠の六条殿修理料支配状写(64)をみても、その負担分担が細かく行われていることがわかるのである。

四　荘園領主と交換経済

ところで、そのような所課納入の責任者であったはずの院領預所は、どのようにしてその責務を果たしたのであろうか。このことに関しては、「島田家文書」のなかの二通が参考になる。

その第一は、延慶三年（一三一〇）八月二十二日に書かれたと推定できる左衛門尉為直書状(65)である。これは、長講堂領荘園のひとつ筑前国志賀島荘の荘官、あるいはその荘園の所務雑掌であるらしい為直という人物が、当荘の預所で

ある「楊梅殿《やまもも》」（島田家）に差し出した書状と推定できる。これによると、まず為直は、その役職の解任取り消しを感謝しているが、ついで内検の結果作成した目録と、その「結解《けちげ》」（決算書）を早々に進上すること、弁済使の中原が毎年進上していた「干飯酒《ほしいいざけ》」については、催促したところ「余物」をもってすでに進上しているといっているが不審であること、「御年貢本米」は箱に納めて進上すること、年貢米運上費は「関米」（関料米）を除いても一石につき四斗も必要であるが、自分は一石につき三斗で送る努力をしたこと、進上を命じられている「茶垸鉢」（茶碗鉢）については、口二尺のものは見当たらず、一尺ないしは一尺二寸ぐらいならば入手できそうだが、田舎では高値になること、また鰺《あじ》の塩辛については、今は入手できないが、来年参上するときには小桶に入れて持参すること、さらに「根紫」（紫の染料）は市の開催ごとに尋ねているが、いまだ入手できないので、今後も入手に努力すること、昨年の勘料（検注免除の代償）・小物成・年貢の未進分は、すべて進上するので、到着したら請取書（領収証）をいただきたいこと、現在は銭価が高くなっているので、未進米については夏の和市法（交換率）にもとづいて銭貨にて進上すること、今年は豊作であるため年貢米貯蔵用の土蔵を造作することにしたが、その費用の幾らかでも頂戴できないだろうかということなど、以上十二箇条を述べている。鎌倉後期のことではあるが、預所による年貢米その他の徴収の様子などが、実によく述べられているといえよう。

第二は、正和四年（一三一五）十一月日付長講堂領簾・畳支配状(66)である。これは、翌十二月十五日までに、いつも通りの所定の簾と畳を進上するように、七カ所の荘園に命じているものである。これによって、院領荘園の所課が、一カ月ほど前に催促されていることを知ることができるのである。そして、この文書が院庁官の家系である島田家に伝来したことを考えるならば、所課納入催促などの下級事務は、院庁官によって行われたであろうことが確認できるの

である[67]。

こうして、院領預所が荘園の現地からどのような物品を入手していたかは、鎌倉後期の「島田家文書」によってもその一端を知りえたが、北九州に位置する志賀島荘から京都への年貢米運上は、関料米を除いても一石につき三斗ないしは四斗、すなわち現物の米で送ると三〇～四〇％もの運搬費が必要であったという。そのため、院領預所が年貢を徴収する際の経費も、相当にかかるらしいことが察せられる。また、その院領預所の徴収する年貢が多様であったことは、延応元年（一二三九）十二月日付弓削島荘年貢物注文[68]によってもわかる。この注文は、前述のように、当荘が宣陽門院によって東寺に寄進される際に作成されたものであるが、まず「年貢物」が「公物分（くもちのふん）」と「預所得分」とに二分されている。このうちの「公物分」が東寺への寄進直前の宣陽門院庁に対する納入分であろうが、塩二五〇俵（京定納一〇〇石）、白干《しらほし》の鯛一〇〇喉《こん》（夏分）、甘塩の鯛一〇〇喉（冬分）、蠣《かき》桶八個、葛粉一桶（一斗分）、荒布《あらめ》少々という内容になっている。他方の「預所得分」の方は、塩五十俵（京定納二十石）、小古の塩七三〇籠（七十三石）、白干の鯛一〇〇喉（夏分）、甘塩の鯛一〇〇喉（冬分）、蠣桶十個、葛粉一桶、麦十二石、網二帖、在家別引出物の布一反（ただし、三年に一度の納入）、荒布少々、干魚《からお》少々という内容である。これを比較すると、「預所得分」の方がやや多彩であるようにも思われるが、「公物分」とほぼ同等であるといえよう。すなわち、「年貢物」は、「公物分」と「預所得分」とが、ほぼ均分されているようである。このように、「年貢物」が、いわゆる本家と領家（本家の預所）との間で、ほぼ均分される慣行が存在するらしいことは、肥後国鹿子木荘事書案[69]によっても窺うことができよう。そこでは、年貢米四〇〇石が、院領本家と院領預所の間で二〇〇石ずつに折半されていたと記されているのである[70]。そして、瀬戸内海の島からの年貢であるため、米麦ではなく海産物が中心となり、とくに塩が大半を占めたのが、弓削島荘の

場合であるが、米麦であっても、その他の物品であっても、荘園領主が通常それをすべて自分で消費してしまうわけではない。そうなれば、毎年一定量の年貢を受け取ることになっている荘園領主は、あらかじめ指定した物品で納入させるか、さもなければ自己消費分以外の余剰物品と必要な物品との交換を行う必要があったろう。しかし、その前者の方法は、全国的に相当多数の荘園群を有していない場合には、事実上不可能である。そうであれば、一般的に荘園領主にとっては、毎年一定量の余剰年貢物と必要とする物品との交換は、不可欠であったはずである。

もっとも、院領荘園としての立荘時に定められた年貢額および年貢内容が、以後もそのままに踏襲されるものではなく、検注その他の理由によって、その増額および追加所課のある場合もあった。たとえば、遠江国質侶《しとろ》荘は、大治三年（一一二八）三月に落慶された待賢門院の御願寺である円勝寺に対して、同年八月に寄進されているが、その際の藤原永範所領寄進状案[71]には、「御年貢は、米参百石をもって、毎年寺家に進上すべきなり。此の外の地利ならびに執行の雑事は、永範の子々孫々、永く領掌すべきなり。」とみえていた。ところが、その翌年三月に検注が終了し、その際の立券文案[72]によると、田が二〇九町九段三杖（見作田は一八六町二段）、畠が一二六町四段二杖半（見作畠は七十五町五段二杖半）、原が二一〇町、山が五四七町、野が二九一町、河原が三六〇町、在家が二一八宇とみえている。この質侶荘が、牧之原台地一帯の牧畜に適した土地柄であること、全体は西から質侶・湯日・大楊の三郷で構成されていたことなどは、それらの史料によって知られるが[73]、東部の大井川の下流地域に相当する大楊郷は、おそらく大井川の氾濫によって、その後一時は「停廃」してしまう。その頃の治承二年（一一七八）四月二十六日付質侶荘年貢物・所課注文案[74]によると、もとは三郷の年貢は米四〇〇石と四丈白布一〇〇段と記されているので、大治四年（一一二九）の立券以後に、年貢は米三〇〇石からかなり増額されていたらしいことがわかる。かつ、「大楊郷停廃の後、半分に減らし進《まい》らす。

その故は、かの大楊郷の田数、質侶・湯日両郷の田数に過ぐ。よって二百石・五十段、郷に課すの所役なり。」と記されているので、年貢米は田数に応じて賦課していることも知ることができる。そのうえ、この注文案によると、年貢以外に待賢門院忌日の「所課」に相当する「仏供」一前・「僧前」十二前、正月修正料の「所課」に相当する続松一〇五把・菓子一〇〇合が賦課されていることがわかる。これらのことから、田を約二〇〇町とみると、年貢米が四〇〇石であるので、一町につき二石の割合となり、斗代（段別の年貢量）は二斗ということになる。したがって、十三世紀初期の成立とされる『雑筆要集』には、当時の斗代について、上田が五斗代、中田が四斗代、下田が三斗代とみえるので、質侶荘の場合もそれに準じて考えると、平均的には斗代として四斗が賦課され、その四斗を荘園領主の円勝寺側と預所側とが折半していたのではないかと思われるのである。同様に在家に賦課されたはずの四丈白布も、一宇ごとに一段が賦課され、それを円勝寺側と預所側が折半したと想定されるのである。

この質侶荘の場合、もともと質侶牧ともよばれていたので、牛馬の放牧もなされていたのであろうが、その牛馬に関することは史料上においてとくにみえず、臨時の献上があったのであろうぐらいにしか考えることができない。また、年貢に米と布が課されていることも、当該期の史料によくみられるところであるので、これらは荘園の現地で生産されたものが、京都の円勝寺や預所のもとまで運搬されたとみてよいのであろう。だが、「所課」のうち、続松と菓子については、荘園現地で調達した可能性がないわけではないが、「仏供」と「僧前」（僧膳）については、預所が京都において相当な部分まで調達する義務を負っていたと考えられる。それは、前述の建久二年（一一九一）十月日付長講堂所領注文に記された「所課」においても、大部分が京都において調達されたものではなかったであろうか。たとえば、繧繝縁・紫縁のような高級畳などの畳類、雑仕・次雑仕・半物・牛飼らの装束・衣服、移花紙などは、京都での

調達品と考えられる。また、伊予簾にしても、もともとが伊予国浮穴《うけな》郡の山中に産する篠の茎で編んだ簾をさすのであるから、伊予国三島荘が「御寺役」として三十枚、別に三十枚を納入しているものは、現地での生産ないしは現地での交易による調達と考えられるとしても、その同じ伊予簾を、信濃国市村高田荘・若狭国和田荘・越前国坂北荘なども納入しているところをみると、それらもすべて現地調達かは、やや疑わざるをえないといえるのである。

そして、その同じ長講堂所領注文のなかでも、単に「砂」と記されている砂金にいたっては、当時は陸奥国がとくに特産地として知られているが、京都での交易を通して調達されたものがほとんどであったと思われる。ちなみに、この砂金は、平安中期頃から仏事の際に登場することがしばしばみられ、たとえば『源氏物語』(横笛)には、故権大納言(柏木)の一周忌の法要に際して、六条院(源氏)が「黄金百両」を提供したことがみえる。また、万寿三年(一〇二六)五月、皇太后藤原妍子が故三条院追悼のために開催した法華八講の「五巻の日」の捧物は、どれも見事であったというが、皇太后藤原妍子とその姉である上東門院(藤原彰子)のものは、どちらも瑠璃の壺に黄金五十両を納めたものであったという。[75]さらに、寛元四年(一二四六)五月十四日、後嵯峨上皇の初度の受戒の際、戒師善恵には布施として扇に置かれた砂金三両の一裹が与えられている。[76]

一方、砂金は、仏事用途以外でも、交易の決済手段として広く用いられ、[77]さらには物品貨幣として流通していたといってもさしつかえないように思われる。[78]それは、十一世紀前期頃には、陸奥国から朝廷に納入される砂金が、一両につき絹一疋、ついで絹二疋で代納されることになっていたことに窺われる。[79]それにつけて、十世紀半ば頃には、すでに陸奥国からは毎年三〇〇〇両の黄金が朝廷に納入されていたが、[80]文治二年(一一八六)にも陸奥国から四五〇両が貢金として納入されていたのである。[81]この間、長保二年(一〇〇〇)十二月二十九日付造東寺年終帳[82]によれば、米一石

が銭一貫文に相当し、十二世紀初め頃には黄金一両が米三石に相当していたらしいので、(83)おおよそ黄金一両は銭では三貫文に相当したとみられる。もっとも、物価変動のあることはいうまでもないことであり、貞永元年（一二三二）六月二十一日付春日神社御供所注文(84)によれば、黄金一両は銭六三〇文、米六升は銭一〇〇文の相場となっている。ただし、院政時代には、建久四年（一一九三）十二月二十九日付後鳥羽天皇宣旨(85)にもみるように、米一石が銭一貫文とされているので、黄金一両は米三石、銭三貫文にそれぞれ相当するのが平均的相場であったと想定できる。そこで、建久二年十月日付長講堂所領注文に記載されている砂金の合計六四九両を、かりにその相場で換算してみると、米では実に一九四七石、銭でも一九四七貫文にのぼることになる。ともあれ、こうして、砂金を中心とする黄金が貨幣的に使用されるようになると、文治五年（一一八九）当時には、陸奥国の黄金は、翌年の後鳥羽天皇の元服料や院中用途料としても、必要不可欠のものとされ(86)、交易上において重視されるようになっていたことがわかり、建久二年十月日付長講堂所領注文に計上されている仏事用途以外の砂金三九二両も、雑費・予備費的に用いられたのであろうと想定されるのである。

他方において、院政時代には、黄金とともに銭貨も、従来考えられていた以上に使用されていたのではないかと思われる。すなわち、銭貨の流通は、通説によれば、十世紀後半頃に一旦は停止したとされるが(87)、この銭貨流通杜絶説には疑問も提出されているし(88)、荘園領主の経済運営上においても、銭貨は必要とされたのではないかと思われる。実際にも、十二世紀に入ると、周知のように南宋から宋銭が流入し、十二世紀後期には、その宋銭を私鋳銭とみる立場から、朝廷としてはその使用に消極的ではあったが、治承三年（一一七九）七月に頭中将源通親は、次のような高倉天皇の綸旨を、右大臣九条兼実に認《したた》めている。(89)

近日万物沽価、殊にもって違法、ただに市人の背法にあらず、ほとんど州民の訴訟に及ぶと云々。寛和・延久の聖代、その法を定め下され了んぬ。随ひて、去る保延四年、且は中古の制を用ひ、且は延久の符に任せて、宜しく遵行すべきの由、重ねて宣下せられ了んぬ。今度はなほ彼の法を用ゐらるべきか。はたまた、驪駒推移し、時俗随ひ難くば、新たに定め下さるべきか。なかんづく、銭の直法、還りて皇憲に背かば、宜しく停止すべしと雖も、漢家・日域、これをもって祥となす。私鋳銭の外、交易の条、寛宥せらるべきか。その法、寛和の沽価の准直を用ふべきか。また、諸国の当時の済例によるべきか。新たに定め下さるべきか。これらの趣、殊に計らひ申さしめ給ふべく候。者《てへ》れば、天気《てけ》に依り言上件の如し。

これによれば、沽価法の制定についての論議を呼ぶほどに、銭貨の流通が活発化していること、鳥羽院政期の保延四年（一一三八）には沽価法が定められたことがあったこと、私鋳銭のほかに古銭（皇朝銭）がいまだに使用されていたらしいこと、諸国の官物などの銭による済例が存在していたことなどが窺われる。また、明法博士中原基広も、「近代、唐土より渡る銭、この朝において恣に売買すと云々」と述べていて[90]、この記述からも、当時の状況を推しはかることはできよう。つまり、少なくとも京都においては、必要な物資を砂金・銭貨などの金銭により購入できたはずであり、荘園領主経済もそのような動向に無関係ではありえず、貨幣経済のなかにおいて運営されていたことは、疑いえないことであったと想定されるのである。

五　結　論

したがって、以上のことを総合してみると、院政時代においても、白河・鳥羽両院政期の頃には、御願寺社領を設

定するにしても、その必要経費を無視するような無制限の立荘は抑制されていたものとみられる。ところが、後白河・後鳥羽両院政期の頃になると、院宮分国制や知行国制の一般化を背景に、また院（上皇・法皇）や女院の権勢が強大化して、摂政・関白をしのぐようになっていたこともあろうが、院領荘園の立荘が案外に盛んであったことが確認できた。とはいえ、従来の公領が新たに荘園化することは、それほどに多いとは考えられないが、貴族層が国司との対抗関係のなかで、かろうじて保持していたような所領が、院・女院へと「寄進」されるかたちで、院領荘園群の形成が行われたことが想定されるのである。その結果、「寄進者」側の貴族層は、院領荘園の「預所職」を安堵されることになり、院・女院の保護下に入るが、以前にも述べたように(91)、その立場は、院司・女院司、あるいはその女房のような院・女院の親近者であることが一般的であり、年貢・課役の納入を怠るようなことがあれば、当然のこととして所職を没収されるのである。このような状況を考慮して、応保元年（一一六一）頃に、太政大臣藤原伊通によって著述された『大槐秘抄』のなかの次のような部分を想起してみると、当時の貴族層の経済的立場は、よりよく理解できるといえよう。

上達部は封戸たしかにえて、節会、旬、もしは臨時の御宴の禄を給はりて、はふはふ候ばかり也。（省略）今の上達部は、封戸すこしもえ候はず、荘なくばいかにしてかはおほやけわたくし候べき。近代の上達部、おほく国を給はり候は、封戸のなきがする事なめりと思候に、めさるるこそ力をよばぬ事なれ。

そのために、史料上は一見「職権留保付領主権寄進」の形態をとっているようであるが、実際には院・女院の保護を失えば、その「職権」は、たちまちに権原を失うものであった。一方、院領預所に対して、もともと所領を寄進した「開発領主」にしても、事情は同様であった。たとえば、『平家物語』において、院領下司クラスの武士の当時の状

況は、源頼政の言葉として、「国には国司にしたがひ、荘には預所につかはれ、公事・雑事にかりたてられて、やすひおもひも候はず」と記されていることに、みてとれるといえよう。

ともあれ、院領荘園は、院領預所、院領下司らの要望に応じて、一面的には彼らへの給与的な意味合もあって、設定・編成されていったといってよいのであるが、後白河院政期以降になると、従前の抑制的原則を守りながらも、半ば公然と、公領（国衙領）も荘園化してしまうことが明らかである。たとえば、丹後国大内郷は、吉囲荘と名付けられながらも、大内郷の名称のまま荘園として扱われ、やがて大内荘とも呼称されているが、当時における所領感覚の一端を垣間見る思いがする。かつ、このことは、院宮分国制や知行国制の一般化の下では、院・女院による荘園群編成が、予想以上に容易であったことも物語ることになろう。

そうであれば、貴族層がこぞってその傘下に入るのは当然であり、院近臣であれば多くの院領荘園の預所職に補任されていたであろうことも想定することができる。そして、その結果、院近臣や女院近臣らが、年貢・所課の納入を通して、院・女院の御願寺社や御所の経営に参画することになり、院領下司らも、兵士役を勤仕するかたちで参画することになったと想定することもできるのである。

こうして、建久二年（一一九一）十月日付長講堂所領注文の分析結果にみるように、長講堂領荘園群の場合、六条殿内の院御所運営費を中心に所課が決定されていたことがわかり、蓮華蔵院・宝荘厳院などを付属させた白河殿、安楽寿院・金剛心院などを付属させた鳥羽殿（鳥羽離宮）なども、同様な運営形態であったと考えられる。したがって、院政時代の院御所をともなう御願寺社の場合には、院御所と御堂が一対として建設されていたのであるから、(92)いずれの御願寺社領においても同様な運営だったのではないかと類推される。ただし、院・女院らの本所がおかれていなかっ

た場合には、多額の運営費は不要となるので、適宜荘園群の改編がなされたと推測されるのである。

他方、院領預所は、下司などの荘官、のちには年貢・公事徴収を行う所務雑掌を、所領の現地へ派遣して、それらを通したかたちで、その経営に当たることになる。その際、その所領の地理的条件により、年貢として徴収する物品は様々であるが、おおむねその半分は院領本家へ納入され、残りの半分ほどが院領預所の得分（収入）とされたようである。ただ、そうではあるが、院領本家への納入年貢は、建久二年十月日付長講堂所領注文にみられるように、その本家側からの所課という形態で要求されるため、その現地からの年貢物そのままの納入ではすまない場合も発生した。そうしたことから、院領本家に院司・女房などとして奉仕する立場でもあった院領預所らは、京都において要求のある物資に交換したうえで納入することもあったのである。この必要物資確保のための交換は、院領預所自身が生活していく場合にも、当然行われていたはずであり、具体的史料は乏しいものの、院領預所自身の家政も院領本家のミニチュア（縮図）として運営されていたと想定できるのである。

なお、院領本家に限らず、摂関家領運営上の摂政・関白の場合も、その荘園領主としての権限は、従来考えられていた以上に強力なものであったとみられる。それは、鎌倉中期の九条道家遺誡(93)のなかで、「不忠、不仕の者は、咎を誡めらるべし。相伝知行の荘園は、故なく収公せらるべからず。」としながらも、「御年貢懈怠し、公家不法度々に及ばば、停廃せらるべし。」と記していることによっても知ることができよう。

ともかく、こうした形態で院領荘園や摂関家領が経営されたものであれば、それはきわめて計画的な経営であり、院司ないしは家司らが指示されたとおりに奉仕するならば、ひとつの完結したシステム（機構・組織）として運営されたはずである。ただし、当初から不慮の出費も予想して、たとえば建久二年十月日付長講堂所領注文のなかにも、法

華八講用の砂金とは区別した砂金が計上されていたように、ある程度の雑費・予備費も考慮されていたことを忘れてはならないのである。

そして、その予備費としても、多少の必要物資を購入するにしても、砂金・銭貨が便利であったろうことは、いうまでもない。だが、荘園領主らにとって重要なことは、必要な物資さえ入手できるならば、それで満足してしまったのではないかと思われる。要するに、当時の荘園領主らにとっては、その衣食住が満たされ、御願寺社が維持でき、そこにおいての信仰生活が満たされるならば、自己充足したのではなかったであろうか。そういう彼らにとっては、荘園も、公領（国衙領）も、単なる収益を生ずる「所領」とみなされ、その意味ではさしたる区別はないため、御願寺社における国家行事費は、荘園所課で不足するならば、あるいはその荘園所課の先例がないならば、諸国所課という方法で調達してしまったと思われるのである。(94)

ともかくも、そのような実態からすれば、院（上皇・法皇）も摂政・関白も、さらには天皇でさえも、経済体制上は同様な基盤のうえに立ち、ともに公的存在としての側面を強く有しながら、荘園群を編成・経営する主体となっていたものと捉えられるのである。

註

（1）井原今朝男「公家領の収取と領主経済」（『日本中世の国政と家政』所収、校倉書房、一九九五年、初出は一九九一年）、菅原正子『中世公家の経済と文化』（吉川弘文館、一九九八年）序章。

（2）網野善彦『中世東寺と東寺領荘園』（東京大学出版会、一九七八年）序章、中野栄夫『中世荘園史研究の歩み――律令

制から鎌倉幕府まで――』(新人物往来社、一九八二年)。
(3)鈴木國弘『在地領主制』(雄山閣出版、一九八〇年)、高橋昌明『中世史の理論と方法――日本封建社会・身分制・社会史――』(校倉書房、一九九七年)。
(4)竹内理三『律令制と貴族政権』Ⅰ・Ⅱ(御茶の水書房、一九五七・五八年)。
(5)橋本義彦『平安貴族社会の研究』(吉川弘文館、一九七六年)・『平安貴族』(平凡社、一九八六年)・『平安の宮廷と貴族』(吉川弘文館、一九九六年)。
(6)元木泰雄『院政期政治史研究』(思文閣出版、一九九六年)。
(7)永原慶二「荘園領主経済の構造」(『日本中世社会構造の研究』所収、岩波書店、一九七三年、初出は一九六五年)。
(8)佐々木銀弥「荘園領主経済と商業」(『中世商品流通史の研究』所収、法政大学出版局、一九七二年、初出は一九六五年)。
(9)井原今朝男、註(1)前掲論文。
(10)脇田晴子「荘園領主経済と商工業」(『日本中世商業発達史の研究』所収、御茶の水書房、一九六九年)。
(11)中田薫「王朝時代の庄園に関する研究」(『法制史論集』第二巻所収、岩波書店、一九三八年、初出は一九〇六年)において、中田氏が「職権留保付領主権寄進」という表現で、寄進地系荘園(寄進型荘園)の成立時の「寄進」を説明されたところから、受寄者である荘園領主(公家)の権限より、寄進者である在地領主の領主権を重視する立場からの議論が目立つ。脇田晴子氏の註(10)前掲論文のほか、村井康彦氏の「公家領荘園の形成」(『古代国家解体過程の研究』所収、岩波書店、一九六五年)などは、その代表である。なお、安田元久氏の『日本荘園史概説』(吉川弘文館、一九五七年)・「いわゆる『寄進型荘園』について」(『日本歴史』第三〇五号掲載、一九七三年)・「寄進型荘園」(『国史大辞典4』所収、吉川弘文館、一九八四年)では、寄進者である在地領主は荘官の職をえて、その職務的用益権(職によって表現される収益権および収益を実現するための所務権)を留保するのが一般的であるとされている。また、永原慶二氏は、「荘園制の歴史的位置」(『日本封建制成立過程の研究』所収、岩波書店、一九六一年)において、受寄者の荘園領主の有す

る権限を、立荘以前の国衙の権限の継承と主張されている。

(12)公家領荘園に関する研究動向については、岡野友彦「公家領荘園」(佐藤和彦等編『日本中世史研究事典』所収、東京堂出版、一九九五年）参照。

(13)『百練抄』永治元年八月四日条によれば、この日、鳥羽上皇の女御であった藤原得子とその娘である無品内親王（暲子）の両家が、鳥羽上皇より処分（譲与）を受けていた荘園群の「国郡課役」免除の申請を受理され、その宣下が行われたことがわかる。その課役免除の荘園名は不明であるが、女御家が九カ所、内親王家が十二カ所と記されているのみである。これらが、同年三月の鳥羽上皇の出家に伴う処分の際の荘園数のすべてであったかどうかは確認できず、「宣下」についても、太政官符が交付されたのかどうかについては不明であるが、荘園領有上の名義確認がなされたものと、一応は想定できるのではないだろうか。

(14)石井進「源平争乱期の八条院領」(永原慶二・佐々木潤之介編『日本中世史研究の軌跡』所収、東京大学出版会、一九八八年）五頁。なお、八条院領の具体的荘園名などについては、福田以久生「八条院領」(『国史大辞典11』所収、吉川弘文館、一九九〇年）参照。

(15)前半部分は「高山寺古文書」、後半部分は「山科家古文書」。この両文書の伝来等については、石井進氏の註(14)前掲論文を参照。

(16)石井進氏は、註(14)前掲論文において、一〇四カ所と数えておられるが、福田以久生氏は、註(14)前掲「八条院領」において、一〇〇カ所と数えておられる。これは、安元二年二月日付八条院領目録の記載において、たとえば「常陸国村田上下」を一荘と数えるか二荘と数えるかの差によるものである。

(17)「東寺百合文書」ホ、『鎌倉遺文』第一巻一八五号。

(18)「東寺百合文書」ホ、『平安遺文』第八巻四一五四号。

(19)中田薫、註(11)前掲論文。

(20)『吾妻鏡』元暦元年四月六日条、『久我家文書』第一巻二八号。
(21)菊池紳一・宮崎康充「国司一覧」(『日本史総覧第Ⅱ巻』所収、新人物往来社、一九八四年）参照。
(22)註(17)に同じ。
(23)「白河本東寺百合文書」一四九、『平安遺文』第七巻三六三四号。
(24)「安楽寿院古文書」、『平安遺文』第六巻二五一九号。
(25)『尊卑分脈』第二篇九一頁。藤原顕頼およびその父藤原顕隆については、拙稿「夜の関白と院政」（本書第Ⅲ章）参照。
(26)藤原惟方が、平治の乱の当初に藤原信頼側にあったため、乱後において後白河上皇の怒りに触れて解官・配流の憂き目にあったことは、『平治物語』などによってよく知られているところであろう。
(27)『公卿補任』・『百練抄』・『愚管抄』などによれば、藤原惟方は、永暦元年（一一六〇）三月十一日に配流とされ、永万二年（仁安元年、一一六六）三月二十九日に京都に帰着していることがわかる。ただし、配流になる日までに出家してしまい、法名を寂信と称しているので、帰京しても政治的な活躍はみられない。
(28)「東寺百合文書」ホ、『鎌倉遺文』第四巻二六六八号。
(29)「東寺百合文書」ホ、『鎌倉遺文』第二十巻一五一一号。なお、『鎌倉遺文』では、「宝覚」を「宗覚」と記しているが、弘長四年（一二六四）二月二十七日付藤原氏女（左衛門督局）譲状案（「東寺百合文書」ホ、『鎌倉遺文』第十二巻九〇五〇号）には、「なかく大納言あさりの房ほうかくニ、ゆつりまいらせ候」とみえるし、中田薫氏の註(11)前掲論文でも、「宗覚」ではなく「宝覚」と記しているので、ここではそれに従うことにする。
(30)『改定史籍集覧』第廿七冊所収。なお、この田数帳について、同書九八・九九頁において、伴信友は「正応元年」とは「康正元年（一四五五)」の誤りであると断じているが、同書九九頁に引用された中山信名の考案によれば、正応元年の田文をもととして、長禄三年（一四五九）に改正（追記）したものであるという。ともかく、大内荘については、鎌倉後期に百町近くの田数があったとみてよいようである。

(31)「白河本東寺百合文書」四十八、『鎌倉遺文』第三十二巻二四五六七号。なお、応長二年三月二十日に正和と改元されているので、この文書の年月日については、誤写の可能性が高い。
(32)「白河本東寺百合文書」四。中田薫、註(11)前掲論文一三一・一三二頁に引用されている。
(33)同右。同論文一三二頁に引用されている。
(34)清水正健編『荘園志料』上巻九一三頁に「吉圍荘」と記載されて以来、仲村研「吉囲荘」(『国史大辞典14』所収、吉川弘文館、一九九三年)など、多くの論者は「吉囲荘」の方を採用しているので、一応本稿もそれに従う。
(35)「白河本東寺百合文書」四十八、『鎌倉遺文』第三十三巻二五五六五号。
(36)藤原成親が、丹波国の知行国主であったことは、『玉葉』承安二年七月二十一日条に「丹波重任」としてみえるが、『公卿補任』によれば、その子である成経が同国守であったのは、嘉応二年(一一七〇)十一月から治承元年(一一七七)六月までであるので、その間は成経の後見的立場で知行国主であったと推定できる。
(37)仲村研「丹波国吉富荘の古絵図について」(『荘園支配構造の研究』所収、吉川弘文館、一九七八年)。
(38)拙稿「院領荘園支配機構とその性格」(『院政時代史論集』所収、続群書類従完成会、一九九三年、初出は一九八一年)。
(39)『中右記』康和四年十月二十三日条。
(40)「安楽寿院古文書」、『平安遺文』第六巻三〇二九号。
(41)公家新制については、水戸部正男『公家新制の研究』(創文社、一九六一年)参照。
(42)安楽寿院領については、中村直勝「安楽寿院領」(『中村直勝著作集』第四巻所収、淡交社、一九七八年、初出は一九三九年)、福田以久生「安楽寿院領荘園について」(『古文書研究』第九号掲載、一九七五年)参照。
(43)醍醐寺「三宝院文書」、『大日本史料』第四編之十六、四一九・四二〇頁。
(44)『御料地史稿』(帝室林野局、一九三七年)三六三頁以下。なお、この目録については、福田以久生「『御領目録』の送進について」(『古文書研究』第二十四号掲載、一九八五年)参照。

(45)「伊予国弓削島荘関係史料」(『日本塩業大系史料編古代・中世㈠』所収)一八号。

(46)『梅松論』上巻。

(47)註(38)に同じ。

(48)小川彰「伊予簾」(『平安時代史事典』本編上所収、角川書店、一九九四年)。

(49)杉山信三『院家建築の研究』(吉川弘文館、一九八一年)。

(50)朧谷寿「法住寺殿」(前掲『平安時代史事典』本編下所収)、五島邦治「六条殿」(同上)。

(51)『玉葉』文治四年四月十三日条、『吾妻鏡』文治四年四月二十日条。

(52)『吾妻鏡』文治四年六月九日条。

(53)『山槐記』(『仙洞御移徙部類記』所収)文治四年十二月五日条。

(54)太田静六「後白河法皇の仙洞御所・六条西洞院第」(『寝殿造の研究』所収、吉川弘文館、一九八七年)。

(55)大山喬平編『京都大学文学部博物館の古文書第一輯・長講堂領目録と島田家文書』(思文閣出版、一九八七年)一九頁でも、六条殿に五門が存在したとみている。

(56)池浩三「門」(前掲『平安時代史事典』本編下所収)参照。

(57)丹後局(高階栄子)については、『大日本史料』第四編之十四、二〇四頁以下。

(58)『吾妻鏡』建久六年四月二十一日・二十四日条。

(59)「伏見宮記録」元二十五、『鎌倉遺文』第二巻五八〇号。

(60)院政時代における「三代御起請符地」については、拙稿「三代起請と院庁牒・院庁下文——絶対主義的院政の一側面——」(前掲『院政時代史論集』所収)。

(61)石井進「関東御分国」(『国史大辞典3』所収、吉川弘文館、一九八三年)。

(62)註(45)前掲「伊予国弓削島荘関係史料」一三〜一八号、二一・二三号、補三号。なお、弓削島荘については、網野善彦

「伊予国弓削島荘」（註(2)前掲書所収）が詳しいが、承安元年（一一七一）に藤原綱子は、養母の源氏（比丘尼真性）からの譲りで、弓削島荘預所安堵の後白河院庁下文をえていた。ただし、それは、養母の生前譲与であったため、正治元年（一一九九）七月に改めて弓削島荘を含む六カ所の荘園が綱子に譲与されているようである。この綱子とその養母は、ともに女房として院庁・女院庁に献身的に仕えていたものと思われる。

(63)註(45)前掲「伊予国弓削島荘関係史料」二一号。

(64)「備後国因島関係史料」（『日本塩業大系史料編古代・中世(一)』所収）四号。

(65)註(55)前掲書の写真4。

(66)註(55)前掲書の写真5。

(67)拙稿「院領荘園関係申請雑事の処理形態」（前掲『院政時代史論集』所収）二六二頁でも述べたように、院庁の主典代や庁官は、院領荘園関係申請雑事の処理の過程においても、いわば「院の耳目」とでもいうべきかたちで、下級の実務を担当していたのである。

(68)註(45)前掲「伊予国弓削島荘関係史料」二二号。

(69)「東寺百合文書」し、「白河本東寺百合文書」一七〇、『鎌倉遺文』第十一巻八四二三号。

(70)肥後国鹿子木荘は、鳥羽院政期に院領荘園として立荘されているが、当荘の支配構造については、拙稿「院政時代における預所職」（本書第Ⅵ章）で述べている。

(71)「東大寺図書館所蔵弥勒如来感応指示抄一紙背文書」、『平安遺文』第九巻四六九二号。

(72)「東大寺図書館所蔵宗性筆唯識論第五巻問答抄紙背文書」、『平安遺文』第五巻二二二九号。

(73)石上英一「質侶荘の成立と構造」（『古代荘園史料の基礎的研究』下所収、塙書房、一九九七年）。

(74)「東大寺図書館所蔵宗性筆唯識論第五巻問答抄紙背文書」、『平安遺文』第八巻三八二七号。

(75)『左経記』万寿三年五月二十一日条、『栄花物語』巻第二十七。なお、『貞信公記』天暦元年（九四七）三月十八日条によ

れば、やはり法華八講の「五巻の日」の捧物として、瑠璃の壺に砂金一〇〇両を納めたことがみえる。
(76)『葉黄記』寛元四年五月十四日条。
(77)上田道男「日本の金貨――古代から近世初頭まで――」(田口勇・尾崎保博編『みちのくの金――幻の砂金の歴史と科学――』所収、アグネ技術センター、一九九五年)。
(78)細川亀市『上代貨幣経済史』(森山書店、一九三四年)二七七頁では、平安時代に少なからず使用された黄金には、生金・錬金・消金および砂金の四種があり、いずれも貨幣的用途に用いられたが、それらのなかでも砂金が取り扱いに便利なため、一層多くの流通をみたと述べられている。これに対して、久光重平『日本貨幣史概説』(国書刊行会、一九九六年復刻、原題は『日本貨幣物語』として毎日新聞社から一九七六年に刊行)四四頁では、金は対中国輸出用のほかは、金銀器物用として、あるいは贈答賜献用としてしか用いられず、貨幣としてはもちろん、貨幣的には用いられなかったと述べられている。だが、後述のように、砂金と他の物品との交換率が定められていることがみられるところから、その貨幣的使用は無視できないように思われる。
(79)『小右記』長元四年二月二十三日条。
(80)『小右記』長元五年八月二十五日条。
(81)『吾妻鏡』文治二年十月一日条。
(82)「東寺文書」甲、『平安遺文』第二巻四〇五号。
(83)『今昔物語集』巻第十六ノ第三十一。
(84)「春日神社文書」、『鎌倉遺文』第六巻四三三四号。
(85)『法曹至要抄』中、『鎌倉遺文』第二巻七〇五号。
(86)『吾妻鏡』文治五年三月二十日条。
(87)栄原永遠男「律令中央財政と日本古代銭貨」(『日本古代銭貨流通史の研究』所収、塙書房、一九九三年、初出は一九八八

一年）、同「和同開珎の誕生――律令国家と銭貨――」（『週刊朝日百科日本の歴史51、税・交易・貨幣』所収、一九八七年）。

(88)滝沢武雄『日本の貨幣の歴史』（吉川弘文館、一九九六年）五五頁。

(89)『玉葉』治承三年七月二十五日条。なお利光三津夫「建久四年の銭貨禁令について」（『古代文化』第五一巻第二号掲載、一九九九年）によれば、銭貨自体の使用停止論が顕然化するのは、治承三年七月以後のことで、宋銭の輸入を積極化していた平氏一門に対して、それへの配慮を行おうとする源通親や、逆に打撃を与えようとする九条兼実らの意図が交錯し、永年の論議の結果、建久四年七月四日には史上に例のない銭貨停廃の宣下が行われたという。ただし、その法令が効力を有したのは、わずかに十数年程度のことであったと指摘されている。

(90)『玉葉』治承三年七月二十七日条。

(91)註(38)に同じ。

(92)院政時代の院御所とその御堂の様子は、村井康彦編『よみがえる平安京』（淡交社、一九九五年）により、視覚的にみることができる。

(93)『九条家文書一』三号、『鎌倉遺文』第八巻六〇四四号。

(94)遠藤基郎「権門家政機関と諸国所課」（『日本史研究』第三三二号所収、一九九〇年）六四頁では、院・摂関家による諸国所課は、その各権門の主体的行為であったこと、その発生は貴族社会における贈与慣行を梃《てこ》とした道長と頼通による受領への所課に求めるべきこと、そのような事実の蓄積である「先例」が、諸国所課を国制の次元にまで高めたこと、院政時代には、その所課は院を中心に系列化されたと指摘されているが、摂政・関白がもともと天皇の親族（みうち）であること、上皇も天皇の父であることなど、摂関も院も、政治上はともに公的存在であることに配慮することを提言したい。

Ⅷ　院政および院近臣論

一　緒　言

院政について言及した論考は、枚挙に遑がない。それほどに多方面から論じられているわけであるが、私も自分なりの問題関心から、一書をまとめたことがあった。(1)

そこでは、まず長久荘園整理令をめぐる考察から、院政時代の前代に当たる関白藤原頼通の執政期には、郡郷制の改編、封戸制の再編、公田官物率法の成立など、一連の国政改革が進展したけれども、そのような変革が要請されていた社会状況下において、他方では在地の百姓層と中央の高家権門との「強縁」（権力者との縁故）関係は助長されていったことを指摘した。そして、そのような「縁」にもとづく人間関係の形成は、やがて社会生活上も一般化していったとの見通しも述べたのであった。それは、貴族社会にあっては、それ以前の氏上・氏長者を中核とする氏族社会が変質して、多くの門流が新たに形成され始めた動向と無関係ではなく、律令国家体制下の官僚制を含む諸制度の変容に対応した実態であったとみたものであった。したがって、院政時代の院政も、「強縁」を強く希求する貴族層や在地諸勢力に対応した「強縁政治」として、展開していったものであろうと想定したのである。

ついで、こうした前提に立って、白河院政成立過程を考察してみた。その結果、白河院政は、後三条天皇の生母に当たる陽明門院を中心とする一大勢力との相剋のなかで成立したものであり、従来いわれてきたような皇室と摂関家との二者対立という、いわば単純な確執によるものではないことを明らかにしたつもりである。また、それは、後三条天皇の治政が摂関家に対する掣肘をとくに企図したものでなかったことはもちろん、その即位がそのまま直線的に白河院政への道を開いたというようなものではないことも述べた。すなわち、後三条政権は、延久荘園整理令を発し

て、かつ中央に記録荘園券契所を設置して、一定の新基準での荘園整理を四年間ほど実施した点には新鮮味はみられたが、藤原頼通政権と結びついて発給された国司免判による立荘も、基準以前のものであれば容認したことが多く、一時的に加納や相博地が収公されることはあったにしても、中央の高家権門と地方の百姓層との「強縁」関係を基盤とする結びつきは、そう簡単には解消するものではなかったろうことを指摘したのであった。

さらに、院政時代の院政も、基本的には「強縁」政治の要素を多分に有していると思われ、それは「院近臣」と呼ばれる人々が権勢を振ったこと自体にみてとれると指摘した。そのうえで、彼らが院領荘園の設定、またその運営面においても、大きな役割を果たしていた実態を分析した。そのなかでは、荘園整理策の堅持・維持に代表される鳥羽院政期の評価も試み、全体としては院領荘園の増大という事実は、従来いわれてきた経済基盤の拡大と捉えるよりは、むしろ権力基盤の拡大と捉える方が妥当であることを強調した。つまり、院政時代の院（上皇・法皇）は、院領荘園運営を通してみる限りでは、自己の下にその運営上の諸権限を収斂させ、いわば専制的な最高管領権を有していたのであり、そのこと自体が院政時代の院の権力保持のひとつの大きな要因であるとみたのである。また、そのような院を中心とする院庁における事務処理の形態は、もはや従前の太政官機構を通してよく行えるものではなく、まさしく「強縁」関係で成り立つ社会構成に対応した新たな形態として産み出されたものと考えたのである。しかも、院政という政治形態は、神仏両全思想を背景とする専制政治の側面を有するが、一方では公家・寺社・武士等の諸勢力の利害の調停役としての側面も有した。それに加えて、聖職・世俗の双方の叙任権まで有した院によって主導された政治は、「強縁」を所与の前提とする社会体制に適合した政治であったと結論づけるに至ったのである。

以上が、前著における院政および院政時代についての見解のあらましであり、これらの骨子には今のところ変更の

必要を感じていないのであるが、細部にわたっては詳論するべき点も生じてきている。というのも、その後における私の関心が、主として院政を支えた「院近臣」の分析に向けられ、彼らの家系や職務と連動する活動を具体的に追究したことにより、考察が一層深化したからである。かつ、そのかたわらでは、院政開始期に関する政治動向、院領荘園の経営上での諸問題について、やはり「院近臣」との関係を中心に、前著に引きつづき検討を加えてきたことにもよるのである。これらのことは、院政や院政時代を多方面からより深く理解しようとするところの私なりの課題(2)に対する挑戦であったが、この間に前著に対する批判も各種いろいろと寄せられたのである。そのため、そうしたことを総合して、改めて私見をまとめる必要が出てきたようである。

また、それとは別にも、近年の研究動向上で気にかかる問題もあり、本稿執筆の必要を強く感じるのである。というのは、たとえば「王家」や「王家領荘園」という用語、あるいは「治天の君」と「治天」の使い分けに代表される、用語使用上の問題である。前者は、黒田俊雄氏の提唱された権門体制論にもとづくものと思われるが(3)、「王家」・「王家領」というときには、「上宮王家」とか「長屋王家領」というような、諸王家やその所領・領有地に限定されてしまう意味合のあることが、どうしても気にかかる。しかも、「王家」は「国王の家」ではなく「天皇を出す私的勢力である権門」に他ならないとする黒田説(4)にも、そもそも疑問があり、にわかには従い難いのである。他方、後者の「治天の君」については、たとえば黒田氏は親政期間中の天皇も含む中世の「王家」の家長であると指摘されたが(5)、白根靖大氏は後嵯峨院政期以降の鎌倉中・後期に確立する「院政にともなって形成された院政系列の秩序体系」の頂点に位置する院を「治天」と呼称し、従前の「治天の君」と区別することを提唱されているのである(6)。こうなると、「治天」を「治天の君」の略称とみることもできなくなり、白根説の検証等も含めて、その検討が要請されてくるのである。

そもそも、このように、多様な視点から論じられている現状は、一面では研究を深めていくものと思うが、他面では無用の混乱をもたらしかねないようにも思われる。そのため、各論者は自らの立脚点を明示してから論じていくべきことが要請されてきたといえるのであろう。もちろん私の場合にも、そのことは該当するわけであり、前著においても「院領荘園」の概念やその支配機構等については一応定義して述べたつもりであったが、(7)必ずしも広く認知されているとは思われないこともあるし、(8)近年の研究動向との関連から改めて述べる必要もあるのであろう。ただし、「皇室」・「皇族」などの用語(9)については、現代の社会通念の範疇で使用しているつもりであるので、とくに取り立てて定義する必要は感じないが、「上皇」・「法皇」・「女院」などを含まない『皇室典範』の規定には囚われていないことだけは最初に明言して確認しておきたい。

それに加えて、「院政」については、「院（上皇・法皇）の行う政治」というのが原義であろうが、その内実は「院と天皇とによる共同統治の政治」という定義をしておきたい。(10)これは、井原今朝男氏の提唱された天皇・摂関共同執政論(11)の視点を加えれば、「院・天皇・摂関の三者による共同統治の政治」ということになろうが、摂政・関白はあくまでも天皇の代行や補佐に当たる役職・地位であり、公的存在としての側面を強く有するとはいえ、天皇や院を除外して存在するものではないところから、少なくとも白河院政開始から承久の乱に至る院政時代の院政とは、自由かつ私的な性格も有する院とあくまでも公的な性格を有する天皇とが共同で執政する政治形態であったと規定する方が妥当であろう。ただし、院政という政治形態においては、主導権はあくまでも院が掌握していたといえようし、その政治上の最終決定権も院に属していたことが常態であったといえよう。したがって、その意味から院政は、「専制政治」と呼ぶにふさわしい政治形態であったことになるのである。近年では、美川圭氏と安原功氏に代表される院政時代を中心

とした公卿議定制をめぐる論議が活発化しているが、[12]伝奏や諮問・議定の制度がどうであれ、院がその最終決定権を握っている「専制政治」にこそ、最大の特色をもつのが院政という政治形態であったといえよう。

そのほか、石井進氏は、院政時代には院・天皇個人のタブーやマギーからの解放が始まり、「神」から「人」への転化が行われたと指摘されたが、[13]そのような評価は果たして妥当なものであろうか。これについて佐藤弘夫氏は、「神」から「人」へのシェーマに適合するようにみえる史料が意外に多くあることから、中世的な「神孫為君」の論理では、国王は天皇家の出身者に限定されてはいたものの、支配権力総体の意に副わない場合には、いつでも首がすげかえられる余地が残されていたものとみて、中世天皇の権威とは、所詮は状況や都合によって、周囲から強調されたり相対化されたりする類のものでしかなかったものと結論づけられている。[14]だが、光仁天皇の擁立により、皇統が天武天皇系から天智天皇系へと復した結果、すでに「現人神」ではない天皇を戴く王朝の成立をみていたとする見解もあり、[15]また中世の天皇や院を一律に評価してしまうことには、どうしても躊躇および疑問を禁じえない。

ともかく、いまだに国民国家など存在しなかった院政時代において、院と天皇との共同統治が行われたと想定することは可能と考えるが、その時代に近代的法制度に類似した画一的な諸制度などは存在しなかったとも想定する。また、「王権」という観念で天皇、上皇、法皇などを一律に捉えようとすることはできないものと考えるし、その個々においても時代的差異は相当に大きいものと考えている。したがって、本稿では、承久の乱以降についてはほとんど言及しないが、それは政治・社会の情勢が大きく変化したと想定しているからであり、別に新たな分析・検討が加えられる必要があると考えるからである。そのため、とりあえず本稿は、あくまで院政時代に焦点を当て、本節での観点を踏まえながら、必要に応じて前後の時代も検討し、院政時代に展開した院政の推移および院近臣の動向について、

各節ごとに以下検討していくことにしたいと思う。

二　太上天皇の政治

そこで、まず、院政および院近臣等について論じようとするとき、もっとも基本的な事柄に属するであろう「太上天皇」の歴史的意義を、確認することから始めたいと思う。

この「太上天皇」の用語は、中国の『史記』や『漢書』にみえる「太上皇」、あるいは『魏書』にみえる「太上皇帝」に由来し、日本で「天皇」号が採用されるようになると、それに連動して生み出されたものといえよう。これに関して、養老儀制令の天子条には、「天子」とは「祭祀に称するところ」、「天皇」とは「詔書に称するところ」、「皇帝」とは「華夷に称するところ」、「陛下」とは「上表に称するところ」、「太上天皇」とは「譲位の帝の称するところ」と記されている。このうち、「華夷」に対する称号とされた「皇帝」とは、本来は中華思想にもとづくものであり、日本では「天皇」号の方をより正式なものとして多用したため、中国ですでに用いられていた「太上皇帝」ではなく、おそらく日本独自の称号として「太上天皇」号が採用されたものとみられるのである。ただし、この天子条において、「太上天皇」の称号は、「譲位の帝」の称するところであると記しているところをみると、譲位した「帝」（皇帝）の意味も「太上天皇」には含有されていることは確認できるのである。

また、養老儀制令の皇后条には、「凡そ皇后・皇太子以下、率土の内、天皇・太上天皇に上表せむときは、同じく臣妾名称せよ。」と記されており、天皇と太上天皇とは同列に扱われているのである。これは、唐令と比較した場合、日本令の大きな特色となっている。[16]しかも、「太上」の意味するところは、「はなはだ上」という原義から「最上」・「至

尊」のことであろうから、字句の上からみれば太上天皇は天皇の上位に位置づけられることになるはずである。ちなみに、『魏書』釈老志などの中国の文献では、老子を神格化して呼称する際には、「太上老君」と記している。おそらく同様な意味合が「太上天皇」の用語中に元来込められていたものと推察されるのである。それは、「太上皇」、「上皇」と略称されても、意味する内容には何らの変化も認められないものといえよう。

ところで、実際、初めて「太上天皇」と称されたと確認される天皇は持統天皇であるが、[17]その初見は『続日本紀』大宝元年（七〇一）六月庚午（二十九日）条である。正史の上でそこに登場しているところからみると、同年成立の大宝令において初めて規定された称号であったことを思わしめる。ともかく、その後は多用されており、それを端的に示しているのは、天平勝宝八歳（七五六）六月二十一日付の東大寺献物帳（国家珍宝帳）[18]である。その中には、「飛鳥浄御原宮御宇天皇」（天武天皇）以降、「太上天皇」（持統上皇）、「太行天皇」（文武天皇）、「中太上天皇」（元正上皇）、「後太上天皇」（聖武上皇）へと順次伝えられてきた厨子を、「今上」（孝謙天皇）が「盧舎那仏」に献上する旨が記されている部分がある。そこには、文武天皇と元正天皇との間の天皇で、のち譲位して上皇になった元明上皇が省略されているが、それはともかくとして、当時においては譲位した後も生存していた場合は、没後においても「太上天皇」と称されていることには留意したい。すなわち、すでに敬称として「太上天皇」と称されているところをみると、単なる「天皇」を超越した、その「天皇」の上位の存在として扱われているように看取されるのである。ちなみに、譲位せずに没した文武天皇の場合は、「太行天皇」（大行天皇）にすぎないのである。

このことは、「太上天皇」号が成立する以前と比較してみるとき、より一層はっきりとするように思う。たとえば、初めて重祚したことで知られる皇極天皇の場合、軽皇子（孝徳天皇）への譲位後に与えられた称号は、「皇祖母尊（スメ

ミオヤノミコト)」というものであった。[19] これは、皇極天皇の生母である「吉備姫王(キビヒメノオホキミ)」が死没に際して「吉備島皇祖母命(キビノシマノスメミオヤノミコト)」と称されていたところからみると、[20] 今日の祖母とは関係なく、要するに皇族出身の「祖母」(母親)という程度の尊称でしかないのである。この七世紀半ば頃の事例と八世紀に入って律令制度が確立した段階での事例とを比較すると、譲位後の前天皇に対する取り扱いは大きく変化していることに気付かざるをえないのである。

この変化は、天武朝に「天皇」の称号が公式に採用されたとみられていることと無関係ではないであろう。[21] というのも、「天皇」の称号は、中国において北極星を神格化した「天皇大帝」という道教の神名から採用されたとこれまでも考えられていたのであるが、近年では道教とは無関係に日本において、「天つ神」の系譜を引く「神」として、中国の皇帝に準じた君主という意味合から作られた称号と考えられるようになったからである。[22] つまり、「神」と目される「天皇」の称号が成立したことに影響されて、「太上天皇」号も成立したのである。そこに、道教がどれほど影響を及ぼしたかは、にわかに判断できないが、いずれにしても天皇が「神」と考えられていたことは動かない事実であろうし、実際に養老公式令の詔書式条にも「明神御宇日本天皇」の語句がみえているのである。また、文武天皇の即位宣命には「現御神と大八島国知らしめす天皇」、[23] 元明天皇の即位宣命にも「現神と八洲御宇倭根子天皇」[24] とみえているのである。漢字での表記は異なっていても、天皇が「神」とみられていた、ないしは少なくとも「神」を称していたことは動かないのであるから、その天皇位を退いた存在も、とくに規定のない限りは、そのまま「神」に準じたものにならざるをえないであろう。しかも、『令集解』儀制令の皇后条所引の跡記には、「天皇と太上天皇は同列の人なり」と記されているのであるから、太上天皇は天皇位を退いていても天皇と同様な「神」としての待遇を享受する存在で

あったことは確かである。

こうしたことからみると、律令体制下では天皇と同様に太上天皇も、当初から「現人神」ともいうべき超人的存在としての扱いを受け、さらにそれに加えて天皇より上位の扱いさえ受けたであろうことは明白である。そのことは天平宝字二年（七五八）八月一日、淳仁天皇が即位すると、直ちに前天皇（孝謙上皇）に対して「宝字称徳孝謙皇帝」の尊号を与え、ついで同月七日には故聖武上皇に対しても、「勝宝感神聖武皇帝」の尊号と「天璽国押開豊桜彦尊」の諡号を与えているところからも確認できる。[25]すなわち、生存している孝謙上皇に対して文字通り徳をたたえた「皇帝」号を与えていることは、孝謙上皇にとってみれば付加価値をもつ「皇帝」に就任した意味合をもつことになるのである。また、聖武上皇の場合は、没後二年を経た後の尊号・諡号の追上であったが、その尊号中に「神」の文字が見えているところに、とくに注意するべき点があるのである。というのも、この追上は、かつて聖武上皇が出家して篤く仏教に帰依しており、その葬儀も仏式であったため遅れたものであったらしいが、[26]それにもかかわらず、しかも没後であるにもかかわらず、わざわざ「神」として扱っているのである。

なお、付言すれば、『続日本紀』では、天皇在位中とされている「聖武上皇」に関する記述部分において、同上皇（『続日本紀』では天皇）が、東大寺の「盧舎那仏」の前殿でその像に向かって自分自身を「三宝の奴」と称し、[27]また諸寺に施入する願文中で「太上天皇沙弥勝満」と称したことは、[28]ともに有名なことではある。ところが、それにもかかわらず故聖武上皇は、没後になって神としてまつられることになったのである。この事実は、当時の人々の間における「神」観念が、今日の人々の「神」に対する一般的な認識とは異なり、かなり柔軟性をもったものであったらしいことをも窺わせるのである。

ともかく、太上天皇という存在が、その身位を設定された当初の頃から、このように天皇と同様に、あるいはそれを超越した神的存在であったことは明らかなのではなかろうか。これまでも、天皇や太上天皇の没後に発生する政情変化の分析を通して、岸俊男氏が太上天皇の政治的地位が高かったことについて指摘しておられたし、[29] 石尾芳久氏によって初代の太上天皇と考えられる持統上皇についても、天皇に対する「終身後見」を目的として「太上天皇」位に就任したものと指摘されていた。[30] このうち後者の指摘については、吉野裕子氏も、陰陽五行を指導原理とする呪術世界観から持統天皇を研究されたなかで、持統天皇が譲位して太上天皇に就任したことは、幼弱の君主（天皇）のためというのではなく、在位の天皇、すなわちこの場合はすでに幼少とはいえない十五歳に達していた文武天皇の終身の後見者になることを示しており、要するに「共治」というわけであると賛意を表明されている。[31] この「共治」という用語を、石尾氏は「共同執政」という用語をもって使用されているが、どちらも太上天皇と天皇とが共同で統治に当たる「共同統治」の意味であろう。ただし、留意しなければならないことは、その内実は太上天皇が天皇を後見する形態をとっているということである。この制度は、石尾氏によれば、藤原不比等の発案によって初めて大宝令に採用されたものであり、その終身後見の権限の本質は「家父長的権威」に由来したということである。[32] だが、発案者の特定はさしおいても、前述したように『続日本紀』の記述内容からも、大宝令において太上天皇制が初めて規定されたことは確かであろう。そして、それは、持統上皇の文武天皇との共同統治者としての立場を反映したものであったろうことも、ほぼ間違いのないところであろう。ただし、太上天皇の権限が、「家父長的権威」にもとづくものとされている点については、当時の天皇家（皇室）をどのような範囲・概念で捉えるかによって、その意味するところは異なってくるはずであるので、にわかには従い難い。私見では、前述しているように、太上天皇の権限は、前天皇としての

立場に付随して発生するもので、現天皇を指導することも可能な権限までも付加されたものであったろうと想定しているのである。そのため、太上天皇の権限が、「家父長的権威」に由来するか否かではなく、現天皇との関係においてのみ、実質的に上位にあったことを確認しておきたいのである。

なお、春名宏昭氏は、太上天皇制下の譲位は、天皇大権の譲与を意味せず、譲位した天皇は、譲位と同時に太上天皇となって、引き続き天皇大権を掌握したものとされ、換言すれば天皇大権を掌握する人格を、自分の他にもう一人作り出すことであったとされている。(33)これに対して、仁藤敦史氏は、律令制度下における天皇と上皇との共同統治は、「同一の権能」をもつ「二人の天皇」として構想されたものではなく、大宝令では退位した天皇としての太上天皇に「大王的権威」を分与し、天皇には官僚制と文書主義を統括する役割（律令君主としての権力）を与える体制を構想したものとまず指摘された。そのうえで、この「制度化された権力」は、高度な政策決定能力と安定的皇位継承という二律背反的な要求、すなわち資質と血統の選択という究極的な課題に対して、直系尊属関係にもとづく共同統治として運営するものであったとされている。ところが、官僚制的秩序が優位になると太上天皇の積極的必要性は薄らぎ、桓武・嵯峨朝頃には、その二つの要素は同一人格に体現されるようになるとして、薬子の変（平城上皇の変）を契機に成立した太上天皇への尊号宣下（尊号奉献）とは、太上天皇から天皇への重祚を否定するという、「王の終身性」を払拭するための儀式として位置づけられたものと指摘されたのである。そうして、上皇と天皇との間を規定する諸儀式が整備されてくると、上皇が家父長的立場により形式上は天皇の上位に位置づけられたが、「百官」を統率するのは天皇であり、原則として内裏内で行う日常的一般政務には介入しない原則を保つことになったと結論づけられたのである。(34)

この仁藤説は、春名説を批判する点では当を得たものと思うが、大宝令の制定された頃に太上天皇に対して「大王的権威」を分与することが構想されていたと推測された点には、やや理解に苦しむ部分もある。私見としては、もしそのような構想があったとしたならば、大宝令にも明記するはずだと思うし、かりに令制があくまでも天皇を主体とした官僚制・文書主義に特色をもつ制度として成立したものであるとしても、太上天皇が恒常的に存在していないことは、やはり気にかかるところである。また、薬子の変を契機として、太上天皇の政治的地位に「一定のけじめ」がつけられ、「父子の義」を前面に押し出した「院」へと変貌したとする見解は、橋本義彦氏によっても提出されているが、(35)その上皇と天皇との間を規定する諸儀式の整備をへても、(36)なおその両者間の肉親関係のみに制限された以上の関係、すなわち天皇の上位にある上皇の政治への介入の可能性は、潜在的であったにせよ存在しつづけたであろうことは否定できないと思うのである。

たとえば、仁藤氏は、太上天皇の尊号奉献を重祚の否定という形で想定されたが、嘉承二年（一一〇七）七月、白河法皇が堀河天皇の没後に重祚を企図しながらも、出家後であったために思いとどまり、(37)鳥羽天皇を前例のない五歳で践祚させたこともあった。このことは、白河法皇が出家していない上皇のときであれば重祚したことを意味しているのであるから、その尊号奉献の制度が成立した当時の事情はどうであれ、やはりその制度は固定的な制度として永続するものでなかったことを示しているものといえよう。ちなみに、この鳥羽天皇の践祚した日、白河法皇は、次のような宣命を発している。(38)

太上法皇の詔く、関白右大臣藤原朝臣は輔導年久しくして、朝の重臣たり。其誠心を見るに、幼主を寄託しつべし。然れば則ち皇太子、天日嗣を承け伝へ賜ひて、いまだ万機を親しくせざるの間、幼主を保輔して政事を摂行

せむこと、一に忠仁公の故事の如くせよと詔ふ御命を衆聞し食せと宣る。

嘉承二年七月十九日

上卿民部卿

これは、白河院庁の執事別当であったと推定される大納言兼民部卿源俊明[39]が、践祚の上卿として奉行した宣命であり、関白右大臣藤原忠実に対して忠仁公（藤原良房）の故事にならって摂政に就任せよという内容である。当日は、摂政や蔵人頭の補任に至るまで白河法皇の意向で差配が行われたのであるが、先例を無視して「先帝」（故堀河天皇）の意向ではなく、「太上天皇」の意向で宣命が発せられたことを論難する者もいたらしい。[40]確かに、宣命という文書は、本来は代表的な「天皇文書」[41]であり、公式令の詔書式にもとづいて発せられる類のものである。ところが、このような形で「太上天皇の宣命」が発せられ、しかも厳密にいえば「太上天皇の宣命」ではなく、「太上法皇の宣命」が発せられたのである。この上皇と法皇との関係は、後述するところであるが、当日のことを記した記録類では、「上皇」と「法皇」とは同日条でも混用して使用されており、[42]そのようなところにも、確かな固定的制度があったとは思われないふしがみえるのである。そのうえ、後二条関白藤原師通が、堀河天皇の成人後に「世ノマツリゴト」を白河法皇や大殿藤原師実にも相談せず行うこともあったと伝えられているところをみると、[43]院政時代に入ってからでさえ、定式化した型通りの政治は行われていなかったといえよう。ただし、このような伝えがあること自体、関白の任にある者は、法皇やその父（大殿）に相談しながら政治を行うべき存在であることを示していることになり、法皇・上皇対天皇、あるいは前摂関対現摂関とのあり方をよく表しているものといえよう。

そのほか、「現人神」としての天皇は、常人とは違って「神そのもの、もしくは神につかえる神人」としての特異な

生活を送るものであることから、そこに「日知り（太陽の司祭）的神秘的な性格」を認めて、それが院政時代に入る頃まで濃厚に温存されていたとする益田勝実氏の説(44)、あるいは天皇が「現人神としての絶対主権者」に昇華したことは、もはや実際政治に関与しない存在になったものと認め、その「不親政」の伝統が永く続いたとする洞富雄氏の説(45)などもみられる。また、石井良助氏は、奈良時代においては中国式の専制的天皇政治が行われたものの、平安時代になると蔵人所・検非違使庁などが設置され、政治の主導的地位は太政官のような律令的官庁ではなく、天皇の側近者へと移行したとし、やがて中国的律令的な太政官政治に代わり摂関政治・院政へと移行したものとみられている(46)。これらの学説は、いずれもある一面では真実をついているようにもみえる。しかし、平安時代の国政の運営（政事）は原則として在位の天皇と貴族の担うべきものであったとする河内祥輔氏の指摘(47)や、いわゆる「摂関政治」が行われたときでも天皇は位階授与（叙位）と官職任命（除目）の権限を有する存在であったとする大津透氏の指摘(48)があり、平安中期以降の古記録にも天皇の政治関与の記事は散見しているのである。そのため、たとえ「幼主」の天皇が多かったことを考慮しても、なかなかそのままには認め難いものといえよう。以上、要するに、天皇の上位に位置づけられる太上天皇は、平安時代に入っても政治への介入は可能な立場にあったものと考えられるのである。

そうなると、太上天皇の政治というもの自体は、奈良・平安時代を通しても、断続的にありえたわけであるから、太上天皇の政治をかりに「院政」と呼ぶならば、そういう意味の「院政」は、持統上皇のときからでも可能であったようにも思われる。しかしながら、当時は院政時代にみるような院庁の組織は、いまだ整備されていなかったことに留意しなければならない。そのうえ、大臣を含む多数の院庁別当らの署名を連ねて、在庁官人等に及ぶまでの指示・命令を伝達する院庁下文(49)も存在していなかったのである。とりわけ、「院近臣」を含む多数の院司が側近として存在

していなかった点に、大きな相違点があったというべきであろう。その点では、奈良時代の上皇らは、「口勅」と呼ばれる、口頭伝達または私文書と考えられる手段で、天皇や太政官に意志を示していたに過ぎなかった。[50]また、平安時代に入っても、白河院政が開始されるまでは、院司の人数も少なく院中の組織も簡略であり、それらはともに平城・嵯峨上皇の頃から次第に増大・充実していったといってもよい状況にすぎないのである。[51]したがって、冷泉院・朱雀院などの後院や院御所が登場して、そこに居住する上皇が「院」と呼称され、その上皇が政治に関わった場合、それを「院政」と呼ぶことは可能である。しかしながら、その「院政」の内容自体よりは、その運営形態においてみると、院政時代のそれと比較して、その時代に至るまでのそれとの相違は、あまりにも大きなものがあるといわなければならないのである。

三　法皇政治の意図

ところで、天皇の上位に位置づけられる上皇は、これまでみてきたように、政治上では、天皇と同様に「公的な存在」[52]であり、したがって「現人神」として推移しながら院政時代に及ぶものと想定されるが、[53]出家した場合の太上法皇とは、いかなる存在であったのであろうか。そのことについては、前述したように、院政時代においては「上皇」と「法皇」とは混用されており、出家した法皇も「上皇」と記されていることが多くみかけられるのである。そのため、「法皇」も「上皇」と変わらない存在とみられていたとも考えられるが、語句上の相違はもちろん、出家していれば相違点もあろうと思われる。そこで、本節は、その点の究明を目的に考察していくことにする。

そもそも、「天皇」号が公式採用されたと考えられている天武朝において、当の天武天皇自身は、周知のように還俗

して即位した身であった。ところが、壬申の乱の最中には皇室の祖先神に当たる天照大神を遙拝し、事代主の神など三神の祭祀も行っているのである。さらに、乱後には大来皇女を斎宮として伊勢神宮に奉仕させるようにしたことも、よく知られているとおりである。これらのことは、天皇が「現人神」とみられるようになったのであるから、当然といえば当然の行為なのであるが、一方では書生らを集めて初めて一切経を川原寺で写させたり、薬師寺（本薬師寺）を建立したり、『金光明経』をとくに重んじて諸国でその講説を行わせ、各家ごとでも仏舎を造らせて仏像・経典を置いて礼拝供養することを奨励するなどしたのであった。(54)これらの宗教政策は、古来の神々をまつる一方で、公伝以来一世紀をへて浸透してきた仏教を、鎮護国家仏教として位置づけようとしたものである。すなわち、いわゆる白鳳時代の国家仏教の推進であり、のちに聖武天皇が国分寺・国分尼寺の建立を命じ、盧舎那大仏の造立を行った天平時代の国家仏教に通じるものがあり、すでに神仏習合的様相を示しているといって過言ではないのである。つまり、「現人神」という「神」である天皇が、出家した経験をもち、かつ還俗後も仏教を信仰し、それにとどまらず国家仏教という形で、その布教をはかったとしても、何らあやしむことのない状況があったということである。

そのうえ、聖武天皇の場合は、前述したように、『続日本紀』では天皇在位中とされている天平勝宝元年（七四九）閏五月の願文中で「太上天皇沙弥勝満」を自称している。また、実際に現存する同年閏五月の東大寺への墾田等施入勅書(55)にもその自称がみえているし、天平勝宝五年（七五三）正月十五日と天平勝宝元年付の詔書銅板(56)にもその自称のほか、書き出し部分には「菩薩戒弟子皇帝沙弥勝満」とも記されているのである。この事実は、『続日本紀』がいくら聖武天皇の譲位以前の出家の事実を隠蔽しようとしても、不可能なことであるといえよう。また、「菩薩戒弟子」の「皇帝」である「沙弥勝満」と記されていることも興味深いことである。それが、天平勝宝五年正月という時期のもの

であるとされていることを考えると、聖武天皇はすでに譲位していたのであるから、ここでは「太上天皇」とあるべきところを「皇帝」と記しているのである。もっとも、この銅板裏面の内容のなかで「封五千戸・水田一万町」を施入することが書かれている部分は、『続日本紀』の記述には合致していないので、この銅板は後人の手が入って製作されたものであることは確かである。だが、それにしても同類の勅願文も残されているのであるから、[57]少なくとも「太上天皇」と「皇帝」を混同する傾向のあったことは確認することが可能である。

他方、『扶桑略記』天平感宝元年（七四九）正月十四日条には、「平城中島宮において大僧正行基を請じて、その戒師となし、太上天皇、菩薩戒を受け、勝満と名づく。」と記されている。そして、同日条の注記には、「私に云はく、太上天皇は誰人や。」と疑問が呈され、元正天皇は天平二十年（七四八）に没しているので、もしくは「書き違いか。これを勘ふべし。」と記されている。この注記は、同書の編纂者である天台宗僧皇円が懐いた疑問であるが、皇円が見た史料には、やはり「太上天皇」が「菩薩戒」を受けたと記すものがあったのである。なお、いうまでもなく、ここにみえる「太上天皇」とは、「勝満」の出家名を有する聖武天皇に相違ない。また、同日条には、藤原宮子・光明子らも受戒し、のちには「高野天皇」（孝謙天皇）も受戒して「尼」となって「法基」を出家名にしたことが記されている。この聖武天皇の出家・受戒について、『東大寺要録』巻第一に引用する「或日記」は、天平二十年（七四八）正月八日に出家して、同年四月八日に菩薩戒を受けたとしている。これによれば、出家したのち三カ月をへて受戒したことになり、より自然な行為と解釈されるのであるが、年代の一年違いは不審である。しかし、いずれにせよ、聖武天皇は天皇位にあるうちに出家・受戒したものとみられるのであり、その行為に従って太上天皇になっているようである。

この一連の動きについて、岸俊男氏は、出家・受戒した身で天皇として政治に関係することはありうべきではない

との考えから、太上天皇を称したものであろうと指摘しておられる。[58]確かにそうとも考えられるが、出家・受戒を契機として太上天皇を自称したことは、そのまま素直に考えれば天皇位を退いたことになるのではなかろうか。そして、上皇の立場でも政治関与にはさしつかえはないという状況や認識の存在していたであろうことにも配慮するべきであろう。それに加えて、菩薩戒を享受した天皇は、付加価値を得たのであるから、その意味で太上天皇を称したとも考えられるのである。当時、もしも「太上法皇」という称号が存在したならば、のち花山天皇が出家して法皇になったように、当然「太上法皇」を積極的に自称したはずではなかろうか。ところが、『続日本紀』では、孝謙天皇の即位するまでは、天皇の空位を避けるための処置をとったのであろうと推測されるのである。そのために、同書では、聖武天皇の出家を記していないし、重祚した孝謙上皇についても、「高野天皇」という名称で記述しているのであろう。とにかく、当時は、「現人神」であるはずの天皇あるいは上皇が、『延暦僧録』に記されているように、[59]一方では出家すると「菩薩」ともみられていたのであり、太上天皇であろうが、菩薩であろうが、国家仏教振興を含む政治に関与しても、何ら問題視しない姿勢は、『続日本紀』編纂者らは別として、聖武上皇、孝謙上皇らに共通してみられるのである。そして、同時にその姿勢には、やはり神仏混淆の様子がみてとれるのである。

こうした状況をみてくると、要するに、天皇号・太上天皇号が採用された頃から、すでに天皇・上皇らは、神でもあり仏でもあるという存在としてふるまっていたことが確認されるのである。そのうえ、とくに聖武上皇の場合は、譲位以前から出家していたことは明白であるが、「菩薩」とみられていたことは注目に値するといえる。というのも、菩薩とは、仏となるために悟りを求めながらも、一切衆生を教化しようとする大乗の修行者にほかならないのであるから、鎮護国家思想を背景に、仏教を全国に普及させていこうとした聖武上皇には、なじむ称号であった。したがっ

て、聖武上皇にとっても、そこに着目点が存在したのであろうし、むしろ積極的に菩薩戒を保つ存在になろうとしたのであろう。換言すれば、出家者であることが、そのまま権力者でなくなることを意味しなかったのである。そうなると、「出家名」・「出家者」などの表現は、その意向をくめばむしろ不適切なのかもしれず、少なからざる誤解を生じさせるものなのかもしれないのである。

こうしてみると、院政時代の法皇も、出家した上皇のことをさすのであるが、出家していても受戒していないといわれたり[60]、受戒後でさえ政治に介入しつづけていたことはよく知られているとおりであり、院政推進上においての身位は上皇であっても法皇であっても一向に構わないことになる。そうであれは、上皇も法皇も天皇の上位にいて政治への介入が可能な立場は同じなのであるが、しいていえば出家して仏道に帰依しているか否かが相違することになり、寺院を建立したり仏像を造立したりすることは、出家していた方がより適合していることだけは確かなことのようである。そのため、奈良時代の聖武上皇あるいは孝謙上皇(重祚してからは称徳天皇)らが剃髪した僧尼の姿であったのかどうかは確証がないが[61]、院政時代になると残されている絵画・彫像などからみて、法皇らは僧形であったことは確かなようであるから[62]、院政時代にはその僧服をまとった姿で、造寺・造仏を含む政治を主導することになったものと確認できるのである。

ところで、一般的には、最初に「太上法皇」と称されたのは、昌泰二年(八九九)十月二十四日に出家した宇多上皇の場合であるとされている[63]。すなわち、『日本紀略』の翌月二十四日条において、「太上法皇、東大寺において登壇して受戒」と記されているのである。ただし、建長年間(一二四九~五六)頃に編纂された『伝法灌頂日記』[64](上)によると、「平城上皇御灌頂事」と記しながら、元慶三年(八七九)に清和上皇が灌頂を受けたことについては「水尾法皇御

灌頂事」と記し、以後の法皇は「寛平法皇」(宇多法皇)、「円融法皇」などと記しているのである。しかも、「太上法皇」と称することは、正式ではなく俗称であるとの論調もみられ[65]、尊号辞退の後には官宣旨などに「太上法皇」と記載するべきではなく、鳥羽院ならば「鳥羽院」と記載するべきであるとの意見もあったらしい[66]。さらには、法皇とは尊号を辞退して「仏陀の道」に入った存在であるから、「太上天皇」と称するべきではないとの意見もみられ[67]、前述したところでもあるが、院政時代には日記の同日条においても、「上皇」と「法皇」を混用している事例がみられるのである。また、院政時代を過ぎてさえ、上皇と法皇の称号使用について、少なからず混乱がみられるのである[68]。そのほか、橋本義彦氏は、平安中期に出家して尊号を辞退するか受けなかった上皇を「法帝」と呼称し、また『漢書』の顔師古の注など中国の文献の影響を受けた藤原頼長が、『台記』康治二年(一一四三)正月十四日条・五月十八日条において、鳥羽法皇を「法皇帝」と称していたことを指摘しておられる[69]。

こうした状況は、嵯峨上皇以降に尊号奉献の制度が成立していても、それが尊号辞退も含めて形式ばかりとなっていたり、まして出家した上皇については、出家したという姿にこだわって政務に関与しないものとみる一方で、逆に政務に関わる姿の実像の方を尊重しようとするなど、実にさまざまな対応のみられたことを示しているといえよう。そこにも、呼称には関わりのない前天皇としての「太上天皇」の本質が現われているようであるが、出家している場合には仏教との関わりは鮮明になるものとはいえよう。その仏教との関わりが顕著に示されるのは、御願寺社の建立であろう。そこで、表Ⅰには、院政時代に創建された主な御願寺社を掲示してみた[70]。参考のために上皇・法皇に限らず、広く皇室関係者が御願主体になっているものまで拡大しているが、そのおおよその状況をみることができるであろう。

表Ⅰ　院政時代建立の御願寺社

	御願寺社	御願寺社建立年月	御願主体	備考
1	法勝寺	承暦元(一〇七七)・12	白河天皇	白河の地。承徳二年十月の八角九重塔供養で完成。
2	無量光院	承徳元(一〇九七)・8	白河法皇	下醍醐寺の子院。前年八月に没した郁芳門院を弔うため建立。承徳二年六月、円光院（応徳二年八月、白河天皇中宮藤原賢子の御願寺として建立された上醍醐寺の子院）の法華三十講が当院に移される。
3	六条院	承徳元(一〇九七)・10	白河法皇	前年八月に没した郁芳門院の御所（寝殿）を御堂に改築して建立。
4	西南院	康和2(一一〇〇)・10	篤子内親王	東坂本。天台座主仁覚が建立して寄進。
5	証金剛院	康和3(一一〇一)・3	白河法皇	鳥羽南殿内。
6	尊勝寺	康和4(一一〇二)・7	堀河天皇	白河の地。興福寺を摸して建立。
7	熊野新宮	康和5(一一〇三)・3	白河法皇	白河の地。僧正増誉が熊野権現を勧請。
8	転輪院	長治元(一一〇四)・正	堀河天皇	仁和寺の子院。前年正月に没した女御藤原苡子を弔うため建立。
9	阿弥陀堂	長治2(一一〇五)・10	祇園女御	祇園社の南東。丈六阿弥陀仏を安置。
10	宝蓮院	嘉承元(一一〇六)・2	佳子内親王	仁和寺の子院。当初は佳子内親王が富小路斎院と呼ばれたことから斎院御堂と称される。
11	金剛頂院	嘉承元(一一〇六)・12	堀河天皇	園城寺の子院。大僧正隆明が企図するが没し、その二年後に建立。

12	証菩提院	天仁2(一一〇九)・6	篤子内親王	法成寺内東北院の東辺。摂政藤原忠実が近衛京極殿跡地に建立。大治四年、院宣により尊勝寺南辺へ移築。
13	威徳寺	天永2(一一一一)・7	祇園女御	仁和寺の子院。百体大威徳を安置。この門跡は徳大寺も含めて、徳大寺家出身者が継承。
14	中宮御堂	永久元(一一一三)・7	篤子内親王	堀河院内。堀河天皇の御在所の西対を改築。
15	蓮華蔵院	永久2(一一一四)・11	白河法皇	白河泉殿内。九体阿弥陀堂。大治五年七月には新九体阿弥陀堂が完成。これら二堂のほか、三重塔など三塔で構成されることになる。
16	三宝院	永久3(一一一五)・11	白河法皇	下醍醐寺の子院。天承元年十二月以降、結縁灌頂が行われるようになると、灌頂院とも呼ばれる。
17	最勝寺	元永元(一一一八)・12	鳥羽天皇	白河の地。法勝寺の西、尊勝寺の東に位置。
18	中尊寺	大治元(一一二六)・3	鳥羽上皇	平泉。
19	円勝寺	大治3(一一二八)・3	待賢門院	白河の地。東西方向に三塔を並べ、東塔・西塔は三重、中央塔は五重。
20	東坂本新堂	大治4(一一二九)・12	白河法皇	西南院の近辺。天台座主仁実が建立して、同年七月に没した白河法皇のため寄進。
21	法金剛院	大治5(一一三〇)・10	待賢門院	仁和寺の子院。
22	成菩提院	天承元(一一三一)・7	鳥羽上皇	鳥羽泉殿内。白河法皇が没した三条殿西対を移築して建立。御墓所御堂とも呼ばれる。
23	得長寿院	長承元(一一三二)・3	鳥羽上皇	白河の地。千体観音堂。

24	成金剛院	長承元(一一三二)・3	藤原聖子	岩倉の大雲寺内。石蔵律師覚仙が寄進。
25	宝荘厳院	長承元(一一三二)・10	鳥羽上皇	白河北殿に付属。九体阿弥陀堂。
26	大伝法院	長承元(一一三二)・10	鳥羽上皇	高野山の子院。根来寺の前身。大治五年建立の伝法院（小伝法院）を拡張して建立。
27	密厳院	長承元(一一三二)・10	鳥羽上皇	高野山の子院。前身は大伝法院を開いた覚鑁の私房。
28	勝光明院	保延2(一一三六)・3	鳥羽上皇	鳥羽北殿内。平等院鳳凰堂を模した阿弥陀堂。
29	安楽寿院	保延3(一一三七)・10	鳥羽上皇	鳥羽東殿内。
30	平等心院	保延4(一一三八)・5	鳥羽上皇	高野山西院谷。
31	成勝寺	保延5(一一三九)・10	崇徳天皇	白河の地。
32	歓喜光院	永治元(一一四一)・2	美福門院	白河の地。
33	金剛勝院	康治2(一一四三)・8	美福門院	鴨川の東。押小路末辺に建立。
34	光堂	天養元(一一四四)・2	美福門院	所在地不明。
35	仏母院	天養元(一一四四)・10	鳥羽法皇	仁和寺の子院。
36	無量寿院	久安3(一一四七)・8	待賢門院	安楽寿院内。九体阿弥陀堂。
37	尊星王堂	久安4(一一四八)・6	鳥羽法皇	白河の地。
38	延勝寺	久安5(一一四九)・3	近衛天皇	白河の地。
39	勝功徳院	久安6(一一五〇)・3	高陽院	仁和寺の子院。久安四年十二月に没した叡子内親王を弔うため、生前の住屋を破壊して建立。

40	福勝院	仁平元(一一五一)・6	高陽院	吉田の地。
41	金剛心院	久寿元(一一五四)・8	鳥羽法皇	鳥羽田中殿内。二階建の釈迦堂と二階建の阿弥陀堂で構成。
42	光堂	久寿2(一一五五)・4	鳥羽法皇	鳥羽田中殿内。
43	八角九重塔	保元元(一一五六)・4	鳥羽法皇	熊野。一説では七重塔。
44	金剛心院新御堂	保元2(一一五七)・9	美福門院	
45	菩提心院	保元3(一一五八)・12	美福門院	大伝法院の別院。
46	千体阿弥陀堂	平治元(一一五九)・3	後白河上皇	崇徳上皇の居処であった白河殿の跡に建立。鳥羽法皇在世中から造像した諸仏も納入。
47	新熊野社	永暦元(一一六〇)・10	後白河上皇	法住寺殿の鎮守。
48	新日吉社	永暦元(一一六〇)・10	後白河上皇	法住寺殿の鎮守。
49	蓮華王院	長寛2(一一六四)・12	後白河上皇	法住寺殿内。得長寿院を模した千体観音堂。承安四年には不動堂・宝蔵、その翌年には八幡神以下二十二社を勧請した惣社、治承元年には五重塔を建立。
50	九条持仏堂	嘉応2(一一七〇)・11	皇嘉門院	平安京左京九条四坊に二町を占めた九条殿内。
51	法金剛院東御堂	承安元(一一七一)・10	上西門院	
52	最勝光院	承安3(一一七三)・10	後白河法皇	法住寺殿内。
53	最勝光院持仏堂	承安3(一一七三)・12	建春門院	
54	蓮華心院	承安4(一一七四)・2	八条院	仁和寺の子院。

55	蓮華乗院	安元元(一一七五)・6	頌子内親王	高野山東別所。
56	金剛王院	安元元(一一七五)・11	後白河法皇	下醍醐寺の子院。権少僧都源運が西光院を改めて新築。
57	証上往院	治承4(一一八〇)・10	後白河法皇	高野山南谷。
58	浄金剛院	寿永元(一一八二)・12	丹後局	如意ケ岳西麓の浄土寺内。安元元年八月頃には建立されていた山荘兼仏堂。
59	粟田宮	元暦元(一一八四)・4	後白河法皇	粟田口。故崇徳院・藤原頼長の霊を祀る。
60	長講堂	文治4(一一八八)・12	後白河法皇	六条殿（六条西洞院殿）内。寿永二年から翌元暦元年に造像した阿弥陀仏を本尊とする。文治四年四月の火災で同殿焼失後、四分の一町から一町に拡大された殿内に建立。
61	不動堂	建久9(一一九八)	八条院	高野山一心院谷。
62	浄土堂	正治2(一二〇〇)・8	後鳥羽上皇	東大寺領播磨国大部荘内の別所。
63	蓮華光院	正治2(一二〇〇)・10	殷富門院	太秦の地。
64	安楽心院	元久元(一二〇四)・10	後鳥羽上皇	白河中山。
65	高山寺	建永元(一二〇六)・11	後鳥羽上皇	栂尾別所。
66	最勝四天王院	承元元(一二〇六)・11	後鳥羽上皇	前身は天台座主寛慶創建の三条白河房。元久二年四月に天台座主慈円が寄進したのち新築。
67	海住山寺	承元4(一二一〇)・9	後鳥羽上皇	山城国相楽郡。解脱貞慶の入寺を機に再興。
68	歓喜寿院	建保2(一二一四)・2	七条院	洛中七条辺に建立されたと推定される。

これ以前においては、天武朝・聖武朝において、飛鳥（藤原京）の四大寺や南都七大寺などの官寺を建立・整備し、また全国的にも国分寺・国分尼寺が建立されるという一連の国家仏教政策が展開されたことはあった。ついで、平安時代以降は天台宗山門派の延暦寺、天台宗寺門派の園城寺、真言宗の金剛峰寺・仁和寺などが次々に建立されているが、当初は小規模なものであり、それが次第に拡大していったことは、よく知られているところであろう。すなわち、平安時代以降は、七堂伽藍を当初より兼備する、かつての官立の大寺院とは異なり、山間の地形に応じた伽藍が順次建立される形をとったのである。その拡大過程において、延暦寺を例に挙げれば、仁明天皇の御願寺として定心院、文徳天皇の御願寺として総持院・四王院などが建立されたのである。[71]また、円融天皇の御願寺である円融寺以下の四円寺が歴代天皇の御願寺として建立されたことも特筆に値するであろうが、[72]院政時代の天皇・上皇・法皇らを中心として建立された御願寺のように、多数が次々と建立されたことはなかった。その様子を『神皇正統記』が、「第七十二代、第三十九世、白河院、（省略）白河に法勝寺を立て、九重の塔婆なども昔の御願の寺々にもこえ、ためしなきほどぞつくりととのへさせ給ける。このゝち代ごとにうちつゞき御願寺を立てられしを、造寺熾盛のそしり有き。」と述べていることは周知のところであろう。

なお、表Ⅰにおいては、確証のないものは記載されていない。たとえば、延長二年（九二四）頃に藤原忠平が創建して、まもなく朱雀天皇の御願堂（御願寺）も建立されていた法性寺内に、[73]天仁二年（一一〇九）二月、白河法皇の供養した曼陀羅堂も建立されたことはわかるが、[74]その堂が白河法皇創建の御願寺かどうかは明確ではないため記載していない。同様に、大治五年（一一三〇）、洛北に安楽光院という名称の九品阿弥陀堂が建立された際、その供養に鳥羽上皇が臨席したことがあったが、この寺院も院近臣的一家である持明院家が建立したものであることはわかっても、上

皇の御願寺であるのかどうかは明確ではない。[75]さらには、承暦四年（一〇八〇）に供養された延暦寺内の持明院は、「白河院御願」と記されているものの、[76]承徳二年（一〇九八）十月に完成した法勝寺とは違い、白河院政期に入る前であるので記載していない。そのほか、嘉応元年（一一六九）二月に焼亡し、同年十月に再建された延暦寺内の横川中堂も、「太上天皇造営の御願」、[77]あるいは造営は「一向、院庁より其の沙汰あり。」[78]と記されていても、創建ではないので記載していないのである。さらに、成俊が建立して、「後白川院御祈願所」とされた仁和寺子院の浄菩提院なども、[79]後白河院の創建ではなく由緒も明確でないために記載していないが、このようなものや法親王らが住房としたものも含めれば、表Ⅰはもっと増補できることになる。

ところで、表Ⅰをみると、白河院政期から鳥羽院政期にかけて六勝寺が建立されていくが、この間に白河法皇は故中宮藤原賢子や故郁芳門院などの亡き妻子らの追善のための御願寺も建立している。また、それぞれ趣向をこらした六勝寺が建立された白河の地には、それらとは別に院御所に付属した御堂（仏堂）も建築されていたが、[80]そのような院御所に付属する御堂は、鳥羽離宮内にも及んでいる。そして、その傾向は、鳥羽院政期にも変わらず続いていたようである。ついで、後白河院政期に入ると、後白河院が法住寺殿という壮大な施設を営んだところから、それに付属する蓮華王院や最勝光院などが建立されたが、その晩年の御所である六条殿（六条西洞院殿）内には長講堂が営まれている。そのため、後白河院政開始の頃には、白河に千体阿弥陀堂も建立されたのであるが、おしなべて後白河院政期には、白河・鳥羽の地から離れて院御所付属の御願寺が建立されたものといえよう。そうした後白河院政期の傾向は、後鳥羽院政期に入っても変わらず続いているようである。これは、白河・鳥羽の地に多くの御願寺社が立ち並んでしまったところから、その周辺へと建立地を移さざるをえなかった事情があったのであろう。

　また、表Ⅰによれば、洛中近郊のみならず、園城寺近辺や高野山などにも多くの御願寺がみられ、陸奥国平泉の中尊寺のように、やや特殊な性格を有するものもみられるが(81)、そのほとんどは天台宗か真言宗に属する寺院である(82)。そこからは、当時流行の浄土教だけではなく、密教的秘密修法を中心とした当時特有の信仰状況を窺うこともできよう(83)。そして、女院や皇族、あるいは上皇・法皇の寵姫らの建立した寺院も含めて、それらのほとんどは仏堂に御所が付帯しているので、この院政時代における信仰生活の様子を想像することも可能である。

　そのほか、表Ⅰには、白河法皇が白河に勧請した熊野権現をまつる熊野新宮、後白河上皇が法住寺殿の鎮守として勧請した熊野権現をまつる新熊野社などがみえている。このうち、熊野新宮は、現在の聖護院の西に位置する熊野神社に相当し、白河院の意を受けて、その近臣僧増誉によって勧請されたものと考えられる(84)。また、新熊野社の方は、現在の東大路通の西側に位置する新熊野神社に相当することは確かなものと思われる(85)。なお、この二社以外にも、崇徳院ないしは後白河院が熊野権現を勧請したと伝える左京区若王子町の若王子神社などもあるが(86)、確証がないため表Ⅰには記載していない。しかし、それにしても、これらの熊野信仰を示す神社は、院政時代の上皇・法皇の信仰を考える場合には、大変に重要である。というのは、熊野詣に代表される熊野信仰は、白河院政初期から後鳥羽院政期までを、ひとつのピークにしているからである(87)。

　その様子をみると、寛治四年（一〇九〇）正月から二月にかけて、院政を開始してから四年目に入ったばかりの白河上皇が、増誉を導師として院近臣らを従えて実施したのが、院政時代で最初の院の熊野詣である(88)。これは、その前年十月十五日、熊野別当長快の血縁者ないしは関係者とみられる長円が、熊野権現の降下の因縁を申し弘めたからであったと伝えられている(89)。その後、院政時代における上皇・法皇の熊野詣は、少なくみても約七十回、最多推定では

百回に近い数となり[90]、永久四年（一一一六）十月から十一月にかけての白河法皇の熊野詣[91]以降は、次第に頻度を増していき、後鳥羽院政期に至っては毎年一回以上にも及ぶ頻度となるのである。当初は、白河院の初度と二度目の間が二十六年間も空いているが、その間の永長元年（一〇九六）に熊野本宮が焼失したことが影響[92]しているように思われる。また、康和五年（一一〇三）三月、前述したように、白河院の初回の熊野詣の際に導師を勤めた増誉が、白河の地に熊野新宮を設けているのであるから[93]、その空白期間に熊野信仰が衰退したことにはならないであろう。なお、治承・寿永の内乱期においても、一時的に院の熊野詣には断絶がみられるが、それはもちろん内乱のためのやむをえない事情によるものといってよいのであろう。

この状況は、院政時代に入るまでの宇多法皇と花山法皇の熊野詣が合せて二・三度、院政時代終了後の後嵯峨上皇と亀山上皇の熊野詣が合せて三・四度程度であったことと比較すると[94]、大きな隔りのあることは明瞭である。しかも、後鳥羽院政期にかけて次第に盛んとなり、「人まねの熊野詣」[95]といわれるまでの社会現象を引きおこしている。また、その熊野詣のルートは寛治四年（一〇九〇）の白河院の初度の熊野詣以降は中辺路ルートに定着し、その沿道に設けられた王子社の数も十三世紀初頭をピークにして、承久の乱後は急速に減少していくことも指摘されている[96]。ちなみに、その王子とは、これも熊野権現のことであり、参詣路の手向けの神が淘汰・選別されて成立していったものと考えられているが[97]、ともかく院の熊野詣を中核にした熊野方面への参詣の盛行の結果、増大していったことは確かなことである。

それでは、何故に上皇・法皇らが、主体的に何度も熊野への参詣を繰り返したのであろうか。おそらく、それは、平安時代に成長・発展した本地垂迹説と無関係ではないと思われる。たとえば、長承三年（一一三四）正月から二月に

かけて行われた鳥羽上皇と待賢門院との熊野詣に同行した源師時が、そのときの先達であった阿闍梨覚宗に問い尋ねたところの神名と本地仏名の対照を知ることができるが[98]、それによると当時においては、すでにその熊野信仰における本地垂迹説の完成をみているようである。しかしながら、熊野詣に同行した人物が問い尋ねていること自体から察すると、その信仰が広く行われていたのかは疑わしいともいえ、上皇の個人的信仰の側面が強いように感じられる。ともかく、それによると、熊野本社は阿弥陀如来を本地仏として極楽浄土への往生を期し、熊野新宮（速玉社）は薬師如来を本地仏として浄瑠璃浄土への往生を期し、那智社は千手観音菩薩を本地仏として補陀落浄土への往生を期すものであり、その他の数多くの王子社も、それぞれに本地仏をもっていた様子がわかるのである。こうしたことからは、熊野が浄土教の聖地として重要視されていた事情を察することは容易であるが、表Ⅰにみるように、白河・鳥羽の地にも阿弥陀堂や熊野権現をまつる神社などが多く建立されており、これだけでは何故に繰り返して熊野にまで参詣したのかの説明にはならないであろう。少なくとも、この時代に一世を風靡していた浄土教信仰[99]のみでは、説明に不十分なのである。異常なほどに、上皇・法皇らの参詣が繰り返されたからには、それのみにとどまらない事情もあるものと思われる。

そこで、思想面から検討しようとすると、義江彰夫氏が指摘されたように[100]、院政時代以降日本のありとあらゆる神々を、如来・菩薩の化身（垂迹）とみなして位置づけていく運動が、密教僧らによって展開したものとすれば、「王権」に関わる神々の物語（神話）も書き直されていったことが当然想定できるのである。したがって、そこに熊野が大きく登場してくるということは、長寛元年（一一六三）から翌年にかけて答申された「長寛勘文」[101]にもみえるように、熊野権現が伊勢神宮にまつられる天照大神と同体と考えられたことによく示されているといえよう。すなわち、院政

時代の上皇・法皇らにとっては、祖先神と同様な権威づけをされている神仏に近づく熊野信仰のなかに、精神的救済以上の、自分自身の権威づけのための何らかの神秘力を獲得しようとする事情があったものと認められるのである。そもそも院の熊野詣は、諸記録の語るところでは、(102)鳥羽離宮あたりで数日間の精進潔斎をしてから進発することを通例とし、白河院の初度のときから先達に案内されながら熊野へ向かっているところをみると、修験道にも通じる修行としての意味合が濃厚である。しかも、それを何度も繰り返しているところから、やはり俗権を有するのみではなく、聖権（宗教権）をも保持する絶対的存在になろうとしたものと思われるのである。その絶対的存在は、僧形の法皇の姿にふさわしいものといえよう。院政時代の上皇の出家年齢をみると、白河院は四十四歳、鳥羽院は三十九歳、後白河院は四十三歳であった。そして、後鳥羽院の場合は、寿永二年（一一八三）八月に四歳で践祚、建久三年（一一九二）三月の後白河院の没後六年後の建久九年（一一九八）正月に十九歳でようやく上皇となっているが、これは弱年で即位したことにより、次期天皇も定まらない状況下では、いくら院政時代とはいえ、やむをえなかったものであろう。したがって、若くして上皇になった後鳥羽院に、たとえすぐに出家する気持ちがあったとしても、新天皇も弱年であるので、皇室内の事情から不可能であったものといえる。そのうえに、承久三年（一二二一）五月に承久の乱が始まった当時、後鳥羽院は四十一歳であったから、そろそろ出家する年齢ではあったが、それを乱前には果たせずに終わったものと思われるのである。

ところで、院政時代において上皇・法皇の熊野詣が繰り返されたという事実は、熱狂的といってもよいほどの密教の影響を受けた宗教的行為ではあるが、一方では政治的目的をもったものともいえよう。これに関して、義江氏は、十一世紀末期頃には古来の神祇を包摂する密教の力を動員した寺社勢力が、新興の武士勢力等に対抗する基盤づくり

に成功していたことを目の当たりにした「王権」も、密教の論理で自らも武装して本地垂迹説をとり込んで、国制から社会編成に及ぶ手立てとせざるをえなくなったことを指摘しておられる[103]。また、保立道久氏は、院の御起請符の正文に据えられた朱の手印に注目され、それは単に肉身を現前させるのみならず、一つの宗教的な意味をもち、院の権力の象徴であったことを指摘されている[104]。そうであれば、院の熊野詣の盛行は、やはり偶然ではなく必然の政治的意義をもつ宗教行為であったことになるし、上皇・法皇らが積極的な意思をもって実行していたといってよいのであろう。そして、その行為内容からみれば、単に上皇であるよりは、出家して法皇となっている方が、より一層効果的であるように認識されたのではなかろうか。それは、本地垂迹説の立場からみると、どうしても仏の方が神より優位になるので、俗体の姿よりは僧形の方が適していることは確かである。換言すれば、上皇よりは法皇の方が、より高次元の高位にある超越的存在とみられたものといえるのである。

なお、以上のところを総合すると、院政時代には、「法皇」を「法王」と書くことも多かったが、前述したような「法帝」でも「法皇帝」でもよく、政治上は「上皇（太上天皇）」であり、より高次元の宗教的存在を意識すれば「法皇（太上法皇）」と書くべきものであったといえよう。要するに、とり立てて上皇か法皇かなどの呼称にこだわらない状況も認められたのである。そのため、「法王」は、本来は仏教の教主である「釈迦」をさすと指摘されたり[105]、『最勝王経』王法正論品の中に記されている「法王」（正法をもって統治する国王）の影響を強く受けたものとも指摘されているが[106]、それらは聖徳太子や道鏡に関するところのことであり、院政時代の法皇の場合には、そのままに該当しないであろう。院政時代の法皇は、顕教にとどまらずに、密教信仰の上から自己の権威づけをはかったものであろうから、むしろ真言密教の教主である大日如来の方を釈迦如来以上に尊重したものと思われる。一例を挙げれば、鳥羽院の尊信に応じ

た覚鑁の説いたような密厳浄土（大日如来の浄土）を想定したうえで、真言の念誦法をもって肉身が本具の霊格を現わして大日（宇宙の実相、仏の象徴としての日輪）となり、そのまま大日如来の密厳浄土を現出するというような信仰であったろうと思われるのである。(107)

また、「法王」にまで昇進した道鏡が、宗・俗両界の統治者となって、道鏡政権を成立させたとすることが通説になっている。これに対して、瀧浪貞子氏は、待遇や扱いの上ではともかく、道鏡が実務に関してどの程度の権限を有していたか疑わしいとして、その通説を否定したうえで、称徳天皇は道鏡を法王にはしても皇位につける考えは全くなく、法王道鏡との「共治」を構想したものであると指摘しておられる。(108)確かに、従来一般的には、宇佐八幡神託事件から道鏡が皇位までも望んだと考えられてきたのであるが、本稿の検討結果からみても、それは容易に肯定し難いものといえよう。なぜならば、「現人神」である天皇・上皇が出家して、より高次元の存在である「法皇」（「法王」）になることは、これまで説いてきた通りであるが、「現人神」ではなく、皇族でもない、出家した僧侶である道鏡が、いくら天皇の信任が厚くとも、その身位から天皇になることは不可能であろう。せいぜい道鏡にできることは、「大臣禅師」・「太政大臣禅師」をへて就任した「法王」という仏教界の名誉職的地位において、称徳天皇を補佐する程度のことであったろう。いずれにしても、没後の聖徳太子（厩戸皇子）に与えられた「上宮聖徳法王帝」や道鏡が最終的に就任した「法王」という称号・役職は、仏教界に君臨するという程度の意味合においては、院政時代の「法皇」とも共通するともいえるが、その本質において相違し、とりわけ道鏡の場合には全く異なる種類のものといってよいのであろう。院政時代の法皇らのうち白河法皇は、出家後二カ月をへて受戒しているが、「密儀」とされて内容は不明である。(109)ただし、鳥羽・後白河両法皇は、出家当日に沙弥十戒と菩薩戒を授けられていることがわかり、(110)聖武天皇と同様に「現

人神」である存在が菩薩戒を受けるということの意味は、かなり大きいものと考えられるのである。

四　院領立荘の論理

さて、それでは、叙上のような存在であった上皇・法皇らが設定・管領した院領荘園に関する検討に移りたい。この院領荘園を含む荘園の問題は、その類型論・構造論や数量論など、各方面から多様に論じられてきた。それらのことについては周知のとおりであろうが、そのなかで村井康彦氏は、まず荘園を八世紀後半以降発展した「土地支配」先行の墾田地系荘園、十・十一世紀に発展した「人間支配」先行の雑役免系荘園、十一世紀から十二世紀にかけて主流となる「職の体系」をもつ寄進地系荘園に三分類された。そのうえで、これらの荘園は、順次に不輸租権、雑役免除権、国使不入権を獲得し、最終的に荘園は国衙の規制を離れて完全に独自の存在となりえたのであり、荘園整理運動が両者の分離を促進する役割を果たしたと指摘された。[111]また、小山靖憲氏は、荘園の成立の契機よりも構造を重視するべきであるとして、八世紀後半から九世紀までの初期荘園、十・十一世紀の免田・寄人型荘園、十一世紀中頃から特に十二世紀以降の領域型荘園の三分類を行い、とりわけ十一世紀中頃以降の荘園成立の契機は多様であって、寄進地系荘園という類型だけでは捉えられないことを指摘された。[112]

ただし、墾田地系荘園・初期荘園の類型自体に厳密な概念規定が行われていないことが指摘されたり、中世荘園のなかでは少数の官省符荘を中心に村井氏が論じられたことには問題があると指摘されたり、雑役免系荘園という分類を立てる根拠にも問題があると指摘されたりもしている。[113]さらに、領域型荘園の概念についても、永原慶二氏が異論を提唱されており、[114]荘園における村落と名（名田）との関係をめぐる見解対立は、必ずしも解消されてはいないようで

ある。[115]そのうえ、泉谷康夫氏は、寄進型荘園のもとになった私領は、一〇二〇～三〇年代には一般的に成立し、それは従来説かれてきたように、開発によって成立したものではなく、体制的なものであるとする。すなわち、その私領とは、郷あるいは保・別名といった行政区画が単位となって成立し、すべての土地が私領として扱われるようになったとされる。そして、その私領の成立は、その処分権の自由を保障したから、私領の寄進により荘園は著しく増加することになったと指摘されている。[116]この見解は、明らかに村井・小山両氏の類型論から脱却して、独自のものとなっている。

しかし、川端新氏は、本主の私領に何百町もの荒野などを加える形で広大な荘園が設立される事例から、そこに国司の介在を認め、その「立荘」による領域型荘園の形成を論じておられる。[117]これは、工藤敬一氏が、九州地方にみられる巨大な荘園について、国郡衙や大宰府の関与の下で、上から別名や先行の地方寺社領などを地域的に包摂しながら、半ば国衙領的性格を保ちつつ設定されていったものであろうとされた指摘[118]に、強く影響を受けながら、その上からの「立荘」を強調する見解である。また、勝山清次氏は、十一世紀後半に荘園地利の呼称が地子から官物・年貢に変化している背景として、荘園構造の変化に注目された。それによって、一〇二〇～三〇年代頃から荘・杣・園の住人の用法が見え始めることから、この時期には領域をはっきりと意識し、耕作者を住人として把握する荘園、すなわち領域支配を伴う荘園が広汎に成立していたとして、小山氏の領域型荘園の概念を支持しておられる。[119]

以上のように諸説が提出されており、必ずしもかみ合わない議論もみられるが、それは各説が根拠とした史料による相違という以上に、研究視覚・諸前提の相違が大きいように感じられる。そのひとつが在地領主[120]の評価である。たとえば、村井氏は、「公家領荘園」の形成・展開を、寄進行為における寄進者・受寄者の直接関係および相互の権限の

強弱だけで説明し得るのであろうかとの疑問を呈され、一般的に寄進地系荘園における寄進者とみなされる在地領主に中央権門と結びつく手だてがあったとは思えないと述べておられるのである。その結果、「公家領荘園」の形成に主体的役割を演じたのは受領層であるとみたのである。(121)この立場は、川端氏にも受けつがれているようであり、寄進と立荘の間に受領の積極的な役割をみなければならないことが、主張されるに至るのである。(122)また、領域型荘園という概念についても、小山氏が想定されていた景観という視点よりは、領主支配の視点から領民としての「住人」論が展開しているようにさえ思えるのであり、肯定論にしても否定論にしても、何か判然としないものを感じざるをえないのである。

そもそも、工藤氏が主張されたのは、九州荘園における特殊性であったように思われるが、それを一般化して論じようとするところに、問題があるように思う。かつて、藤間生大氏が、初期荘園を奴隷制が貫徹していた畿内型・瀬戸内型、奴隷制の発達が不十分であった北陸型・東海型・山陰型などに分類して検討されたが、(123)それぐらいの緻密さも必要であろう。院領荘園の場合、確かに百町歩を越える大規模な荘園もあるが、それらは多くの場合それを可能とする立地条件に恵まれている地域に限られるのであり、たとえ四至の牓示が打たれていたとしても、その領域内に加納部分が存在するなど、多様な面のあったであろうことを見落としてはならないと思う。また、古くは武士という概念で捉えられることの多かった在地領主という概念は、論者により差異のあることは認めるが、立荘時における在地領主の役割・存在意義を過小評価ないしは無視するようなことは認められない。なるほど後述するように、多くは院近臣である受領あるいは知行国主の下で院領荘園の立荘が行われているが、さりとて院領下司に補任される在地領主層が何も関与していなかったわけではないのである。ましてや、在地領主に中央権門と結びつく手だてがあったとは

思えないとする見方は、誤りであろう。

この院領下司の範疇に入る在地領主については、以前にも述べたように[124]、彼らは確かに荘園の現地（在地）に本拠をもっているともいえるが、洛中に「宿所」を構え、在地性とともに在京性も帯びる存在なのである[125]。したがって、彼らのなかには五位クラスの中央官人になっている者もあり、中央の有力者の家人である者が多いのである。その典型例としては、法金剛院領越前国河和田荘の下司であった藤原友実が挙げられるであろう。彼は、越前国に本拠を有する斎藤一族の出身であり、検非違使・右衛門尉として活躍していたが、治承・寿永の内乱期において当初は平家方、ついで木曽義仲に味方し、さらに義仲没落後は源義経の家人として行動していることがわかる。その一方、彼は、院領下司の立場にもあったため、院領本家である法金剛院の管領者である仁和寺宮（守覚法親王）にも垂髪で祗候しており、仁和寺内に家地まで与えられていたのである[126]。

このような存在である院領下司を、中央権門と結びつくことができない者ということができるのであろうか。私見では、彼らはもともと中央の権門と、古くは何世代も以前から何らかの関わりを有していた者たちであると考えている。その関わりがあるからこそ、彼らは所領（私領）を寄進することができたものと思われるのである。その場合、その何らかの関わりとは、中央権門の家人になることが通常であったように考えられる。すなわち、彼らは、家人として奉仕することで、やがてその権門から与えられる「御恩」に期待をかけていたのではなかろうか。その「御恩」とは、ひとつには藤原友実の場合にみられるように、「右衛門尉」に任命され、「検非違使」に推挙されるというような官職補任、あるいは位階昇叙という形であったろうし、もうひとつには彼らが地方において保有している所領（私領）を荘園化して権益を擁護してやる形ではなかったであろうか。そして、その荘園化に際しては、中央の権門側の力量ある

いは都合によって、在地領主の所領を中核としながらも、その規模を越える範囲までの土地が囲い込まれる形で立荘されることも時としてあったものと想定されるのである。そのこと自体は、工藤・川端両氏が指摘されたとおりであったろうと思われ、国司側の了承も必要とされたことはいうまでもなく、国司側が立荘をはかる権門と気脈を通じていた場合は、より円滑に立荘されたのであろう。

こうしてみると、権門と在地領主との間には、主従制度としての家人制と同時に、経済制度としての知行制が介在していたことになる。こうした権門と在地領主の相互に依存し合う、いわば「御恩」と「奉公」の関係を、もし仮に封建制度とみるならば、その制度は寄進型荘園出現の頃には存在したことになるといえるのである。これに関して、外村直彦氏は、日本の封建制度の形成と展開は、荘園の形成と展開と歩みを同じくしていると指摘され、とくに十一世紀に寄進地系荘園が広汎に形成されたことで、国法として制度化されたとみておられる。そして、その荘官は、領家によって家人が補任される場合と、本来の土地所有者である在地領主の場合とがあると捉えておられる(127)。この外村氏の見解のなかで、家人に着目されているところは妥当なものと思うが、その家人と「本来の土地所有者である在地領主」とに分離しているところには賛成しかねる。私見では、家人と「在地領主とされるいわゆる武士」とは同一実体の存在であると考えている。そう考えなければ、それこそ「本来の土地所有者である在地領主」がどうして中央権門と渡りをつけるのか説明困難になるのではなかろうか。また、外村氏が寄進地系荘園（私がいう寄進型荘園）を「国法として制度化された」ものと捉えられたことは、後述するように、ある一面では妥当性が認められる。というのは、私見では前述した「経済制度としての知行制」は、たとえば院領荘園の場合には、政治上は公的な存在である院によって公認されている制度であるゆえに「国法的」な公的な制度と考える。一方、「主従制度としての家人制」の方

は、藤原友実が主人を次々と変えている例にみられるように、家人となる在地領主側に大きな選択権があったと認められるので、それは「非国法的」な私的な制度と考えざるをえないのである。したがって、外村氏の見方には全面的には従えない。ともかく、この日本の封建制度を公法的とみるか、私法的とみるかは、有名な牧・中田論争以来議論されてきたことであるが、(128)私見では私法的な主従制の基盤上に公法的な知行制が成立するものと考えている。

ところで、寿永二年(一一八三)九月二十七日付後白河院庁下文案(129)によると、越前国河和田荘の院領預所である美濃局は、院領下司である藤原友実の乱妨行為に対して、「院宣ならびに御室の御下文に背き、ほしいままに地頭下司を称するの条、その理あに以てしかるべけんや。濫妨の至り、責めて余りあり。永く彼の友実の自由の沙汰を停止するの由、庁御下文を下されんことを欲す。」と後白河院庁に訴え出て、同荘の荘務を執行せよとの同院庁下文を得ていることがわかる。この背景には、治承・寿永の内乱のなかで、同荘所在の北陸道方面で合戦が発生し、藤原友実自身が平家方から源義仲へと従属を変更するなどの混乱を生じ、そのうえに前年の養和の大飢饉の影響もあったのであろう。だが、ここで、重要なことは、時代背景や院領下司の立場や弁解はどうであれ、同院庁下文案のなかで、美濃局自身が「件の御荘は、当預の美濃局の親母藤原周子の先祖相伝の私領なり。しかるに、故待賢門院の御時、法金剛院御領に寄進せしめおはんぬ。よって道理に任せて預所職に補任せられる。」と述べて、それにもとづき、後白河院庁が藤原友実の濫妨停止とともに、美濃局の「預所職」(院領預所)としての荘務執行を命じているところである。要するに、院領預所の意向にそむく「濫妨」(おそらく年貢対捍などの不法行為)をなした院領下司はかんたんに「荘務執行」の権限を剝奪されてしまうのである。このような院領下司が、かつて中田薫氏によって主張されたままの「職権留保付領主権寄進」(130)を行った在地領主であるとは考えられないのである。

なお、ここに登場する美濃局の母である藤原周子は、長承三年（一一三四）閏十二月十五日付待賢門院庁下文案[131]によると、越前国河和田荘の「公験の内」に所在する「左衛門督家位田」を、法金剛院懺法堂領とするべく寄進し、本荘に「立券混合」し、八丈絹五十疋・綿五百両を、毎年の年貢として進済する条件で、「預所」は周子の子々孫々に相伝することを保障されている。また、保延五年（一一三九）十一月日付藤原周子寄進状[132]によると、藤原周子は、河和田荘は「元は親父周衡朝臣先祖相伝の私領なり。」と述べ、その父から譲与された当荘を、「御勢を募らんがため、永く待賢門院の御願法金剛院の御荘に寄せ奉る。」としている。そして、やはり「周子の子々孫々を以て預所となし、荘務を執行すべくんば、次第の公験を相副へ」て寄進すると述べ、「公験目録」も副えて提出したものであるらしい。以上のことからみると、河和田荘は、もともと大江匡房と並ぶ漢文学者として知られる藤原明衡の孫に当たる周衡[133]が、相伝していた「私領」で、その娘の周子が伝領していたものであったことがわかる。ところが、その領域内に「左衛門督家」の「位田」が存在し、それを入手した周子は、荘内に「混合」（包摂）する目的で、大治五年（一一三〇）十月に落慶供養された待賢門院の御願寺である法金剛院内に、新たに建立された「懺法堂[134]」の所領として寄進することになる。その当時、「左衛門督」であったのは、『公卿補任』によれば中納言源雅定であったことがわかるが、その「位田」を何らかの方法で入手した周子[135]は、それを寄進して荘領に含めてしまったのである。そのうえで、九年後には旧「位田」部分のみを寄進していた懺法堂領ではなく、旧「位田」部分を含む河和田荘全部を法金剛院領として再寄進して、その所職の確保をはかったことがわかるのである。

このような「位田」の私領化については、以前にも述べたことはあるが[136]、その御願寺領化の典型的な事例は、承元四年（一二一〇）九月日付後鳥羽院庁下文[137]により知られる。すなわち、それによると、当時の代表的な院近臣である葉

室宗行は、岳父藤原兼光の「多年知行」していた「位田」が宗行室に譲られたのち、それを最勝四天王院領に寄進して、加賀国右荘（三木荘）の立荘に成功している。そのとき、同時に「位田」に隣接する「右保」を「阡陌、堺を接する田畝、路を交ふ」ことで「向後、事の煩あるべし」という理由と、「狭少の国領」であるため「後司」（後任の国司）の訴えもないであろうとの理由で、「一円の荘号」をなして立荘することを要求して、後鳥羽院庁に認可されているのである。しかも、この院庁下文に引用されている宗行の「寄文」には「当荘者」と書き出されているので、「位田」は「荘園」と認識されていたことがわかり、さらに「寄文」によると、「本領主助方開発之地」が「事の縁ありて故中納言兼光卿に寄付」されたことも知られるのである。ということは、「位田」とはいっても、実質は「荘園」であったことは明白であり、公卿層の「位田」名目による荘園領有のあり方をよく示しているのである。また、「事の縁」をもって「開発之地」（私領）を寄進した「本領主」（在地領主）の「助方」とは、前述の友実と同じく、越前国押領使であった藤原則光の子孫に当たる粟生次郎助方と思われる。[138] 彼は、越前国河和田荘の北方、国堺を越えたところにある右荘域の在地領主であり、先祖以来中央との関係を維持していたのであろう。そこで、たまたま「位田」という名目での立荘に関わり、荘官に任じられたものと思われる。史料にみえる「寄付」とは「寄進」のことであろうし、「事の縁」とは主従関係に伴う「強縁」のことではなかったであろうか。

　ともかく、藤原周子の場合も、葉室宗行の場合も、御願寺領として立荘する際、寄進地の領域内あるいは領域周辺の土地まで包摂していることがわかるのである。そのことは、以後、その荘園を保有する院領預所にも有利であるが、院領下司にとっても有利なことである。ということは、彼らにとってみれば、自己の所職が保障されることはもちろん、それ以上にも有益な点があったことになり、その点にも大きな期待をかけて寄進行為に及んだものとみられるの

である。「御勢を募らんがため」というような語句は、常套句であるが、そこにはそのような念願が込められていたものであろう。さらに、右荘の場合には、「勅院事・大小国役」の免除まで要求して認可を受けている。こういう公的諸役が免除されるということは、それこそ「国法」上の公認といってよいのであろうから、御願寺領が公的存在であり、御願寺自体も公的存在ということになる。すなわち、私的な主従制を背景として、政治上は公的な存在である院・女院らが、名目上は公的な御願寺を建立する時、その経費をまかなうため公的な寺領を求めた際、院近臣らが自己の私領を提供（寄進）するわけであるが、それは「寄進」後には公的な存在へと変貌・昇華してしまうのである。

このことに関して、佐藤泰弘氏は、「立券」の語義の変遷を検討されて、寛治四年（一〇九〇）に六〇〇余町の不輸租田が賀茂社に寄進されたことを契機に、天皇・院が荘園の立券を命じるようになり、それに並行して荘号が官符・宣旨によるという認識が浸透した結果、荘園は多くは国家的給付としての性格をもつものへと変わっていくことを指摘しておられる(139)。しかしながら、前述の河和田荘の場合にみたように、在地領主による第一次寄進が行われたあとも、藤原周衡が所有していた河和田荘は、その娘である美濃局によって「私領」と表現されていたことに留意したい。この事例からみると、一般の貴族層が個人として保有している荘園は、所詮は「私領」にすぎないものであろうと思われるのである。その「私領」は、第二次寄進によって名目上公的な御願寺社領、あるいは政治上公的な存在である院の経費をまかなう院庁領となって初めて、公的性格を帯びることになるのであろう。そして、そのような第一次寄進の結果成立した「私領」は、「位田」名目であろうと何であろうと、荘園整理令が頻繁に発せられ、荘園整理が政策の基調とされていた時代において維持していくことは、なかなかに難しいことであったろうと想像されるのである。

したがって、御願寺社の建立が行われて、その所領設定に際会したときには、競って第二次寄進を希望したものと思

われる。

それは、康和四年（一一〇二）十月、「新御願寺」（尊勝寺）の荘園設定に際して、白河院が「まづ御封を付け、相折を作らるの後、御寺不足の物を注し出だすの後、御荘を立てらるべきなり。貢進人に依るべからず。」[140]との指示を行ったというが、裏を返せばそれほどに「貢進人」（第二次寄進希望者）が多数存在していたことを物語っている。また、平治元年（一一五九）九月二十九日付太政官牒案に引用されている「去る七月二十日の美福門院奏状」[141]には、安楽寿院新塔領の一〇カ所について、院領となり荘号を得て久しく、四至も定まり阡陌もみだれなく、勅事・院事を勤めることなく催促されることもないが、「末代」（末法の世）の「宰吏」（国司）がこのような荘園でも、ややもすれば好んで停廃し、種々の課役（一国平均役）を賦課することもあろうから、早く「明時の鳳詔」を蒙りて「向後の亀鏡」に備えたいと述べられている。つづいて、「なかんづく院宮建立の堂塔は、新たに公領を寄せ、更に仏事に宛て、不輸の官符を申し賜はるは、あに承前の恒規にあらざらんや。当御塔に至りては、且は朝憲の新制を恐れんがため、且は国用の少減を顧みんがため、不輸の旧領を以て、莫大の御願をなす。信に潔白を表わし、事は倹約に渉る。」と述べられている。この奏状の内容は、単なる美辞麗句ではなく、鳥羽院を失っている美福門院にとっては、切実なものがあったのであろう。この奏状の三年前には、新立荘園の停止を含む保元元年の新制が定められ、保元の記録所も設置されていたのである。なお、この奏状中で、「新たに公領を寄せ」るとみえるが、この場合の「公領」とは、いわゆる国衙領ではなく、一応は国司の支配下にあり、臨時雑役などを納めている「私領」（御願寺社領に寄進される以前の「私領」）ではなかろうか。ともかく、ここからわかることは、たとえ女院であっても、その所領維持はなかなかに難しいということである。したがって、わざわざ官使、検非違使、院宮諸司、国使の乱入を停止し、諸役免除を保障する太政官牒を獲得

しておく必要があったのである。

こうした状況をみると、院政時代とはいっても、院・女院自身がむやみに荘園を設定していたわけではないことが了解されよう。換言すれば、常時寄進を受けつけていたわけではなさそうである。それと同様に、上皇・法皇の日常生活を支えることを本来の目的としていた勅旨田の設定も、上皇になった当初の頃に行うことが通常であろう。たとえば、康治二年（一一四三）八月十九日付太政官牒案[142]によれば、安楽寿院領に含まれている旧勅旨田をいくつか知ることができるが、そのなかの讃岐国野原荘は、白河院勅旨田として「応徳之比」、おそらく応徳三年（一〇八六）十一月の白河院が上皇になった頃、設定されたものとわかる。また、同国多度荘は、「当時勅旨」（鳥羽院勅旨田）とみえ、「荘々所済日記[143]」に「保安四年八月廿日立券」とみえるので、この勅旨田は保安四年（一一二三）正月に上皇となった鳥羽院のため、同年中に設定されたことがわかるのである。

そのほか、建久四年（一一九三）九月二十三日付八条院庁下文案[144]には、高野山菩提心院領の備前国香登荘は、「白川院御勅旨田、堀川院御宇の時、建立せしむる所の荘なり。」とみえるので、この白河院勅旨田も、堀河朝初期の設定と考えられるが、勅旨田が荘園に変貌していることにも留意したい。このことに関して、伴瀬明美氏は、勅旨田が「庁分」領に取り込まれたと考えられると指摘されたが[145]、確かに勅旨田の本来の目的からすれば妥当な見解であろう。ただし、勅旨田とはいっても、院政時代においては経営上は荘園に異ならないものであったろう。前出の野原荘の場合、白河院勅旨田として設定されたにしても、永久二年（一一一四）三月の頃には「野原御荘濫行記」という勘問記が作成されて白河院に奏上されているところをみると[146]、当時すでに荘号を称していたことがわかる。また、永治元年（一一四一）八月四日付太政官符案[147]によれば、前年「一院」（鳥羽院）より暲子内親王に処分して渡された「備前国香登勅旨」と

「伊与国高田勅旨」の二カ所の勅旨田は、「件の勅旨荘々」と記されており、荘園とみられていたことは疑いがない。そのうえ、その譲渡が行われていることも確認できるのである。

　そうであるならば、この暲子内親王家領や安楽寿院領の設定においては、新たに寄進希望者から募った荘園のみを設定してもよさそうであるが、必ずしもそうはしていないところに、当時の荘園政策のあり方が明示されているように思われるのである。前出の康治二年八月十九日付太政官牒案にみえる安楽寿院領の「荘園拾肆箇処」（常安保と南野牧で構成されている常陸国村田荘を「壱処」とすれば十三カ所）のうち、五カ所までが鳥羽離宮創建時ないしは鳥羽院勅旨田、あるいは「伝領の品田」に由来した荘園であった。こうして編成された院領荘園群の運営状況に関しては、長講堂領の場合についてすでに述べたが、(148)安楽寿院新塔領の場合は、「荘々所済事」(149)によって知ることができる。ただし、表Ⅱに示したように、過不足部分が目立ち、年代も確定できないので、建久二年（一一九一）当時の様子を物語る長講堂領の場合のように、整備された収支とはなっていない。しかし、収支の差額部分から類推すると、米・八丈絹・四丈白布などの交易に便利な品物の余剰分によって、必要な品物を購入していたように思われる。なお、米については、「月宛荘事」(150)によって、一カ月につき約五十八石ずつが徴収されることになっており、二月と八月にはそれぞれ彼岸米が約十石増額されて徴収されることになっていたことがわかる。具体的には、久世荘の場合は、十月分の五十八石と十二月分の一部に相当する四十二石で、合計一年間に百石を負担することになる。同様に田井荘の場合は、十二月分の一部に相当する十六石一斗、八月分の六十七石九斗、九・十一月分をそれぞれ五十八石ずつ負担するので、合計一年間に二百石を負担することになるのである。この状況からみると、荘園群編成時にかなり緻密な計算が行われていたであろうことがわかるのである。その様子を物語る事例をもう一つ挙げると、表Ⅲに示した安楽寿院内に建立され

表Ⅱ　安楽寿院新塔領の収支

品目	収入			支出	差額
	国名	所領名	数量		
米	山城	久世荘	100石		
	摂津	利倉荘	100石		
	河内	田井荘	200石		
	和泉	長泉荘	50石		
	備中	駅里荘	100石		
	安芸	田門荘	100石		
	肥後	阿蘇荘	80石		
	(合	計)	730石	716.6158石	＋13.3842石
油	下野	足利荘	5石		
	播磨	大塩荘	1石		
	山城	桂　荘	0.5石		
	(合	計)	6.5石	4.335石	＋2.165石
香	大和	宇陀荘	3石	3.6石	－0.6石
塩				4.248石	－4.248石
八丈絹	美濃	粟野荘	80疋	54疋4.9丈	＋25疋3.1丈
糸	美濃	粟野荘	150両		＋150両
綿				230両	－230両
六丈細布				15反	－15反
四丈細布				12反	－12反
四丈白布	下野	足利荘	200反		
	相模	糟屋荘	200反		
	(合	計)	400反	113反5尺	＋286反35尺
上品紙				10帖	－10帖
国　筵	伯耆	一　宮	100枚	17枚	＋83枚
薦				135枚	－135枚
炭	和泉	長泉荘	30籠	126籠	－94籠
続　松				1440把	－1440把

表Ⅲ　無量寿院領仁安３年月宛支配米

（単位 石）

月	越前・西谷寺	阿波・名東荘	加賀・郡家荘	越中・日置荘	越中・高瀬荘	合　計
正	31.57	―――	―――	―――	―――	31.57
2	18.43	13.14	―――	―――	―――	31.57
3	―――	31.57	―――	―――	―――	31.57
4	―――	24.44	7.13	―――	―――	31.57
5	―――	―――	31.57	―――	―――	31.57
6	―――	―――	31.57	―――	―――	31.57
7	―――	―――	16.20	15.37	―――	31.57
8	―――	―――	―――	31.57	―――	31.57
9	―――	―――	―――	23.06	8.51	31.57
10	―――	―――	―――	―――	31.57	31.57
11	―――	―――	―――	―――	31.57	31.57
12	―――	―――	―――	―――	28.35	28.35
合計	50.00	69.15	86.47	70.00	100.00	375.62

た無量寿院（九体阿弥陀堂）における仁安三年（一一六八）の月宛支配米の状況がある。[151]久安三年（一一四七）八月の供養時の相折米は合計四百石余が計上されているが、それは供僧等への支給米も加えられてのことである。そして、閏月分も考慮されていたのであるが、それらを除くと、月別に三十一石五斗六升六合が必要であったらしい。そこで、表Ⅲにみえるように、十二月以外は毎月三十一石五斗七升が徴収され、年末に諸種の調整が行われていたのであろう。

こうした御願寺運営の様子をみると、丸山仁氏が強調されたような、御願寺で行う仏事費用の確保のための立荘[152]という側面だけではなく、もっと雑多な経費まで含めて、ときには御堂に付属する御所の運営費も含めての計算のうえで、院領荘園の立荘がはかられたということができるであろう。

そして、以上のところからみると、一時期に一挙に院領荘園が増大するというようなことは、とうてい考えられないことになる。しかしながら、石井進氏が指摘されて以来[153]、鳥羽院政期が荘園化の大きな画期と考えられている。とくに越後国の場合には、荻野正博氏も、鳥羽院政期が皇室領荘園を中心とした荘園成立のピークであることを指摘され[154]、高橋一樹氏に至っては、この時期に「巨大な王家領荘園（上皇・女院の家政機関である院庁・女院庁や御願寺の荘園）が爆発的に立荘された」とまで断じておられる[155]。

この問題については、旧稿[156]でも論じ、それに対する反論[157]も寄せられてはいるが、納得のいかない点が多い。石井進氏が、当初論拠とされたのは、鳥羽院政期に荘園整理策がほとんどかえりみられていないということと、承久三年（一二二一）九月六日付注進の能登国田数注文写[158]の分析結果、および文永二年（一二六五）十一月日付の若狭国惣田数帳写[159]を分析された網野善彦氏の結論[160]からの援用、これらの三点によっていた。このうち、荘園整理策については、鳥羽院政期に荘園整理策が放棄されるような必然性は全く認められず、しかも長寛元年（一一六三）六月日付の法印和尚位智順解[161]という正文のなかで、「故鳥羽院の御時、新立荘園寺社等、皆新制に拘はりおはんぬ。」と明記されていることは、すでに旧稿でも述べたとおりである。この文書によると、智順は、藤原家成が越後国を知行している時期に、美福門院の御願寺である金剛勝院の「綵絵の功」によって、同国二田社を「所領」として給与され「領知」していたことがわかる。そして、康治元年（一一四二）七月二十八日付右衛門督藤原家成下文案[162]によれば、智順の「成功」によって藤井重慶（おそらく智順の仮名）が二田社の神主に補任されている。これは、鳥羽院近臣で院庁年預別当[163]でもあった藤原家成が、一方では越後国知行国主として、御願寺造営上の「成功」に報いるため、同国内の所領を給与していることを物語っている。そうなると、鳥羽院政期に同国で立荘された荘園は、このような鳥羽院近臣の知行国主による認可

であった可能性が大きいということになる。

　また、若狭国惣田数帳写を検討された網野善彦氏は、中世的な土地制度である荘園公領制の形成期が、十一世紀後半から十三世紀前半の約一五〇年間と考えざるをえないとの結論を述べられているにすぎない(164)。これは、まことに穏当かつ妥当なものと思われる。前掲の表Ⅰにみるように、院政時代の御願寺社の設立過程からみても、そのことは肯定できるのである。すなわち、公的と認識されていた御願寺社の荘園を設定するのは、その年間必要経費を計算したうえで行われたことは前述のとおりであったろうから、それ以上にむやみと設定されることはなかったであろう。このように院領荘園を設定するに当たって、公的目的意識の存在と必要最少限度を充足するという論理は貫かれていたと想定される。そうでなければ、知行国主・国司側が容認するとは思われないし、国政上の荘園整理方針とも矛盾することになり、整合性がみられなくなるのである。

　さらに、石井氏が論拠とされる能登国田数注文写も、石井氏自身がまとめられた表でみても、面積については問わない限り、荘園数をみれば、保延二年（一一三六）から久安六年（一一五〇）の鳥羽院政期中の成立が八件、元暦元年（一一八四）以降の成立が実に十八件となるのであり、この数値からどうして鳥羽院政期が荘園化の画期になるのであろうか。そのうえ、私が旧稿で白河院政期以前の立荘であると指摘した若山荘の場合、石井氏は、康治二年（一一四三）十月四日付源季兼寄進状(165)で「第二次寄進」が行われて皇嘉門院領となったことをもって「確実に公認された荘園として安定したもの」になったと述べられたが、この一荘が「第二次寄進」の結果、その田数注文にみえるとおり「五百町」もの規模を有することは重大である。これは、すべて耕作地であり、現作地であったのであろうか。この荘園が、田数注文写の記す「康治弐年立券状」によって、文字通り「五百町」の規模で公認されたものであれば、能登国

の荘園面積全体の約三五パーセント、公領を含めた場合でも約二四パーセントほども占めることになり、能登最大の中世荘園[166]であることはもとより、この一荘だけで実は全体の数値を大きく左右しているのである。したがって、その取り扱いには十分な注意をもって臨み、慎重でありたいと思うのである。

そこで、荘園とは呼称しないまでも、同様な所領である伊勢神宮領の設定過程をみてみたい。この伊勢神宮領については、建久三年（一一九二）八月日付伊勢神宮神領注文写[167]で知ることができるが、そのあらましは表Ⅳにみえるとおりであり、そのまとめが表Ⅴである。これまでも、網野善彦氏[168]、西垣晴次氏[169]、五味文彦氏[170]らによって、それぞれ表にまとめられているが、その処理に不明な点もあるので、あえて私見として提示してみたものである。この表からみた伊勢神宮領は、古い段階では伊勢神宮の所在地に比較的近い東海道西部地域に集中しているが、院政時代に入る頃から東国方面、その後半の後白河院政期以降は北陸・西国方面へと拡大していくことがわかる。この傾向から五味氏は、とくに永久三年（一一一五）以降に注目され、藤原忠実の手によって摂関家領がまとめられて、摂関家の家政機構や行事の体系が整備されたことや、白河院と鳥羽天皇の寵愛を集めた待賢門院による所領の形成が始まったことと相俟って、荘園体制確立の画期は、白河院政後期であったことを強調されている[171]。

表Ⅳ　建久三年八月当時の伊勢神宮領

	国名	所領名	設定時期	備考
1	伊勢	壱志神戸	E_1(A)	国造貢進。

2	伊勢	河曲神戸	E_1(A)	国造貢進。
3	伊勢	鈴鹿神戸	E_1(A)	国造貢進。
4	伊勢	桑名神戸	E_1(A)	国造貢進。
5	伊勢	蘇原御厨	E_1	領家は八条院。
6	伊勢	彼出御厨	E_1	給主は前和泉守通基。
7	伊勢	阿射賀御厨	E_1	給主は前皇后宮大夫入道・藤原氏子。
8	伊勢	黒野御厨	E_1	給主は藤原氏子。
9	伊勢	八太御厨	E_1	給主は左中将家。
10	伊勢	部田御厨	E_1	給主は内宮権神主利康等。
11	伊勢	片淵御厨	E_1	給主は内宮禰宜成長等。
12	伊勢	玉垣御厨	E_1	殿下御領ならびに外宮権神主故晴康等の所領。
13	伊勢	苽生御厨	A	永承四年(一〇四九)建立。
14	伊勢	大古曾御厨	A	給主は源俊清、長元八年(一〇三五)建立。
15	伊勢	越知御厨	A	給主は源能清、寛徳以前の神領。
16	伊勢	近連神田	E_2	
17	伊勢	永用御厨	A	給主は藤原親徳、往古神領。
18	伊勢	甚目御園	E_2	給主は藤原氏子、壱志神戸内。

19	伊勢	若栗御園	E_2	給主は髪長(僧侶)。
20	伊勢	平津安田御園	E_2	
21	伊勢	深馬路御厨	E_2	
22	伊勢	野日御厨	E_2	
23	伊勢	若松南御厨	E_2	没官地。
24	伊勢	河南御厨	E_2	没官地。
25	伊勢	箕田御厨	C	仁平二年(一一五二)建立。
26	伊勢	楊御厨	D	保元年中建立。
27	伊勢	江島御厨	A	給主は源定季、往古神領、長久元年(一〇四〇)再建立。
28	伊勢	上野御厨	E_2	給主は故源中将家。
29	伊勢	林御厨	D	給主は髪長有覚、仁安年中(一一六六～一一六九)建立。
30	伊勢	吉清御厨	E_2	
31	伊勢	豊田御厨	E_2	給主は藤原氏子。
32	伊勢	末弘御厨	E_2	給主は検非違使政康等。
33	伊勢	黒田御厨	E_2	
34	伊勢	安濃田御厨	E_2	給主は藤原氏子。
35	伊勢	河曲神田	D	給主は内宮権神主俊長・外宮権禰宜貞重等、保元元年(一一五六)勅願寄進。

36	伊勢	山辺御園	A	給主は散位大鹿国忠、永承年中(一〇四六～一〇五三)建立。
37	伊勢	得田御厨	E_2	給主は故源中納言家子息。
38	伊勢	昼生御厨	A	給主は頭中将家、往古神領。
39	伊勢	為元御厨	E_2	没官地、鎌倉家(源頼朝)知行。
40	伊勢	南黒田御厨	A	給主は醍醐座主。
41	伊勢	原御厨	E_2	没官地、鎌倉家(源頼朝)知行。
42	伊勢	成高御厨	C	没官地、鎌倉家(源頼朝)知行、仁平二年(一一五二)二月建立。
43	伊勢	永藤御厨	D	没官地、鎌倉家(源頼朝)知行、応保二年(一一六二)建立。
44	伊勢	須可碕御厨	B	給主は兵衛督局、往古は親王御領、保安二年(一一二一)、白河院庁下文により建立。
45	伊勢	富津御厨	A	往古神領、保元の乱後に没収・再立券。
46	伊勢	若松御厨	B	没官地、保安元年(一一二〇)建立。
47	伊勢	庄野御厨	E_2	
48	近江	岸下御厨	C	給主は前法眼宗近弟子等、大治年中(一一二六～一一三一)建立。
49	近江	福永御厨	B	永久年中(一一一三～一一一八)建立。
50	近江	佐々木御厨	E_2	領家は前斎院。
51	近江	柏木御厨	D	給主は前神祇大副兼友、永万元年(一一六五)建立。
52	大和	宇陀神戸	E_1(A)	国造貢進。

53	伊賀	神　戸	E_1(A)	国造貢進。
54	伊賀	多良牟六箇山	E_1	
55	伊賀	穴太御園	E_1	給主は荒木田氏子。
56	伊賀	比志岐御園	E_1	給主は外宮権神主朝忠等。
57	伊賀	田原御園	E_1	給主は大中臣氏子。
58	伊賀	喰代御園	E_1	給主は籠明入道等。
59	伊賀	若林御園	A	給主は大中臣兼宗、国造貢進神戸田、往古建立。
60	伊賀	阿保神田	A	給主は髪長承念、往古神領。
61	美濃	中河御厨	E_1	給主は左兵衛督家。
62	美濃	小泉御厨	E_2	給主は左兵衛督家。
63	美濃	池田御厨	E_2	給主は太皇太后宮職。
64	美濃	止岐多良御厨	A	往古建立、近代停廃。
65	美濃	下有地御厨	D	給主は大弐三位家、文治四年(一一八八)建立。
66	尾張	本神戸	A	国造貢進。
67	尾張	新神戸	A	天慶三年(九四〇)勅願寄進。
68	尾張	但馬保	D	文治元年(一一八五)勅願寄進、封戸代。
69	尾張	一楊御厨	E_1	給主は内宮禰宜元雅等。

70	尾張	搗栗御園	E_1	給主は内宮権神主守長。
71	尾張	高屋御厨	E_1	給主は外宮一禰宜雅元等。
72	尾張	瀬辺御厨	E_1	給主は外宮禰宜頼行等。
73	尾張	酒見御厨	E_1	給主は外宮権神主睦元等。
74	尾張	新溝御厨	E_1	給主は内宮権神主成仲等。
75	尾張	新溝神領	E_1	給主は故権神主成光子息等。
76	尾張	千丸垣内御園	E_1	給主は小治田恒安子息等。
77	尾張	楊橋御園	E_1	給主は内宮禰宜忠満等。
78	尾張	託美御園	B	給主は外宮権神主雅遠等、嘉承年中建立？ 長治元年（一一〇四）の当国神民蜂起で建立？
79	尾張	治開田神領	E_1	給主は大中臣氏子、本新両神戸。
80	尾張	立石御厨	A	往古神領、永長元年（一〇九六）再建立。
81	尾張	三人戸御園	A	給主は内宮権神主俊正等、長元四年（一〇三一）建立。
82	尾張	奥村御厨	A	給主は内宮一禰宜成長、治暦年中（一〇六五～一〇六九）建立、往古神領。
83	尾張	御母板倉御厨	A	給主は大中臣宣実、往古神領。
84	尾張	野田御園	E_2	給主は散位故遠良等。
85	尾張	伊福部御厨	B	給主は外宮権神主光親等、寛治七年（一〇九三）建立、御封便補。
86	三河	本神戸	A	国造貢進。

87	三河	新神戸	A	天慶三年(九四〇)勅願寄進。
88	三河	大津保	D	文治元年(一一八五)勅願寄進、新封戸。
89	三河	橋良御厨	E_1	給主は内宮禰宜重章等。
90	三河	生栗御園	E_1	給主は内宮権神主清正等。
91	三河	饗庭御厨	E_1	給主は散位源国長。
92	三河	薑御園	E_1	給主は外宮一禰宜雅元等。
93	三河	伊良胡御厨	E_1	給主は外宮権神主貞村等。
94	三河	神谷御厨	D	給主は前上野介範信入道、仁安三年(一一六八)建立。
95	三河	高足御厨	E_2	没官地。
96	三河	蘇美御厨	A	領家は前左大臣家、往古神領、保延六年(一一四〇)建立。
97	三河	吉田御園	A	給主は故少納言重綱、新神戸内、往古神領。
98	遠江	本神戸	A	国造貢進。
99	遠江	新神戸	A	天慶三年(九四〇)勅願寄進。
100	遠江	新封戸	D	文治元年(一一八五)勅願寄進、料所未定、向笠郷を充当予定。
101	遠江	尾奈御厨	E_1	
102	遠江	都田御厨	E_1	給主は神祇少副故公宣等子息。
103	遠江	蒲御厨	E_1	給主は内宮一禰宜成長。

104	遠江	鎌田御厨	E_1	給主は外宮権神主為康等。
105	遠江	刑部御厨	E_1	給主は散位大中臣親範等。
106	遠江	豊永御厨	A	給主は故源中納言家子息、寛治元年(一〇八七)建立。
107	遠江	山口御厨	A	給主は外宮権神主光親等、延久二年(一〇七〇)建立。
108	遠江	小高御厨	B	給主は源侍従家・藤原顕季等、保安二年(一一二一)建立。
109	遠江	美園御厨	A	給主は故九条女三位家子息、往古神領、久安元年(一一四五)再建立。
110	遠江	良角神領	D	給主は禰宜貞雅・神主等、鎌田御厨内、治承二年(一一七八)設定。
111	遠江	大墓御園	A	給主は本神戸司高正、国造貢進、本神戸内。
112	駿河	大津御厨	E_1	給主は故一条大納言家子息。
113	駿河	方上御厨	E_1	給主は内宮禰宜重章等。
114	駿河	大沼鮎沢御厨	E_1	給主は神祇権少副親広。
115	駿河	高部御厨	A	給主は藤原氏子等、治暦二年(一〇六六)建立。
116	駿河	小楊津御厨	B	給主は故散位大中臣宗親等、永保元年(一〇八一)建立。
117	伊豆	蒲屋御厨	B	給主は外宮権神主光倫等、天永三年(一一一二)建立。
118	相模	大庭御厨	B	給主は内宮権神主氏良等、永久四年(一一一六)建立。
119	武蔵	榛谷御厨	B	給主は故民部卿家、保安三年(一一二二)建立。
120	武蔵	飯倉御厨	E_2	元暦元年(一一八四)、鎌倉家(源頼朝)寄進。

121	武蔵	七松御厨	B	給主は外宮権神主光倫等、元永年中(一一一八～一一二〇)建立。
122	武蔵	大河戸御厨	A	給主は外宮権神主光親、往古神領、元暦元年(一一八四)、鎌倉家(源頼朝)寄進。
123	上野	園田御厨	C	給主は内宮一禰宜成長、保元元年(一一五六)建立、封戸代。
124	上野	須永御厨	E_2	給主は外宮権神主利弘。
125	上野	青柳御厨	D	給主は内宮禰宜成長、長寛年中(一一六三～一一六五)建立。
126	上野	玉村御厨	D	給主は内宮一禰宜成長、長寛年中(一一六三～一一六五)建立。
127	上野	高山御厨	C	没官地、天承元年(一一三一)建立。
128	上野	邑楽御厨	A	給主は新中納言家、往古建立。
129	下野	片梁田御厨	E_2	給主は検非違使義康、以前は内宮御領、康治二年(一一四三)、二宮御領として立券。
130	下野	寒河御厨	E_2	給主は神祇権大副為季、もとは院御荘、仁安元年(一一六六)、後白河院庁下文により建立。
131	安房	東条御厨	E_2	給主は外宮権神主光倫、元暦元年(一一八四)、鎌倉家(源頼朝)寄進。
132	下総	相馬御厨	C	源義宗の沙汰、大治五年(一一三〇)建立。
133	下総	夏見御厨	C	給主は内宮一禰宜成長、保延四年(一一三八)建立。
134	常陸	小栗御厨	B	給主は大中臣氏子、寛治・康和の頃建立、保延二年(一一三六)再貢進。
135	信濃	麻績御厨	E_2	内宮禰宜元雅等口入。
136	信濃	長田御厨	B	給主は橘俊貞等、寛治三年(一〇八九)建立。
137	信濃	藤長御厨	E_2	給主は左兵衛督家。

138	信濃	仁科御厨	A	給主は禰宜重章口入、往古建立。
139	伯耆	三野久永御厨	D	給主は大弐三位家、長寛年中(一一六三～一一六五)建立。
140	但馬	大垣御厨	D	給主は大将法印、保元年中(一一五六～一一五九)建立。
141	但馬	田公御厨	D	給主は前神祇大副兼友、養和元年(一一八一)建立。
142	但馬	太多御厨	D	給主は前治部大輔行範、文治元年(一一八五)建立。
143	加賀	富永御厨	D	給主は権中納言家、永暦元年(一一六〇)建立。
144	越前	足羽御厨	D	給主は左兵衛督家、承安元年(一一七一)建立。
145	越中	弘田御厨	C	給主は散位故友業子息、仁平年中(一一五一～一一五四)建立。
146	越中	射水御厨	A	往古建立。
147	丹波	漢部御厨	E_2	給主は散位源行貞子息。
148	丹後	岡田御厨	D	給主は阿闍梨忠恵、承安年中(一一七一～一一七五)建立。
149	長門	三隅御厨	E_2	給主は藤原氏子、もとは国免不輸荘。
150	能登	櫛代御厨	D	給主は大弐三位家、保元年中(一一五六～一一五九)建立。

※各所領の「設定時期」(建立時期)の略号の意味は、以下のとおりである。
A、「往古神領」・「往古建立」などと記される所領を含む治暦四年(一〇六八年、後三条天皇の即位年)以前の設定。
B、「永保元年(一〇八一)建立」も含めて、白河親政・院政期の設定。
C、「大治年中(一一二六～一一三一)建立」も含めて、鳥羽院政期の設定。

表Ｖ　伊勢神宮領の設定過程

設定時期	A	(A)	B	C	D	E_1	(E_1)	E_2	全体
合計数	33	(39)	13	8	21	43	(37)	32	150
百分率	22	——	8.7	5.3	14	28.7	——	21.3	100
百分率	——	(26)	8.7	5.3	14	——	(24.7)	21.3	100

※（　）内は推定。

D、「保元年中（一一五六〜一一五九）建立」も含めて、後白河院政期の設定。
E_1、嘉承三年（一一〇八）七月二十九日付神宮注文と永久三年（一一一五）六月十七日付宣旨により「四至・田畠本数」などが確認され、当時すでに設定。ただし、（　）内は推定。
E_2、設定時期が不詳。

しかし、表Ｖからみて、果たしてそう判断できるのであろうか。むしろ永久三年までに設定されていた所領数は、確実に五〇パーセントを越えているのである。このように、熊野権現と並んで大社とされていた伊勢神宮でも、その所領設定は徐々にしか進展していなかったと思われ、少なくとも鳥羽院政期に「爆発的に立荘された」ということは到底みとめられないのである。

五　院近臣層の形成

こうしたことからみれば、院領荘園のみならず、一般的にも節度を保った立荘が行われていたものと考えられるのであるが、その立荘も含めて院政を支えた院近臣とは、どのような人々であったのであろうか。

慈円は、『愚管抄』巻第七のなかで、ほぼ次のように述べている。

世を知ろしめす君と摂籙臣とひしと一つ御心にて、違ふことの返す返す侍るまじきを、別に院の近臣と云ふ者の、男女につけて出来ぬれば、それが中にいて、い

かにもいかにもこの王臣の御中を悪しく申すなり。あはれ俊明卿まではいみじかりける人かな。（中略）白河院の後、ひしと太上天皇の御心のほかに、臣下といふ者の先に立つ事のなくて、別に近臣とて白河院には初めは俊明等も候ふ。末には顕隆・顕頼など云ふ者ども出来て、本体の摂籙臣痴の下ざまの人の御座しけるに、また悲しう押されて恐れ憚りながら、また昔の末はさすがに強く残りて、鳥羽・後白河の初め法性寺殿まではありけりと見ゆ。

この慈円の述べたところによれば、院政時代になると院近臣が登場して上皇と摂関の間に介在するようになったことになる。それでも、初期の院近臣である源俊明の頃までは、摂関に対して配慮を示すことがみられたという。その事情は、『愚管抄』巻第四において述べられているが、嘉承二年（一一〇七）七月、堀河天皇が没して鳥羽天皇が践祚したとき、天皇の外舅に当たる春宮大夫藤原公実（当時は権大納言正二位）が摂政就任を希望したにもかかわらず、源俊明によって阻止されて、藤原忠実が関白につづいて摂政に就任したことをさしているのであろう。ところが、院近臣として藤原顕隆・顕頼父子らが活躍しだし、その一方では摂関家側に優秀な人材を欠き、政治上君主を補佐する立場から遠ざかったものと判断しているのである。ただし、「法性寺殿」（慈円の父藤原忠通）のときまでは、なんとか摂関としての体裁を保ったとみているようである。

以上は、後鳥羽院政期に天台座主として後鳥羽上皇とも交流をもち、院近臣僧の二位法印尊長を介して、上皇の皇子である西山宮（朝仁親王）に門跡を譲ることにした慈円[172]の見方であるので、それなりに尊重するべきものがあるであろう。だが、院近臣を摂関家を圧倒するに至った存在というだけでは、その歴史的評価としては不十分である。この院政時代の廷臣等の動向を追究された河野房雄氏は、院近臣の多くは中流以下の官僚的貴族層、公卿では摂関家系統

から縁遠い者で、これをそれぞれ近臣受領、近習公卿などと呼んだとされる。そして、その近臣の属性ともみられるものは、乳母関係者と数国の受領を歴任した富人とにあったとし、彼らは院司として院政権の支柱となり、その経済基盤ともなったことを指摘しておられる。(173)また、私も院近臣について簡略な解説をしたことはあるが、(174)本節では具体的に説明してみたい。

そこで、前掲の『愚管抄』の文章にも名前がみえた藤原顕隆・顕頼父子等の実体から確認していくが、このうち「夜の関白」の名称で知られる顕隆以降の葉室流の執事・執権については、系図Iのような代々の次第が伝えられている。(175)これによると、南北朝時代に活躍した宗顕まで書かれているので、その関係の人物が作成した系図かと思われる。江戸時代まで名家として存続していく葉室家は、長隆の次は長光が継いでいる。それはともかく、顕隆の曾孫に当たる宗頼までは執事別当、次の資頼以降は執権別当に就任したことになっている。この執権別当というのは、鎌倉中期に成立した『左大史小槻季継記』によれば、後鳥羽院政期に葉室流出身の藤原光親に始まるとも伝えられているが、その光親の子である定嗣は、後嵯峨天皇の譲位した日のこととして、「今日、譲国の事あり。予、院司に補す。万事を奉行すべきの由、兼ねて勅定あり。便にこれ執事といふべきか。しかれども、先例あるいは他人、執事たりといへども、器量の者一人、また執権を奉る。今この儀なり。」と記している。(176)したがって、執権別当は、院政時代の当初の頃よりみえていた執事別当あるいは執行別当と同様なものであるらしい。

ところで、顕隆についてはすでに検討しているので、(177)その子孫の様子をみるため、『尊卑分脈』を利用して系図IIを作成してみた。これによれば、まず、顕隆の兄弟らが、その子女を介して強く結びついていることがわかる。系図上には記入していないが、朝隆は顕隆の娘も妻に迎えており、その間に嫡男朝方と光頼の妻（光方・光定らの母）となる

娘を儲けている。また、その朝方も、自分の娘（法性寺殿宣旨）を光頼の妻としていたようであり、[178]朝隆・朝方の父子は、ともに娘を顕隆の孫に当たる光頼に嫁がせていることになる。さらに、顕隆の同母兄弟に当たる重隆は、顕隆の異母兄弟に当たる親隆を猶子としており、その親隆の娘も光頼の室となり、光雅・宗頼らを産んでいるのである。その後においても、院政時代においては、同様に一族間の結合は強いようにみえる。そして、葉室家の嫡流においては、光頼が弟の成頼を猶子とし、その成頼が兄の子である光雅・宗頼兄弟を猶子とするような猶子・養子関係がみられる。系図Ⅱにみえる宗行に至っては、顕隆の同母兄弟である長隆の曾孫に当たり、本名は行光であったが、宗頼の猶子・養子となり、宗行と改名まで行い、[179]院近臣として活躍したのである。

系図Ⅰ

院執事并執権代々次第 白川院―崇光院

白河院以来代々執事并執権系図

顕隆（白川院執事 権中納言正三位）―顕頼（鳥羽院執事 中納言正二位）―光頼（後白川院執事 権大納言正二位）―宗頼（後鳥羽院執事 権大納言正二位）―資頼（後堀河院執権 中納言正二位）―頼親（亀山院伏見院等執権 権大納言正二位）―頼藤（亀山伏見両院執権 権大納言正二位）

―長隆（一院執権 権大納言正二位）―長顕（崇光院殿執権 権大納言正二位）―宗顕（崇光院殿執権 権大納言正二位）

系図Ⅱ

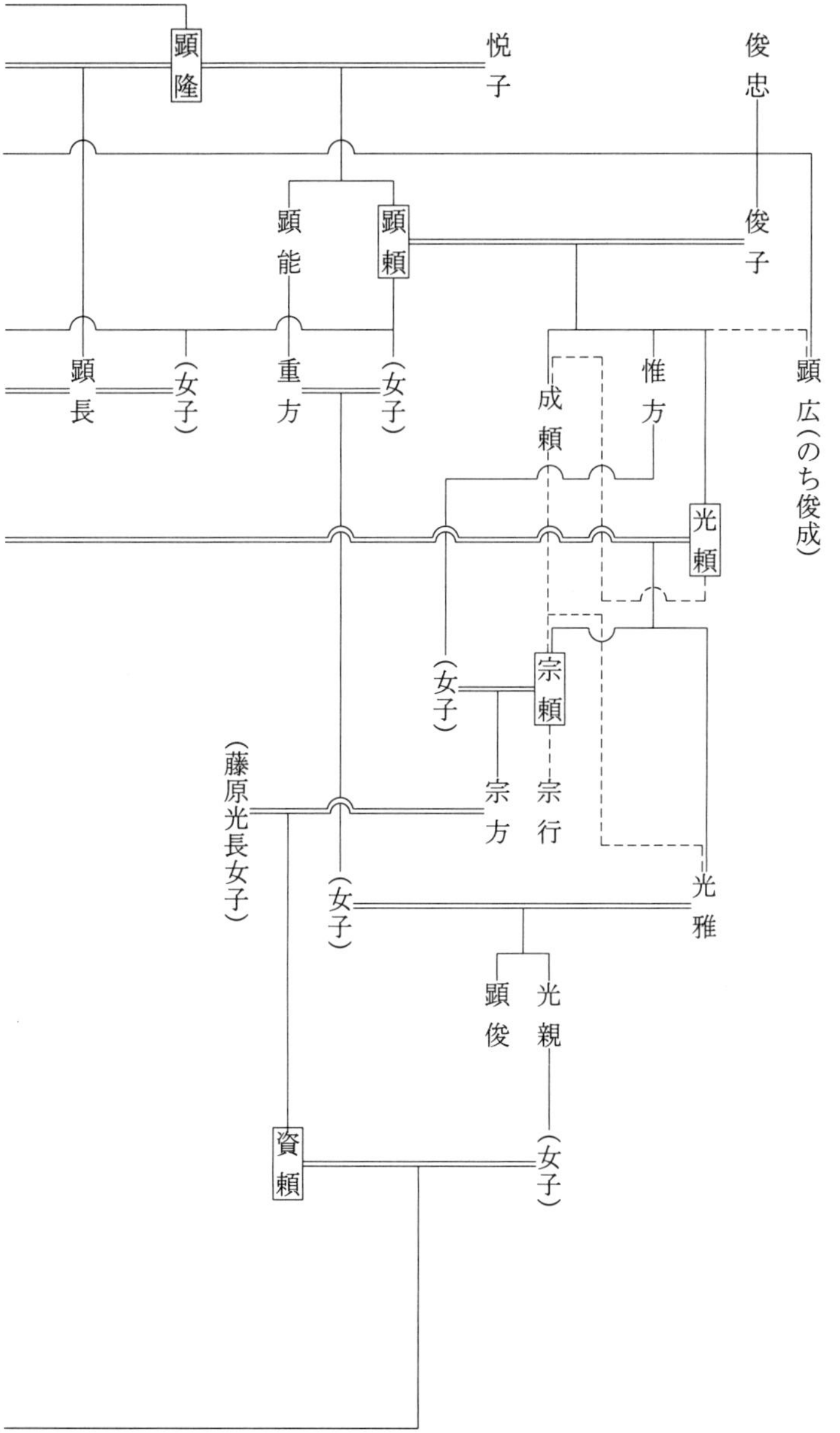
俊忠
俊子
顕広（のち俊成）
悦子
顕隆
顕頼
顕能
惟方
成頼
光頼
（女子）
重方
顕長
宗頼
（女子）
宗行
宗方
光雅
（女子）
（藤原光長女子）
光親
顕俊
（女子）
資頼

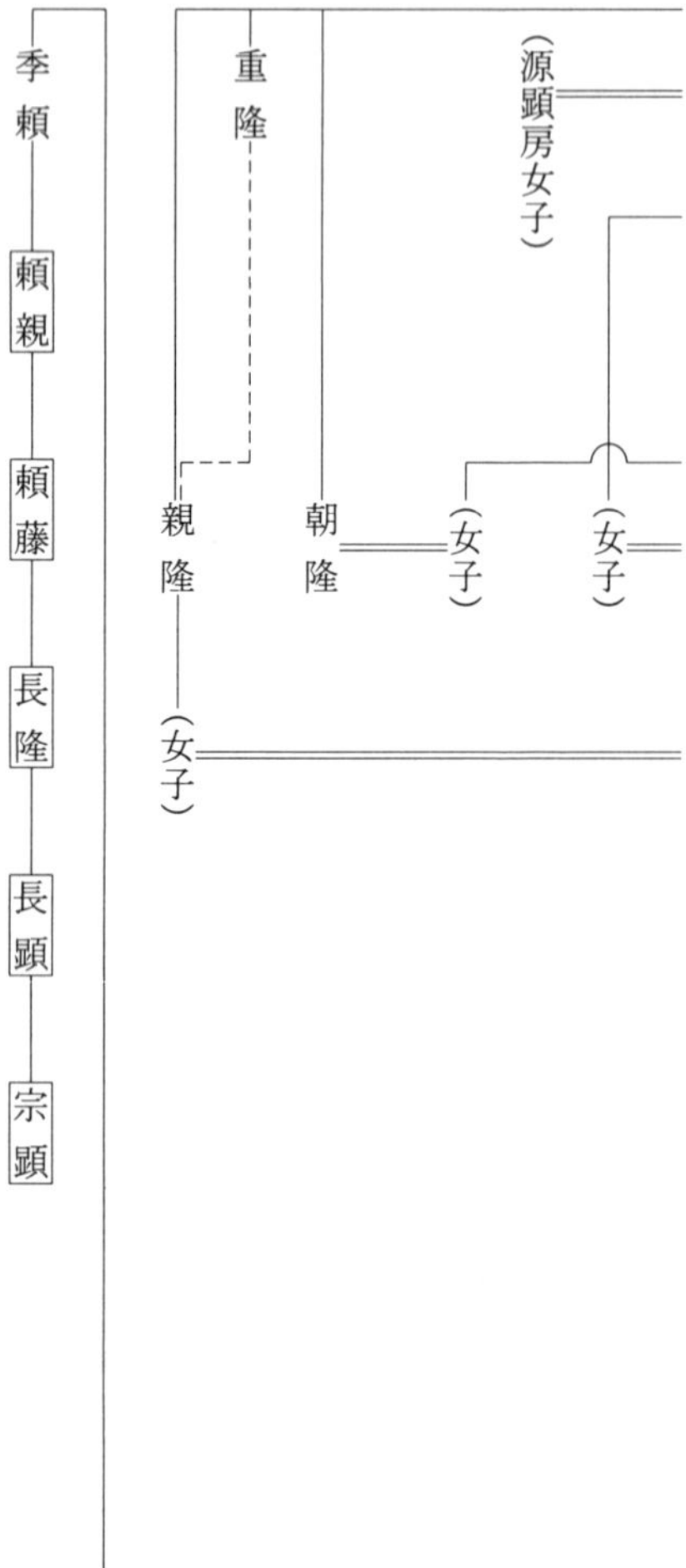

（------は猶子・養子関係を示す。系図Ⅰに登場する人物名は□で囲んである。）

ちなみに、葉室流のなかでは光親や宗行も、後鳥羽・土御門・順徳の三上皇らの院庁の執事・執権別当、年預別当であったことがわかる。[180]それなのに、系図Ⅰに名前がみえないのは、彼らが承久の乱の張本人とされて処刑されたことに関係があるのであろう。[181]ともかく、彼らも含めてみると、顕隆以来の葉室家の嫡流からは、執事・執権別当を輩出していることがわかるのであり、まさに院近臣家といっても過言ではないようである。また、系図Ⅱにみえる藤原俊忠の子である顕広は、母が顕隆の娘であったとも伝えられるが、[182]十歳のときに父を失うと、顕頼の猶子・養子になったようである。これも、一説では顕広は顕隆の子にされたとも伝えられるが、[183]いずれにせよ元服時には「顕」の

字を採り入れた名前を与えられている。その大きな要因は、顕広の姉妹らが葉室家に二人も嫁いでいたことであったろう。かつ、顕隆の子女のひとりに俊忠と再婚した娘がおり、彼女が徳大寺公能室と葉室顕長室になる娘らを産んでいるので、その縁もあったのであろう。(184) ただし、顕広の場合は、『公卿補任』でみる限り、大治二年(一一二七)正月十九日、従五位下となり、同日院分受領として美作守に任じられ、その後は加賀守、遠江守(重任)を歴任したものの、久安元年(一一四五)十一月に従五位上に昇叙されるまで、位階昇進は二十年近くもなかったのである。そのうえに、大治四年(一一二九)正月に顕隆が没したあと、顕頼が葉室家当主であった時期は、顕頼の実子らとは異なり、顕広は冷遇されていたようである。そのため、彼は美福門院に接近して、その厚遇での昇進をはかり、仁安二年(一一六七)十二月二十四日、ついには俊成と改名して葉室家を去ってしまうのである。これには、久安四年(一一四八)正月に顕頼も没し、葉室家内から俊忠子女らの姿が消えていったことも影響しているのであろう。

ともかく、これらのことや、すでに述べた二位法印尊長の生家である一条家、あるいはその同族である持明院家と西園寺家との関係でもみたように、院政時代の院近臣を輩出する一家・一門どうしは、親子代々二重・三重に姻戚関係を結んでいる場合が少なくない。というよりも、その傾向が一般的であったといってよく、婚姻関係のみではなく、猶子・養子関係も、実によく見られるのである。したがって、葉室家の内部における一門間の結びつきや、一時期のことで終わってしまったが、葉室家と俊忠一家との結びつきも、けっして偶然なことではなかったのである。このような院近臣間における強固な結束は、院庁の執事別当・年預別当を出した他の家々ともさらに複雑に結びついていくのであり、実は系図Ⅱにはその様子まで書き込むことができなかったのである。今日の観点からすると、異常なようにさえみえる同族結合どうしのさらなる連合体の形成は、何を目的としていたのであろうか。

その連合体形成のもとになったのは、閑院流出身の女御である藤原茂子・苡子らではなかったであろうか。そもそも応徳三年(一〇八六)十一月二十六日、白河院政開始の日に最初の院庁別当に任じられたのは大納言藤原実季、大納言源雅実、左大弁大江匡房、尾張守藤原顕季、備中守藤原仲実の五人であったが[185]、このうち大江匡房のみは、後三条朝以来活躍した碩学として重用されたと思われ[186]、とくに院近臣らとの縁故関係を築かなかったようである。しかしながら、その他の四人は、以後の院近臣団形成には重要な役割を演じていくことになる。このうち源雅実は、いうまでもなく白河院が寵愛した賢子と同母の兄弟に当たり、保安三年(一一二二)十二月には源氏の太政大臣補任の初例をつくるなど、村上源氏を興隆に導いていく人物である。また、実季・仲実の父子は、閑院流に属するが、茂子・苡子らの女御等を出し、白河院政開始以降めざましく発展するし[187]、残りの顕季も善勝寺流とよばれる一流を形成し[188]、のちには伊勢平氏とも縁戚関係を深めていくことになる[189]。さらに、彼らとの関係を深めたのが、顕隆以下の葉室流であった。その始まりは、顕隆の父である為房の姉妹に当たる光子が閑院流の公実(実季の嫡男)の妻となったことであったろう。その光子は、公実との間に通季(西園寺家の祖)・実能(徳大寺家の祖)・璋子(待賢門院)ら八人もの子女を儲け、その一方では寛治元年(一〇八七)十二月以降、堀河天皇の乳母(中納言典侍)として宮中でも活躍し、公実の妹苡子が産んだ鳥羽天皇の乳母にもなったのである[190]。また、顕隆の嫡妻となった従三位藤原悦子(弁三位)も鳥羽天皇の乳母となっており、その子顕頼の二条烏丸の邸宅は、一時は鳥羽院の御所となっているほどであった[191]。

こうした様子からみれば、当初は閑院流を中心に、やがて善勝寺流・葉室流・伊勢平氏などを加える形で、徐々に強固な姻戚関係が築かれ、院近臣団が形成されたことが想定される。そして、彼らは、明らかに上皇・法皇だけではなく、天皇をも強固な姻戚関係の中に取り込んでしまったのである。その状況は、院政時代に入るまでの摂政・関白

らが自己の一族の中に天皇を取り込み、自己の邸宅を里内裏として提供していたことに類似しているが、その規模がさらに拡大している点は相違する。しかしながら、ともかく、院政時代に御堂嫡流に代わって天皇の外戚の地位を入手した院近臣団が形成されたことは疑いようがなく、彼らは血縁的に団結して院政を支えようとしていたものと看取されるのである。

また、彼らの「多くは中流以下の官僚貴族層」で、「近臣受領」とも指摘されるが、院政時代には院宮分国制[192]ととも に知行国制[193]も確立し、これらの制度も院近臣団の形成と連動しているものとみなされるのである。たとえば、天永二年（一一一一）十月、わずか十歳の藤原忠隆が丹波守に任じられて、人々を驚かせたということは有名なことであるが、当時としても「幼少極まりなし」[194]と認識された忠隆を後見したのは、その父の伊予守基隆であったろうことはいうまでもない。この事例なども、知行国制の一例とみてよいのであろう。当時、基隆は白河院庁の別当であり[195]、忠隆は判官代であった[196]。その後、この父子は、ともに鳥羽院庁の執事・年預別当となって活躍しているのであり[197]、院近臣の典型といえる。彼らは、ともに受領を歴任したのであるが、国務は目代に委任していることが多いと思われ、中央で院司として院に奉仕することを本務としていたように考えられる。ともかく、このような父子関係は、荘園の運営上にもみられ、すでに五味文彦氏によって指摘されていることであるが[198]、永万二年（一一六六）正月十日付後白河院庁下文案[199]で備後国大田荘の「預所職」（院領預所）に任じられたのは、『公卿補任』養和元年条によると、わずか十歳の平重衡であった。しかも、同条によると重衡は、長寛元年（一一六三）正月以来尾張守にも任じられていたのである。したがって、この場合も、重衡の父である平清盛（当時は権大納言）が、実質上の院領荘園の「預所職」であり、尾張国の知行主であったことは明瞭であるといえよう。

このように院近臣の子弟らは、若年時より親の保護・恩恵を受けて、迅速な昇進や経済基盤の確立をはかったようである。(200) そうした緊密な親子関係も、院近臣団結束の重要な要素となっていたのであろうと思われる。他方、女院に奉仕した女房たちについては、『健寿御前日記』の分析から、女院に「朝夕さぶらふ」という定番の女房と、「月まぜに候ふ」という月番の女房とがあったことがわかり、後者の月番女房の方は比較的ルーズな主従関係にあったともみられるものの、両者とも所領の安堵や給与がなされ、きわめて純粋な形での主従制的関係の展開が認められるとも指摘されている。(201) そのような事例については、私も八条院に仕えた女房である弁局を通して検討してみたが、(202) 葉室顕頼の子である惟方の親近者に当たる弁局は、多くの荘園群の預所職に補任されていたことがわかり、彼女のような女房も、院近臣団の中に位置づけられることがわかるのである。

そのうえに、弁局の所領形成において、女院や近臣受領らが深く関与したことがわかるが、近臣受領にとってみれば、立保・立荘を認めることは、自己の収入源を減少させることになるのであるから、本来なら行いたくはないはずである。ただし、院・女院の命令であれば奉仕せざるをえず、やはり最少限度の認可を与えることを方針としたのであろう。その点からも、院政時代を通して知行国主・受領らは、荘園整理方針を貫く立場にあったものと考えられるのであり、それは前節で述べたように、院・女院らの院領荘園設定の方針とも何ら矛盾はしないのである。したがって、荘園について「国司密々皆実は立てらる所なり。」(203) とか、受寄者側からは「人の寄するを以て家領となすなり。」(204) などともいわれたが、実のところは安易な立荘許可はなく、(205) むしろ転倒される荘園も多かったことは院政時代の史料に多くみかけるところであり、「長寛勘文」(206) などは典型的事例となろう。

なお、高橋一樹氏は、越後国の知行国主であった藤原家成は、自分および近親者の知行国において、自分の子息や

関係の深い貴族（村上源氏など）が領有する免田などを寄進させ、これを本免としつつ、その周辺の国衙領などを繰り込んだ「王家領荘園」を立荘して、その所領寄進者が預所職を獲得していることを指摘されている。(207) この事例は、家成が「鳥羽殿」を預かり、「天下を挙げて事は一向家成に帰す。」といわれ(208)、その子の家明も「鳥羽預」に指示できるほどの「先例」を知る後白河院庁の執事別当でもあったところからみると(209)、やや極端なケースであるかもしれない。すなわち、表Ⅰにみえるように、鳥羽院政期においては、鳥羽離宮内に成菩提院、勝光明院、安楽寿院、無量寿院、金剛心院、光堂などが次々と建立されており、それに家成・家明父子が深く関与したことは、彼らの立場上当然であろう。そして、結果としては、彼らが、それらの御願寺領の設定にも深く関与したものと思われるのである。しかしながら、それは、典型的な院近臣の行動としてみてもよいと思われるのである。

このほか、院近臣としては、僧侶身分の者が多数存在していたことを忘れることはできない。「法の関白」と称された寛助(210)や「二位法印」として活躍した尊長ら(211)についてはすでに述べたが、白河院が出家した頃から彼ら近臣僧の活動は活発化しているようである。そのうち、寛助や平等院僧正行尊(212)などは、真摯な信仰心をもった院近臣僧といってよいと思うのであるが、法勝寺執行となった信縁(213)や俊寛(214)、あるいは尊長、長厳(215)らに至っては、妻帯しているうえに俗人に異ならない面も多くもっていたのである。しかも、彼らも、血縁関係からみると、俗人らで構成される院近臣団に含まれる者が多く、寛助の弟子であった覚鑁(216)、白河院の葬儀を指揮して以後は鳥羽離宮内に住み「鳥羽僧正」と称された覚猷(217)などは、むしろ例外的な存在であったといえるのである。

そういう観点でみると、藤原通憲なども、出家して少納言入道と呼ばれることにはなったが、全く世俗を離れるという人物ではなかったことはよく知られているとおりである。彼は、幼少時に父実兼が急死すると、姻戚関係にあり

財力も期待できた高階経敏の養子になってはいたが、結局、高階氏としての官位昇進に見切りをつけ、藤原姓に復帰するのであった。だが、通憲は、待賢門院庁の判官代であった頃から藤原家成と親しかったとみられ、後に家成の子である隆季と自分の娘を結婚させている。また、妻の朝子（紀伊二位）を待賢門院所生の雅仁親王（後白河院）の乳母とし、一方では鳥羽院庁の判官代も勤めて、院近臣団の仲間入りをしていたのである。(218)

六 結論

ここまで述べてきたところをまとめると、結局のところ、院政時代の院政の主導者である院（上皇・法皇）は、世俗界のみならず宗教界にも君臨しようとした、「現人神」であり「菩薩」でもある存在であったといえるのである。それは、もともと院政時代に至る以前からの「太上天皇」あるいは出家した「太上法皇」の原義や制度を、継承して発展させてきた延長線上に出現したものであった。建長年間（一二四九～一二五六）に東大寺の華厳宗僧宗性が諸僧伝を抄出して作成した『日本高僧伝要文抄』には、『延暦僧録』第二からの引用伝に、「上宮皇太子菩薩伝」、「近江天皇菩薩伝」、「勝宝感神聖武皇帝菩薩伝」などの朱書がみられる。これが、院近臣家の出身で、のち葉室宗行の猶子ともなっていた宗性のものであるところに、当時の見方が窺われるものといえよう。(219)だが、その「菩薩」と同様な存在であるはずの上皇・法皇らが、熊野信仰をも背景として、従前以上の絶対的権力を振るい得たか、あるいは振るう装いをなし得たのは、ひとえに院をとりまく院近臣団が形成されたからであったろうと思われるのである。

すなわち、白河院政開始によって、院近臣層が形成されるようになると、彼らは血縁関係を強固に結んで、法皇・上皇・天皇を中核とした院近臣団とでも呼ぶべき集団を築き上げたのである。その集団は、兄弟間でも子女の婚姻を

取り結ぶというような形で成立し、それが親子代々に繰り返されるということさえみられたのである。そうなると、院近臣という存在が、法皇・上皇らの乳母関係者に多いとみられたことは、むしろ当然のことであり、御堂嫡流とは疎遠な院近臣団の構成メンバーは結果的には摂政・関白には就任しなかったものの、旧来の摂政・関白をしのぐほどの勢いもみせたのである。そのような院近臣団の台頭という事実は、摂政・関白に近い立場にあった者らにとってみれば、冷淡視する対象であったろうが、結局は無視できずに藤原忠通以降、その子に当たる九条兼実、また天台座主慈円らにしても、院への接近をはからないでは過ごしていけない時代となってしまったのである。

一方では、この院近臣団は、当時の荘園公領制のうえに便乗して、院領設定に協力するなかで院領預所に補任されたり、院宮分国制・知行国制などを運用することで、幼少の子息らにさえ国司（受領）の地位を与えた形もとったりしたのである。ただし、院政時代を通して、無制限な荘園設定を認めるようなことはみられず、一応の節度は保たれていたことは確認できるのである。ちなみに、『長秋記』天承元年（一一三一）八月十九日条では、その日開催された陣定において、権大納言兼中宮大夫藤原宗忠の位田を国司が新立荘園であるとして停廃することを要求している件について、権大納言兼民部卿藤原忠教は、次のように発言したと記されている。すなわち、それは、結論的には、新立荘園の存廃については「勅定」で決定するべきであるということであるが、その理由を「起請以前の荘といへども、会釈無きときは停止に従ひ、以後の荘といへども、強縁に非ざれば以て停廃す。」と説明しているのである。これによれば、荘園整理令に関わりなく、荘園認定の決定権は「勅定」によるのであり、その判断基準は「強縁」関係の有無であるというのである。

要するに、当時の土地制度上は、荘園と公領（国衙領）という区別はあっても、内実は共に「私領」の側面も合せ持っ

ているのではあるが、「受領層」と呼ばれる性格もある院近臣らにとっては、一国平均役の賦課も可能な公領（国衙領）からの収入は無視できず、やはり無制限な諸役免除の荘園設定を認めることができなかったことにも留意する必要があるのである。したがって、一般の貴族層が「位田」の名目等によって保有している荘園は、それがたとえ在地領主層の寄進（いわゆる「第一次寄進」）によって成立したものであっても、所詮は「私領」の寄進にすぎず、国司免判を得たとしても、国司交替にともなって常に転倒・停廃される危険性を有する存在であった。そのために、やはり名目上は公的性格をもつ御願寺社か院庁・女院庁などの所領（院領荘園）になってこそ、初めて安定的な所有・経営が可能となったのである。そして、その場合、院領預所の地位は、必然的に院近臣層によって占められることとなり、彼らは年貢納入などの義務を果たさなければ解任されることにはなっていたが、もとより院を支えたのは、院との「強縁」を有する彼らなのであるから、そのような違反・背信行為はほとんどみられなかったといってよいであろう。

しかしながら、そうであれば、凶作にみまわれた場合や戦乱等により損害を生じた院領荘園において、院近臣である院領預所層の支配を受けている院領下司層は、荘民との間で板挾みになることは必至であり、それは公領（国衙領）でも同様であったろう。その様子は、『平家物語』に「国には国司にしたがひ、荘には預所につかはれ、公事・雑事にかりたてられて、やすひ思ひも候はず。[220]」と述べられているところに、よく示されている。そういう事情であれば、院領下司層を含む在地領主層が、六波羅政権下で平氏一門の家人に組織されたり、鎌倉幕府下で関東御家人に組織されていくのも、必然性があったように思われるのである。すなわち、「国司」であっても、「預所」であっても、そのほとんどが院近臣層で占められてしまい、立法・裁判を含む政治にしても、院近臣層が深く関与することが可能であり、しかも絶対的権限をもつ院が院近臣層に囲繞されている体制下では、在地領主層が何とかして自分たちの新しい保護

者を求めようとしても、それは至極当然な動きであったとみてよいのであろう。したがって、承久の乱において、当時、体制上は絶対的権威・権限を有していたはずの後鳥羽院を中心とする三上皇らの命令に従う在地領主層が少なかったことも、必然的帰結であったとみなされるのである。

ともかく、承久の乱によって、それまで強固に血縁関係を結んでいた院近臣団は分解していく。それは、中核となっていた三上皇らを失ったばかりではなく、乱の張本とみなされた院近臣らが処罰されたことにもよるのである。そうして、強力な血縁的結束をもつ院近臣団に支えられていた院政は、あっけなく瓦解してしまったのである。そのあとも、一見形式を整えた、いわゆる制度化された院政は出現するが、承久の乱前にみられたような院近臣団を欠くことになると、その基盤は弱体化したものであったといわざるをえないのである。その様相は、院政時代の御願寺社が、次々に退転・衰微していく姿に何よりも象徴されているのである。

註

(1)拙著『院政時代史論集』(続群書類従完成会、一九九三年)。

(2)拙稿「院政」(『日本古代史研究事典』所収、東京堂出版、一九九五年)。

(3)伴瀬明美「院政期〜鎌倉期における女院領について――中世前期の王家の在り方とその変化――」(『日本史研究』第三七四号掲載、一九九三年)四六頁によれば、中世の「王家」とは、旧『皇室典範』の「皇室」のように、天皇を家長としてその監督のもとにある一箇の家を意味するのではなく、いくつもの自立的な権門(院・宮)を包含する一つの家系の総称であったする。これは、黒田俊雄「朝家・皇家・皇室考――奥野博士の御批判にこたえる――」(『黒田俊雄著作

集第一巻』所収、法蔵館、一九九四年、初出は一九八二年）三五二頁からの引用であり、伴瀬氏はその黒田説を踏まえながら、その「王家領荘園」のひとつである「女院領」を検討され、結論としては鳥羽院政期から後嵯峨院政期までの長きにわたって存在した女院領は、治天の君の支配下にあったのではなく、女院たちによって独立性をもって経営されていたとされている。この見解には、全面的には同意しがたいが、同氏の論文のやはり四六頁において、「中世の王家についてはこの黒田説がなんとなく通説化していながら、その実いまだに近代的皇室観念にとらわれた王家像が漠然とイメージされているのではないだろうか。」と述べられたことに対しては、全面的に賛意を示したい。

(4)黒田俊雄「中世天皇制の基本的性格」（前掲『黒田俊雄著作集第一巻』所収、初出は一九七七年）三一九頁。

(5)黒田俊雄「封建時代の天皇とその役割」（前掲『黒田俊雄著作集第一巻』所収、初出は一九七六年）三一〇頁。

(6)白根靖大『中世の王朝社会と院政』（吉川弘文館、二〇〇〇年）第二部第九章。なお、この著書全体に対する私見は、『日本歴史』第六三七号（二〇〇一年）掲載の書評で述べている。

(7)註(1)前掲書第Ⅶ章。

(8)たとえば、上横手雅敬「院領」（『日本歴史大事典1』所収、小学館、二〇〇〇年）では、「院領」を「上皇が管領する皇室領」と定義して、鳥羽上皇領荘園の相伝系統図を付載しているが、その系統図に示されているのは、のちに大覚寺統と持明院統へと伝領されたものであり、後掲表Ⅰにみえる御願寺社の所領のほとんどは「院領」であるので、ほかにも流出していった「院領」は存在するのである。

(9)「皇族」の概念の変遷については、『皇室制度史料（皇族一）』（吉川弘文館、一九八三年）一～四頁。

(10)拙稿「下郡剛著『後白河院政の研究』」（『古文書研究』第五二号掲載、二〇〇〇年）九五頁でも、同趣旨を述べている。

(11)井原今朝男「摂関・院政と天皇」（『日本中世の国政と家政』所収、校倉書房、一九九五年）。

(12)美川圭『院政の研究』（臨川書店、一九九六年）、安原功「昼御座定と御前定――堀河親政期の政治構造の一断面――」（『年報中世史研究』第一四号掲載、一九八九年）・「中世王権の成立――「国家大事」と公卿議定――」（『年報中世史研

究』第一八号掲載、一九九三年)・「再考・昼御座定と御前定――美川圭氏の反批判に対して――」(『年報中世史研究』第二〇号掲載、一九九五年)、坂本賞三「「御前定」の出現とその背景――院政への道程――」(『史学研究』第一八六号掲載、一九九〇年)・『藤原頼通の時代――摂関政治から院政へ――』(平凡社、一九九一年)、下郡剛『後白河院政の研究』(吉川弘文館、一九九九年)など。
(13)石井進「院政時代」(『講座日本史2(封建社会の成立)』(東京大学出版会、一九七〇年)二一九・二二〇頁。
(14)佐藤弘夫『神・仏・王権の中世』(法蔵館、一九九八年)二二六～二四一頁。
(15)今谷明『象徴天皇の発見』(文春新書、一九九九年)七九・八〇頁。
(16)『律令』(日本思想大系、岩波書店、一九七六年)六三〇頁の補注1eでは、「太上天皇」に当たるものが唐令に見えないことは注目に値するとし、唐では退位した皇帝は現皇帝の臣下であって同列ではないが、日本にあっては退位した天皇は、現天皇の尊属として天皇に準じて尊ばれたと述べられている。そして、後世、院政が行われた理由も一つはここにあると指摘されている。
(17)『扶桑略記』舒明天皇十三年十月九日条には、舒明天皇が皇極天皇に譲位して「太上天皇」と号したとする「一説」の存在したことが記されているが、他に徴証はみられず、誤説と考えられる。
(18)「正倉院文書」、『寧楽遺文』中巻四三三頁以下。
(19)『日本書紀』孝徳天皇即位前紀。
(20)『日本書紀』皇極天皇即位前紀、皇極天皇二年九月丁亥条。
(21)網野善彦『日本の歴史第00巻(「日本」とは何か)』(講談社、二〇〇〇年)九四・九五頁、遠山美都男『天皇誕生』(中公新書、二〇〇一年)二三八頁など。なお、天皇号の使用開始を推古朝まで遡らせる見解も、『梅原猛著作集5(古代幻視)』(小学館、二〇〇一年、初出は一九九三年)四九一頁以下などにみられるが、譲位した天皇に対する尊称からみても、推古朝において天皇号が公式採用されたとは考えにくい。したがって、六八九年成立の飛鳥浄御原令において天皇

号が公式採用されたとする通説の方が、やはり妥当と考えられるのである。
(22)大津透『古代の天皇制』(岩波書店、一九九九年)一二・一三頁、熊谷公男『日本の歴史第03巻(大王から天皇へ)』(講談社、二〇〇一年)三四〇頁など。
(23)『続日本紀』文武天皇元年八月庚辰条。
(24)『続日本紀』慶雲四年七月壬子条。
(25)『続日本紀』天平宝字二年八月朔日・丙午条。
(26)『続日本紀』天平勝宝八歳五月壬申条。
(27)『続日本紀』天平勝宝元年四月朔日条。
(28)『続日本紀』天平勝宝元年閏五月癸丑条。
(29)岸俊男「元明太上天皇の崩御――八世紀における皇権の所在――」(『日本古代政治史研究』所収、塙書房、一九六六年、初出は一九六五年)。
(30)石尾芳久『日本古代天皇制の研究』(法律文化社、一九六九年)一〇一頁以下。
(31)吉野裕子『持統天皇――日本古代帝王の呪術――』(人文書院、一九八七年)一九四頁。
(32)石尾芳久、註(30)前掲書一一〇・一一一・一二一頁。
(33)春名宏昭「太上天皇制の成立」(『史学雑誌』第九九編第二号掲載、一九九〇年)二七頁。
(34)仁藤敦史「太上天皇制の展開」(『古代王権と官僚制』所収、臨川書店、二〇〇〇年、初出は一九九六年)。
(35)橋本義彦「〞薬子の変〟私考」(『平安貴族』所収、平凡社、一九八六年、初出は一九八四年)五八頁。
(36)仁藤敦史氏の註(34)前掲論文によれば、薬子の変(平城上皇の変)を契機に成立する太上天皇の尊号奉献、朝覲行幸、天皇の「行幸」対する上皇の「御幸」の区別などが指摘されている。
(37)『愚管抄』巻第四。また、『台記』康治元年五月十六日条でも、鳥羽院の誕生する以前に堀河天皇が疾病にみまわれた際、

「三宮」（輔仁親王）の即位を抑えるため、白河院自身が重祚を企図したと伝えている。そのとき、白河院は、自分は出家したとはいえ、いまだ受戒して法名を名乗っていないのであるから、堀河天皇の死没した場合には重祚しようと述べたという。

(38)『朝野群載』巻第十二（摂政宣命）。
(39)本書第Ⅲ章第三節参照。
(40)『殿暦』嘉承二年七月十九日条。
(41)飯倉晴武「公式様文書(1)天皇文書」（『日本古文書学講座2（古代編Ⅰ）』所収、雄山閣出版、一九七八年）、小林敏男「詔書式と宣命」（『古代天皇制の基礎的研究』所収、校倉書房、一九九四年、初出は一九八一年）など。
(42)『殿暦』・『為房卿記』嘉承二年七月十九日条では、「法皇」と「上皇」の両方が使用されている。また、『中右記』同日条は「法王」と記している。なお、『為房卿記』同日条は「太上法皇詔」と書き始めた「詔書」が発せられたと記し、日記の行間には、花山法皇の出家後に幼主（一条天皇）が即位した際には、「太上法皇の詔」なるものが発令されたことは見えないと記している。
(43)『愚管抄』巻第四。
(44)益田勝実「日知りの裔の物語」（『火山列島の思想』所収、ちくま学芸文庫、一九九三年、初出は一九六八年）。
(45)洞富雄『天皇不親政の伝統』（新樹社、一九八四年）。
(46)石井良助『天皇――天皇の生成および不親政の伝統――』（山川出版社、一九八二年）一三六頁以下。
(47)河内祥輔『古代政治史における天皇制の論理』（吉川弘文館、一九八六年）二九四頁。
(48)大津透、註(22)前掲書二三二頁。
(49)註(1)前掲書第Ⅸ章。
(50)仁藤敦史「律令制成立期における太上天皇と天皇」（註(34)前掲書所収、初出は一九九〇年）四〇頁。

(51)『皇室制度史料（太上天皇二）』（吉川弘文館、一九七九年）九五頁以下。

(52)春名宏昭「平安期太上天皇の公と私」（『史学雑誌』第一〇〇編第三号掲載、一九九一年）五四頁では、平安時代の太上天皇は、公的地位を放棄することによって、私人として存在することができるようになったと述べられている。また、同じく春名宏昭「「院」について」（『日本歴史』第五三八号掲載、一九九三年）一四頁では、嵯峨上皇が「統治権の総覧者」という公的な地位を自ら放棄して私人たることを得た結果、それ以後の上皇は自らの私有財産を形成することが可能になったと述べられているが、私見では従い難い。そもそも「公私」の概念自体、『日本史における公と私』（青木書店、一九九六年）や『王と公——天皇の日本史——』（柏書房、一九九八年）などで、さまざまな角度から論じられながらも、視点により幅のある解釈となるし、歴史的変遷も当然のことながらみられる。ただし、「現人神」として、かつ律令体制国家を代表ないしは統轄・支配する立場にあり、公民・王民に対することになっていた天皇が「私人」とはいえないであろうし、その前任者であり、天皇にさえ指示・命令できる上皇も、政治上は「私人」ではありえないと考えられる。少なくとも、政治史として上皇・天皇を論じている場合において、彼らを「私人」としては扱えないのである。確かに、春名氏が指摘されているように、上皇自身が所領を所有・領有しているようにみえることや、院領荘園の設定・運営上では私的性格を有している事実はあるが、それは後述するように、政治上は「公的存在である上皇の生活をまかなうことや、やはり名目上は「公的存在」である御願寺社の経費をまかなうためのものであろうから、いずれにしても全くの「私人」ということには当たらないと思われるのである。

(53)『台記』康治元年五月十六日条によれば、鳥羽院は、自分の生母（藤原苡子）が「賀茂の明神」に男子誕生を祈念した結果生まれたものであることを述べた際に、「朕が生まれるは、人力に非ざるなり。」と語ったと伝えられている。このことについて石井進氏は、註(13)前掲論文二一九・二二〇頁において、鳥羽院自身が「神の申し子」であると主張し、彼個人が直接に神と結ばれて神の恩寵を受ける者であることを強調していると解釈された。そして、このように天皇・院の権威づけの方法に変化の起こったことは、天皇・院のタブーやマギーからの解放、「神」から「人」への転化の過程に

みあうものにほかならなかったと述べられている。しかし、この『台記』の記事は、同年五月十一日に受戒を目的として比叡山に登った鳥羽院が、翌十二日の受戒後も延暦寺に滞在していた際、夢想により下山を延期していた記主の藤原頼長と十五・十六両日の夜のつれづれに語り合った夢想について記したものである。確かに、鳥羽院自身が「神の申し子」であることは語られたのであろうが、それだからといって、「天皇・院の権威づけ」を行っているものとまで評価してよいのであろうか。まして、そこに「神から人への転化」を認めることができるのであろうか。この記事の書かれた背景を考えると、鳥羽院の言葉は、「賀茂の明神」に対する信仰を示すものでしかないのではなかろうか。『台記』のやはり同じ五月十六日条において、この話題に関して、「賀茂の明神」が夢中において「居る所の衣」を神体とした社を坊門亭内に作った鳥羽院は、その当時も「御供」（御供物）を進めていたと記されているのである。

(54)『日本書紀』天武天皇条、辻善之助『日本仏教史第一巻』（岩波書店、一九四四年）第二章第二節。

(55)天平感宝元年閏五月二十日付墾田等施入勅書（「平田寺文書」、『寧楽遺文』中巻四五九・四六〇頁）。ちなみに、同年七月二日、孝謙天皇が即位すると、同日に年号は天平勝宝に改元されている。この年は、五月十四日の天平感宝への改元を含めて、二度も改元されるという異例の年である。

(56)「正倉院御物」、『寧楽遺文』下巻九七〇・九七一頁。

(57)『山槐記』治承四年十二月二十八日条に引用されている天平感宝元年閏五月二十五日付勅願文は、「勅筆」からの引用と記されているが、やはり「封五千戸・水田壱万町」とみえており、『続日本紀』天平勝宝元年閏五月癸丑（二十日）条に、「墾田地一百町」などが施入されたとする記載とは一致しない。なお、日付が「閏五月二十五日」となっており、註(55)の「平田寺文書」の「閏五月二十日」とも一致していない。また、白河院政期から鳥羽院政期にかけて成立・増補されたと考えられる『東大寺要録』巻第六にも天平勝宝元年付の勅施入封荘願文（銅銘）が収められ、「封五千戸・水田一万町」とみえているので、その勅施入された封戸・水田の数値に対する東大寺の主張は、その頃すでに存在したと認められるのである。

(58)岸俊男「天皇と出家」(『日本の古代7(まつりごとの展開)』所収、中公文庫、一九九六年、初出は一九八六年)四九二頁。
(59)『東大寺要録』巻第一では、『延暦僧録』から引用した「勝宝感神聖武皇帝菩薩伝」を収めている。また、『日本高僧伝要文抄』には『延暦僧録』第二から抄出の同伝を収め、聖武天皇は天平十三年二月十四日には「菩薩戒弟子沙弥勝満」を称したことになっているが、その年月日は不審である。
(60)『中右記』大治四年七月十五日条裏書に、故白河法皇について、「御出家後、御受戒なき事」と書かれていることは有名である。ただし、同じ『中右記』永長元年十月十七日条裏書によると、その日に白河法皇は出家後最初の受戒を受けているが、没後に前述のように記されたのは、その受けた戒律がよく守られていなかったことをいっているのであろう。すなわち、法皇が、世捨て人のような全くの「出家者」ではないことをいっているものと解釈できるのである。
(61)『扶桑略記』天平宝字六年六月条によると、「先帝高野娘」(孝謙上皇)が「花簪」を落として「仏道」に入り、法諱として法基尼を称したと記しているので、この記述のとおりであるとしたならば、どの程度かはわからないが、孝謙上皇の場合は、一応は尼僧らしくしたものと想像できる。
(62)『皇室制度史料(太上天皇三)』(吉川弘文館、一九八〇年)三四六頁以下。
(63)橋本義彦「法皇」(『平安時代史事典』本編下所収、角川書店、一九九四年)。
(64)勝野隆信「伝法灌頂日記」(『群書解題』第七所収、続群書類従完成会、一九六二年)参照。
(65)『朝野群載』巻第三(北辰祭文)。
(66)『兵範記』保元元年七月十一日条裏書。
(67)『玉葉』承安三年三月十三日条。
(68)『昭訓門院御産愚記』(『公衡公記』)乾元二年閏四月三日条でも、「太上法皇」号に対する不審の旨が述べられている。
(69)橋本義彦「法帝と法皇帝」(『平安貴族社会の研究』所収、吉川弘文館、一九七六年、初出は一九六七年)。

(70)杉山信三『院家建築の研究』(吉川弘文館、一九八一年)、清水擴『平安時代仏教建築史の研究――浄土教建築を中心に――』(中央公論美術出版、一九九二年)などを参照。
(71)村山修一『比叡山史』(東京美術、一九九四年)七八~八〇頁。
(72)瀧善成「四円寺、法性・法成寺の研究――平安仏教の社会経済史的一考察――」(『史苑』第一〇巻第三号掲載、一九三六年)。
(73)『貞信公記』延長二年二月十日条、『九暦』・『日本紀略』天暦二年四月二十三日条。
(74)『百練抄』天仁二年二月二十七日条。
(75)『尊卑分脈』第一篇二五八頁。なお、持明院家については、本書第V章第二節参照。
(76)『山門堂舎』(『山門堂舎記』)、『叡岳要記』上。
(77)『山門堂舎』。
(78)『叡岳要記』下。
(79)『仁和寺諸院家記』。
(80)杉山信三、註(70)前掲書。
(81)天治三年三月二十四日付中尊寺落慶供養願文写(中尊寺所蔵「北畠顕家書写本」、『平泉町史(史料編一)』所収)では、「禅定法皇」(白河法皇)・「太上天皇」(鳥羽上皇)・「国母仙院」(待賢門院)のための「御願寺」にすると述べられているが、奥書では「奥州平泉関山中尊寺、鳥羽禅定法皇御願、勅使按察中納言顕隆卿、願文清書右中弁朝隆」と記されている。また、翌日付藤原清衡中尊寺経蔵別当職補任状案や保延六年三月二十八日付中尊寺経蔵別当蓮光譲状案(ともに「中尊寺文書」、『平泉町史(史料編一)』所収)でも、いずれも書き出しが「鳥羽院御願」とみえるので、一応は鳥羽上皇の御願寺として、表Ⅰには記載してある。当時は、白河院政の晩年期に当たるため、事実上の建立者である藤原清衡は、あえて次期院政担当者の鳥羽上皇の御願寺としたのであろうか。そうであれば、清衡にとっては、この中尊寺の御

願寺化を通して、鳥羽上皇への接近をはかる意図が存在したものと考えられる。なお、天治三年は、正月二十二日に大治と改元されているので、同年三月二十四日付の供養願文は、その改元以前に作成されて平泉に運ばれ、以前より予定されていた春三月の供養日に読み上げられたものと思われる。

(82)後鳥羽院政期に高山寺を創建した明恵（高弁）は、華厳宗・真言宗兼学の立場にあり、海住山寺を創建した解脱（貞慶）は、当初は法相宗を学んだが、元久二年十月の興福寺奏状（『続・日本の思想3（鎌倉旧仏教）』所収）からみると、法相宗を含む南都六宗に天台宗・真言宗を加えた八宗体制是認の立場にあったことがわかる。

(83)速水侑『平安貴族社会と仏教』（吉川弘文館、一九七五年）一〇四頁以下。

(84)『京都市の地名』（平凡社、一九七九年）一七二頁、『中右記』康和五年三月十一日条。

(85)前掲『京都市の地名』二九八頁。

(86)前掲『京都市の地名』一五〇・一七二頁。なお、若王子神社は、禅林寺の鎮守社ともいわれ、禅林寺新熊野社とも呼ばれ、神仏習合のため若王寺とも称されたという。また、同社について、戸田芳実「熊野詣と京の熊野社――後白河院と今熊野――」（『中世の神仏と古道』所収、吉川弘文館、一九九五年、初出は一九八五年）二〇八頁では、亀山上皇が勧請した神社とする。ちなみに、『山槐記』文治元年八月八日条には、「白川の熊野別当、また別宮を建立す。件の発心は門額（文覚?）の申請書によるなり。」と記されているので、別宮という形態で熊野権現をまつることもあったことがわかり、本文で述べた三社以外にも一時は多数建立されていた可能性が大きい。

(87)児玉洋一『改訂熊野三山経済史』（名著出版、一九五四年）、新城常三『新稿社寺参詣の社会経済史的研究』（塙書房、一九八二年）など。

(88)『中右記』寛治四年正月十六日・二月二十六日条。

(89)『熊野権現金剛蔵王宝殿造功日記』。なお、『中右記』寛治四年二月二十六日条によると、当時の熊野別当長快は「上皇御参詣賞」により法橋に叙されている。また、長円については、熊野権現の降下の因縁を申し弘めたということ以外に確

証はないが、法名に「長」の字がついているところから、長快と血縁関係があるか、師弟関係にある人物であろうと推測される。

(90)児玉洋一、註(87)前掲書九二・九三頁。
(91)『殿暦』永久四年十月十六日〜十一月十八日条、『百練抄』同年十月二十八日条、『初例抄』(上)など。
(92)『熊野権現金剛蔵王宝殿造功日記』、『百練抄』永長元年三月十日条、『十三代要略』など。
(93)註(84)に同じ。
(94)註(90)に同じ。
(95)『玉葉』文治四年九月十五日条。
(96)小山靖憲「熊野詣古記録と参詣道の復元」(『中世寺社と荘園制』所収、塙書房、一九九八年、初出は一九八六年)二〇七・二〇八頁。
(97)戸田芳実「院政期熊野詣とその周辺」(註(86)前掲書所収、初出は一九七九年)一七四〜一七七頁。
(98)『長秋記』長承三年二月一日条。
(99)井上光貞『新訂日本浄土教成立史の研究』(山川出版社、一九七五年)。
(100)義江彰夫『神仏習合』(岩波新書、一九九六年)一七八頁以下。
(101)『群書類従』雑部所収。
(102)『和歌山県史(古代史料一・二)』、『田辺市史第四巻』など。
(103)義江彰夫、註(100)前掲書一九二・一九三頁。
(104)保立道久「平安時代の王統と血」(『別冊文藝・天皇制(歴史・王権・大嘗祭)』掲載、河出書房新社、一九九〇年)、「中世初期の国家と庄園制」(『日本史研究』第三六七号掲載、一九九三年)。
(105)武田佐知子『信仰の王権聖徳太子――太子像をよみとく――』(中公新書、一九九三年)六七頁。

(106)勝浦令子「称徳天皇の「仏教と王権」――八世紀の「法王」観と聖徳太子信仰の特質――」(『史学雑誌』第一〇六編第四号掲載、一九九七年)一〇〇頁。
(107)井上光貞、註(99)前掲書三五一頁。
(108)瀧浪貞子『最後の女帝孝謙天皇』(吉川弘文館、一九九八年)一七二~一七五頁。
(109)『中右記』永長元年十月十七日条裏書。
(110)『鳥羽院御落飾記』、『兵範記』嘉応元年六月十七日条など。
(111)村井康彦『古代国家解体過程の研究』(岩波書店、一九六五年)第二部第一・四章。
(112)小山靖憲「古代荘園から中世荘園へ」(註(96)前掲書所収、初出は一九八一年)。
(113)坂本賞三『荘園制成立と王朝国家』(塙書房、一九八五年)、「王朝国家と荘園」(『講座日本荘園史2(荘園の成立と領有)』所収、吉川弘文館、一九九一年)など。
(114)永原慶二「荘園制支配と中世村落」(『日本中世社会構造の研究』所収、岩波書店、一九七三年、初出は一九六二年)。
(115)小山靖憲『中世村落と荘園絵図』(東京大学出版会、一九八七年)序論。
(116)泉谷康夫「中世的土地制度の成立」(『律令制度崩壊過程の研究』所収、高科書店、一九九二年、原本は一九七二年)、「寄人と庄園整理」(『日本中世社会成立史の研究』所収、高科書店、一九九二年、初出は一九九〇年)。
(117)川端新「院政初期の立荘形態」(『荘園制成立史の研究』所収、思文閣出版、二〇〇〇年、初出は一九九六年)。
(118)工藤敬一「九州における荘園公領制の成立と内乱」(『荘園公領制の成立と内乱』所収、思文閣出版、一九九二年、初出は一九七七年)。
(119)勝山清次「中世的荘園年貢の成立」(『中世年貢制成立史の研究』所収、塙書房、一九九五年、初出は一九九四年)四三六~四三八頁。
(120)在地領主および在地領主制をめぐる研究史については、鈴木國弘『在地領主制』(雄山閣出版、一九八〇年)、入間田宣

夫「比較領主制論の視覚」(『アジアのなかの日本史Ⅰ(アジアと日本)』所収、東京大学出版会、一九九二年)など。

(121)村井康彦、註(111)前掲書三七三・三七四頁。

(122)川端新「荘園制成立史研究の視角」(註(117)前掲書所収)八頁。

(123)藤間生大『日本庄園史』(近藤書店、一九四七年)。

(124)註(1)前掲書第Ⅶ章。

(125)長寛二年十二月二十七日付中原親貞解案(「東寺百合文書」そ、『平安遺文』第七巻三三二二号)には、肥後国鹿子木荘の院領下司である親貞について、「御使として彼の御荘に下向するの刻、相伝所帯の文書等、私の宿所に置くべしといへども、盗人の恐れを成し、殿の御倉に納め罷り下る」と記されている。なお、副田秀二「肥後国鹿子木荘についての再検討」(『熊本史学』第六六・六七合併号掲載、一九九〇年)によると、当荘の根本領主である沙弥寿妙の家系は、在地に根をはった者ではなく、実は国司クラスの中級貴族層であったという。しかし、沙弥寿妙の系譜をひく中原親貞が、洛中に「私の宿所」を構えたことがわかり、荘務執行のため「御使」(おそらく院領預所である「殿」の「御使」)として下向していることがわかるのであるから、やはり少なくとも意識の上では彼の本拠地は鹿子木荘にあったことになる。

(126)『尊卑分脈』第二篇三四一頁、『兵範記』仁安三年三月二十三日条、『玉葉』治承三年十一月十九日条、『吾妻鏡』文治元年十一月二日・同二年七月二十七日条。また、浅香年木『治承・寿永の内乱論序説』(法政大学出版会、一九八一年)三〇〇頁以下参照。

(127)外村直彦『比較封建制論』(頸草書房、一九九一年)二二一・二二三頁。

(128)牧・中田論争を含む日本の封建制度論争の詳細については、石尾芳久『法の歴史と封建制論争』(三一書房、一九八九年)参照。

(129)「仁和寺文書」、『平安遺文』第八巻四一〇七号。

(130)中田薫「王朝時代の庄園に関する研究」(『法制史論集第二巻』所収、岩波書店、一九三八年、初出は一九〇六年)にお

いて主張された学説であるが、石井進「荘園の領有体系」（前掲『講座日本荘園史2（荘園の成立と領有）』所収）が指摘しているように、永原慶二「荘園制の歴史的位置」（『日本封建制成立過程の研究』所収、岩波書店、一九六一年、初出は一九六〇年）や石井進「荘園寄進文書の史料批判をめぐって――「鹿子木荘事書」の成立――」（『中世史を考える――社会論・史料論・都市論――』所収、校倉書房、一九九一年、初出は一九七〇年）などにより批判を受けて、現在では一般的には当初の主張どおりには是認されていない。とくに、私見でも、立荘当初の開発領主（根本領主）の権限を過大評価はしていないし、本家・領家側の権限は中田氏が主張された以上に大きいものと考えている。なお、肥後国鹿子木荘の領有権に関わる所職については、本書第Ⅵ章参照。

(131)「仁和寺文書」、『平安遺文』第五巻二三一〇号。

(132)「仁和寺文書」、『平安遺文』第五巻二四一七号。なお、浅香年木、註(126)前掲書三〇四・三〇五頁では、この文書を無視して、「藤原周子（勘解由次官藤原友実女、兵庫頭源仲政室、従三位源頼政母）」、「待賢門院美濃局（兵庫頭源仲政女、従三位源頼政妹）」と記されているが、ともに誤りである。

(133)『尊卑分脈』第二篇五二八頁。

(134)法金剛院については、景山春樹「法金剛院小史」（『法金剛院』所収、清風会、一九七一年）、杉山信三、註(70)前掲書八二頁以下参照。なお、法金剛院内には、創建以来次々と御堂や御所が増築されているが、「懺法堂」という御堂は、長承三年四月頃から計画されて建築が進められ、翌保延元年三月に供養された「北斗堂」と同一か、あるいはその付属の御堂と考えられる。

(135)源雅定と藤原周子との関係は不詳であるが、両者間に婚姻関係が存在しないならば、周子は買得（購入）あるいは相博（交換）というような方法で、雅定の「位田」を入手したものと考えられる。ただし、周子が雅定の妻妾であったならば、雅定の「位田」を譲与されたというような可能性も否定はできない。

(136)註(1)前掲書第Ⅹ章三三九頁。

(137)「関戸守彦氏所蔵文書」、『加能史料（鎌倉Ⅰ）』所収。
(138)『尊卑分脈』第二篇三三七頁。
(139)佐藤泰弘「立券荘号の成立」（『日本中世の黎明』所収、京都大学学術出版会、二〇〇一年、初出は一九九三年）一三八・一三九頁。
(140)『中右記』康和四年十月二十三日条。
(141)「安楽寿院古文書」、『平安遺文』第六巻三〇二九号。
(142)「安楽寿院古文書」、『平安遺文』第六巻二五一九号。
(143)「安楽寿院古文書」、『城南——鳥羽離宮址を中心とする——』（城南宮、一九六七年）四四九頁。
(144)「根来要書」上、『鎌倉遺文』第二巻六八七号。
(145)伴瀬明美「中世王家領の形成に関する一考察——勅旨田の歴史的変遷を中心に——」（『ヒストリア』第一四四号掲載、一九九四年）一〇六頁。
(146)『中右記』永久二年三月十八日条。
(147)「根来要書」上、『平安遺文』第六巻二四四六号。
(148)本書第Ⅶ章。
(149)「安楽寿院古文書」、註(143)の『城南』四五二〜四五五頁。
(150)「安楽寿院古文書」、註(143)の『城南』四五二頁。
(151)「安楽寿院古文書」、註(143)の『城南』四五六・四五七頁。
(152)丸山仁「院政期における御願寺と王家領荘園の形成」（『歴史』第九四輯掲載、二〇〇〇年）。
(153)石井進、註(13)前掲論文二〇八〜二一一頁。
(154)荻野正博「越後国中世庄園の成立」（『新潟史学』第一六号掲載、一九八三年）四八頁。

(155)高橋一樹「平安末・鎌倉期の越後と佐渡――中世荘園の形成と国衙領支配――」(『中世の越後と佐渡――遺物と文書が語る中世的世界――』所収、高志書院、一九九九年)三頁。
(156)註(1)前掲書第Ⅴ・Ⅵ章。
(157)石井進、註(130)前掲「荘園の領有体系」。
(158)「加賀森田文書」、『鎌倉遺文』第五巻二八二八号。また、『加能史料(鎌倉Ⅰ)』二六八~二七五頁。
(159)「東寺百合文書」ユ、『鎌倉遺文』第十三巻九四二二号。
(160)網野善彦『日本中世土地制度史の研究』(塙書房、一九九一年)第二部第一章(初出は一九六九年)。
(161)陽明文庫所蔵『兵範記』仁安二年十・十一月巻裏文書、『平安遺文』第七巻三二六〇号。
(162)陽明文庫所蔵『兵範記』仁安二年十・十一月巻裏文書、『平安遺文』第六巻二四七五号。
(163)『洞院家六巻部類』一、上皇尊号。
(164)網野善彦、註(160)前掲書第二部第一章一六五頁。
(165)『図書寮叢刊(九条家文書二)』二九四号、『平安遺文』第十巻補六九号。
(166)石川県立歴史博物館『能登最大の中世荘園若山荘を歩く』(二〇〇〇年)。
(167)『神宮雑書』、『鎌倉遺文』第二巻六一四号。なお、『神宮雑書』については、『神宮古典籍影印叢刊6(神宮神領記)』(八木書店、一九八三年)の清水潔氏執筆の解説を参照。また、この史料には若干の誤写部分もみられるが、設定年代を考えるうえで信憑性の高いことは、棚橋光男「中世伊勢神宮領の形成」(『中世成立期の法と国家』所収、塙書房、一九八三年、初出は一九七五年)二九六頁で指摘されている。
(168)網野善彦、註(160)前掲書第一部第二章(初出は一九七三年)。
(169)西垣晴次「中世神宮領の構造――建久年間を中心に――」(和歌森太郎先生還暦記念会編『古代・中世の社会と民俗文化』所収、弘文堂、一九七六年)。

(170)五味文彦『院政期社会の研究』(山川出版社、一九八四年)第一部第二章第二節。
(171)五味文彦、註(170)前掲書四九頁。
(172)本書第Ⅴ章。
(173)河野房雄「院近臣」(『平安時代史事典』本編上所収、角川書店、一九九三年)。なお、同氏『平安末期政治史研究』(東京堂出版、一九七九年)参照。
(174)拙稿「院近臣」(註(8)前掲『日本歴史大事典1』所収)。
(175)「伏見宮記録」四一二(室町時代の写)。
(176)『葉黄記』寛元四年正月二十九日条。
(177)本書第Ⅲ章。
(178)『尊卑分脈』第二篇一一六・一一七頁。新訂増補国史大系本の頭注においては、光頼室としてみえる朝隆の女子と朝方の女子を恐らくは同一人と推定しているが、記載の様子からみると、別人である可能性が大きいように思われる。それほどに近親間における婚姻が多数みられる。
(179)『尊卑分脈』第二篇一一三頁。
(180)『左大史小槻季継記』、『吉口伝』、『明月記』承元元年六月九日条、『大乗院日記』承元四年十一月二十五日条など。
(181)拙稿「藤原光親」・「藤原宗行」(『国史大辞典12』所収、吉川弘文館、一九九一年)。
(182)『尊卑分脈』第一篇二九〇頁、「御子左系図」(『諸家系図纂』二十七中所収)などは、俊成の母が一説では顕隆の娘であると伝えている。
(183)『系図纂要』第六冊四三一頁。
(184)『尊卑分脈』第二篇一〇〇頁。
(185)『為房卿記』応徳三年十一月二十六日条。

(186)本書第Ⅰ章。
(187)角田文衞『椒庭秘抄――待賢門院璋子の生涯――』(朝日新聞社、一九七五年)一六頁以下。
(188)瀬戸薫「半井家本『医心方』紙背文書とその周辺――善勝寺流藤原氏を中心に――」(『加能史料研究』第四号掲載、一九八九年)。
(189)高橋昌明『清盛以前――伊勢平氏の興隆――』(平凡社、一九八四年)一九二頁以下。
(190)角田文衞、註(187)前掲書二一～二三頁。
(191)『長秋記』長承二年六月十九日条。
(192)拙稿「院宮分国」(註(8)前掲『日本歴史大事典1』所収)。
(193)拙稿「知行国」(『日本歴史大事典2』所収、小学館、二〇〇〇年)。
(194)『中右記』天永二年十月二十五日条。
(195)『中右記』・『殿暦』天仁元年十月十五日条。
(196)『中右記』・『殿暦』天永二年十月二十五日条。
(197)『長秋記』大治四年七月八日・八月九日条、『槐記』(『親王御元服部類記』所収)保延五年十二月二十七日条、『本朝世紀』久安六年八月三日条など。
(198)五味文彦「平家領備後国大田荘」(『遙かなる中世』第二号掲載、一九七七年)。
(199)「丹生神社文書」、『平安遺文』第七巻三三七五号。
(200)元木泰雄『平清盛の闘い――幻の中世国家――』(角川書店、二〇〇一年)二六頁。
(201)五味文彦「女院と女房・侍」(註(170)前掲書所収、初出は一九八二年)三八四～三八八頁。
(202)本書第Ⅶ章。
(203)『後二条師通記』寛治七年三月三日条。ちなみに、この言葉は、頭弁藤原季仲の発言と捉えるべきである。同日では、ま

ず、諸国に荘園が「溢満」しているので制止しようと思うがどうしようかとの白河上皇の院宣が内大臣師通に伝えられ、師通は賛意を示して「仗議」の開催を提案するのである。ところが、頭弁季仲は、実現できないであろうと発言し、師通が何故かと問うのであるが、そのとき引用の言葉が発せられたのであり、中央政府が荘園を制止しようとしても、国司が立荘をはかろうと思えば、それは可能なのだということを述べているのである。従来は、林屋辰三郎「院政政権の歴史的評価」(『古代の環境(日本史論聚二)』所収、岩波書店、一九八八年、初出は一九五一年)三二四頁、安田元久『日本の歴史7(院政と平氏)』(小学館、一九七四年)六〇・六一頁などにおいて、この引用の言葉を師通の発したものとしていることは誤りであり、その条文解釈も誤りであろう。なお、ここに登場する頭弁季仲については、『大日本史料』第三編之二十二、一七三頁以下。

(204)『中右記』元永二年三月二十六日条。

(205)『中右記』元永二年三月二十五・二十六日、四月五日条によれば、関白藤原忠実は家司平知信からの寄進という形態で上野国に五千町に及ぶ荘園を設定しようとしたが、上野国司からの訴えを受けた白河院は、斎院禊祭料の紅花が荘園の地利とされて弁済不能となること、たとえ山川藪沢であっても五千町に及ぶことは不都合であることの二点を理由に、立荘撤回を要請している。その結果、忠実は、それに応じたわけであるが、この一件でも、白河院の安易な立荘を認めないとする方針がみられる。

(206)註(101)に同じ。なお、この史料に関しては、戸川点「「長寛勘文」にあらわれた荘園整理令——保元令と国司申請令のあいだ——」(『日本史研究』第三三五号掲載、一九九〇年)、五味文彦『平清盛』(吉川弘文館、一九九九年)一六四〜一六六頁など参照。

(207)高橋一樹「中世荘園の形成と「加納」——王家領荘園を中心に」(『日本史研究』第四五二号掲載、二〇〇〇年)九三頁。

(208)『長秋記』大治四年八月四日条。

(209)『山槐記』永暦元年九月二十日条。

(210)本書第Ⅳ章。
(211)本書第Ⅴ章。
(212)『元亨釈書』、近藤潤一『行尊大僧正――和歌と生涯――』（桜楓社、一九七八年）など。
(213)角田文衞「崇徳院兵衛佐」（『王朝の明暗』所収、東京堂出版、一九七七年、初出は一九七四年）によると、信縁は、やはり法勝寺執行であった増覚の子ともみられ、白河法皇および増覚の引立てを受けて衆僧に抜きん出ることになり、一方では独力で白河北殿を造進するほどに裕福であったという。なお、信縁の娘である兵衛佐は、崇徳天皇の第一皇子である重仁親王を産んでいる。
(214)『尊卑分脈』第三篇五二五頁によれば、俊寛は、源顕房の曾孫、法勝寺上座の任にあった寛雅の子である。
(215)村山修一『藤原定家』（吉川弘文館、一九六二年）一五八～一六二頁。
(216)『興教大師伝記史料全集（史料）』（文政堂、一九八九年復刻再版、初版は一九四二年）、櫛田良洪『覚鑁の研究』（吉川弘文館、一九七五年）など。
(217)『中右記』大治二年九月二十九日条によると、覚猷は、院御所において修善の間に「効験」（「仏法の霊験」）があったということで勧賞にあずかったというが、以後も鳥羽院らの信任をえて、鳥羽離宮内を中心に院近臣僧として活動したようである。その詳細は、佐藤亮雄編『僧伝史料（二）』（新典社、一九九〇年）八三～八八頁参照。
(218)橋本義彦「保元の乱前史小考」（註(69)前掲書所収、初出は一九六二年）、角田文衞「通憲の前半生」（註(213)前掲書所収、初出は一九七四年）。
(219)宗性の伝記等については、平岡定海『東大寺宗性上人之研究並史料（上）』（日本学術振興会、一九五八年）が詳しい。それによると、宗性は、養父葉室宗行の庇護を受けたのみではなく、実父である藤原隆兼から円勝寺領遠江国質侶荘内湯日郷を伝領していたらしいこともわかり、後鳥羽院政期においては、その院近臣団の構成メンバーであったことは明白である。

(220)新日本古典文学大系本、巻第四の二一一頁。原本の「領所」は「預所」と訂正。なお、脚注において、「預所」を「荘園領主から派遣され、年貢・所役などの事に当る者。」とする解説は不適切である。院政時代の「預所」には二種類の意味があり、そのことについては本書第Ⅵ章でも述べているが、この「預所」は、院領預所などの一般的には「領家」とも呼ばれる荘園領主をさしている。

跋文

院政時代とは、一体どのような時代であったのか。これが、本書の著者である私の最大の関心事であった。大学において専攻を決定する頃には、この問題関心は、すでに存在した。学部時代の『吾妻鏡』の演習時間においても、鎌倉幕府との関連で、常に大きな存在として認識させられたのは、後白河院政であり、後鳥羽院政であった。この時代は、大きな歴史の流れのなかでは、一見「武士の時代」の到来を思わせる時代であっても、一方では依然として「貴族の時代」であったことも、けっして否定することはできない。平清盛や源頼朝にしても、朝廷より高位・高官を与えられ、その行動形態からみるならば、彼らの貴族性は濃厚である。

また、この時代の造寺・造仏、各種修法・儀式の隆盛は、前代未聞の様相を呈するものであったといってよく、政治史上は国家的儀礼の隆盛期であり、文化史上はいわゆる各種和様の確立期に相当する時代とみることができよう。したがって、総体としては、王朝文化の爛熟期とみなすことも可能であるが、残念ながら、そのほとんどの文化的遺産は、今日では目にすることができなくなってしまっている。どうも、院政時代の文化的遺産は、承久の乱を契機として、その後は衰亡の一途を辿ってしまったようである。だが、それでも、この院政時代は、その後も憧憬の目差しをもって、あるいは儀式の先例を知るために、長く顧みられた時代であったという事情から、そのありし日の様子を伝える古記録・古文書が、書写され部類・編纂されながらも、今日まで意外にも多く伝存している。この好条件から、

我々は努力さえすれば、当時の状況を窺うことは、かなりの程度まで可能となるはずである。

そこで、以上の思いから、本書では、院政時代の政治主導に、また文化形成に大きな役割を演じた院近臣層の動向を中心にして、当該期の諸問題を追究してみた。その一応の集約結果は、本書第Ⅷ章の結論において述べられている。それは、八年ほど前に上梓した前著『院政時代史論集』以降の研究成果であるが、いまだに未熟なものであることを痛感せざるをえない。なお未解明の諸問題、不十分な認識などを多く残し、本書での結論の妥当性にも不安なものを感じることは事実であるが、今後の諸研究に資するところも多少あるならば幸甚と思い、厚顔を承知のうえで、あえて本書を公表する次第である。また、私の非力のゆえに当をえない批判を展開しているかもしれず、いつものことながら非礼な文のあることを恐れるが、切に御寛容を願い上げたい。


ところで、本書の成立は、前著出版の際に御世話いただいた小川一義氏の御慫慂による結果である。二十七年半にも及んだ東京・横浜での生活に訣別して、故郷に復帰して家業を継承し始めたばかりの私にとっては、望外の悦びであった。かつ、本書の第Ⅷ章は、小川氏の御言葉に甘えて、通常の学術雑誌などでは考えられない字数を費して、急遽書き上げたものである。結果としては、出版していただいたうえに、さらに存分な発表の機会までも御恵与いただいたことになり、深甚の感謝にたえない。小川氏をはじめとして続群書類従完成会の関係者各位に対しては、本当に幾重にも御礼を申し述べたい。

なお、前著出版の頃には、御元気であられた安田元久先生、土田直鎮先生らは、すでに他界されてしまわれ、寂しい限りである。また、学界動向も大きな変化をみせているが、今後も院政時代の諸事象を、私なりの視点から追究し

つづけていきたいものと思っている。

二〇〇一年十月八日

著者

初出一覧

Ⅰ　後三条政権と大江匡房（『国文学解釈と鑑賞』第六〇巻第一〇号掲載、至文堂、一九九五年）。

Ⅱ　永久の変の歴史的位置（史聚会編『奈良平安時代史の諸相』所収、高科書店、一九九七年）。

Ⅲ　夜の関白と院政（『古代文化』第四七巻第九号掲載、古代学協会、一九九五年）。

Ⅳ　法の関白と院政（『古代文化』第五〇巻第一号掲載、古代学協会、一九九八年）。

Ⅴ　二位法印尊長と院政（新稿）。

Ⅵ　院政時代における預所職（『政治経済史学』第三四九号掲載、日本政治経済史学研究所、一九九五年）。

Ⅶ　荘園群編成とその経営形態（新稿）。

Ⅷ　院政および院近臣論（新稿）。

ま　行

真幡木荘〔山城国〕　163
右荘(三木荘)〔加賀国〕　233,234
三島荘〔伊予国〕　176
三隅御厨〔長門国〕　251
美園御厨〔遠江国〕　249
箕田御厨〔伊勢国〕　244
三人戸御園〔尾張国〕　247
南黒田御厨〔伊勢国〕　245
南野牧(村田荘)〔常陸国〕　237
三野久永御厨〔伯耆国〕　251
御母板倉御厨〔尾張国〕　247
都田御厨〔遠江国〕　248
名東荘〔阿波国〕　239
向笠郷〔遠江国〕　248
村田荘〔常陸国〕　237
村田上下〔常陸国〕　184
本神戸〔尾張国〕　246
本神戸〔遠江国〕　248,249
本神戸〔三河国〕　247

や　行

八代郷(吉富荘)〔丹後国〕　161
楊井荘〔周防国〕　109
楊御厨〔伊勢国〕　244
楊橋御園〔尾張国〕　247
山口御厨〔遠江国〕　249
山内荘〔相模国〕　170
山辺御園〔伊勢国〕　245
湯日郷(質侶荘)〔遠江国〕　174,175,285
弓削島荘〔伊予国〕　170,171,173,187,188
吉囲荘〔丹後国〕　156,157,159～161,163,180,186
吉河荘〔越後国〕　170
吉清御厨〔伊勢国〕　244
良角神領〔遠江国〕　249
吉園荘〔丹後国〕　160,161
吉田御園(新神戸内)〔三河国〕　248
吉富荘〔丹後国〕　161

わ　行

若栗御園〔伊勢国〕　244
若林御園〔伊賀国〕　246
若松南御厨〔伊勢国〕　244
若松御厨〔伊勢国〕　245
若山荘〔能登国〕　241
和田荘〔若狭国〕　176

甚目御園(壱志神戸内)〔伊勢国〕　243
庄野御厨〔伊勢国〕　245
新神戸〔尾張国〕　246
新神戸〔遠江国〕　248
新神戸〔三河国〕　248
末弘御厨〔伊勢国〕　244
周防二島(秋穂二島荘)〔周防国〕　170
須可碕御厨〔伊勢国〕　245
鈴鹿神戸〔伊勢国〕　243
須永御厨〔上野国〕　250
住吉荘〔信濃国〕　170
瀬辺御厨〔尾張国〕　247
芹川荘〔山城国〕　163
千丸垣内御園〔尾張国〕　247
相馬御厨〔下総国〕　250
園田御厨〔上野国〕　250
蘇原御厨〔伊勢国〕　243
蘇美御厨〔三河国〕　248

た　行

田井荘〔河内国〕　237,238
高足御厨〔三河国〕　248
高瀬荘〔越中国〕　239
高田勅旨田〔伊与国〕　237
田門荘〔安芸国〕　238
高部御厨〔駿河国〕　249
高屋御厨〔尾張国〕　247
高山御厨〔上野国〕　250
田公御厨〔但馬国〕　251
託美御園〔尾張国〕　247
但馬保〔尾張国〕　246
立石御厨〔尾張国〕　247
多度荘〔讃岐国〕　236
玉垣御厨〔伊勢国〕　243
玉村御厨〔上野国〕　250
為元御厨〔伊勢国〕　245
多良牟六箇山〔伊賀国〕　246
田原御園〔伊賀国〕　246
近連神田(伊勢国)　243
搗栗御園〔尾張国〕　247
常安保(村田荘)〔常陸国〕　237
東条御厨〔安房国〕　250
止岐多良御厨〔美濃国〕　246
得田御厨〔伊勢国〕　245
利倉荘〔摂津国〕　238
富津御厨〔伊勢国〕　245
富永御厨〔加賀国〕　251
豊田御厨〔伊勢国〕　244
豊永御厨〔遠江国〕　249

な　行

長泉荘〔和泉国〕　238
長江荘〔摂津国〕　107
中河御厨〔美濃国〕　246
長田御厨〔信濃国〕　250
永藤御厨〔伊勢国〕　245
永用御厨〔伊勢国〕　243
夏見御厨〔下総国〕　250
七松御厨〔武蔵国〕　250
成高御厨〔伊勢国〕　245
新溝神領〔尾張国〕　247
新溝御厨〔尾張国〕　247
仁科荘〔伊豆国〕　170
仁科御厨〔信濃国〕　251
野田御園〔尾張国〕　247
野原荘〔讃岐国〕　236
野日御厨〔伊勢国〕　244

は　行

薑御園〔三河国〕　248
橋良御厨〔三河国〕　248
八太御厨〔伊勢国〕　243
拝志荘〔山城国〕　158
林御厨〔伊勢国〕　244
駅里荘〔備中国〕　238
原御厨〔伊勢国〕　245
榛谷御厨〔武蔵国〕　249
日置荘〔越中国〕　239
比志岐御園〔伊賀国〕　246
一楊御厨〔尾張国〕　246
檜牧荘〔大和国〕　125
平田荘〔大和国〕　77
平津安田御園〔伊勢国〕　244
昼生御厨〔伊勢国〕　245
広瀬荘〔大和国〕　77,85
弘田御厨〔越中国〕　251
深馬路御厨〔伊勢国〕　244
福永御厨〔近江国〕　245
富士荘〔駿河国〕　170
藤津荘〔肥前国〕　76,85
藤長御厨〔信濃国〕　250
部田御厨〔伊勢国〕　243